教育部人文社会科学研究2011年青年基金项目
“预防性行政诉讼研究”(11YJC820176)资助出版

预防性行政诉讼研究

赵清林　彭代兵　著

上海大学出版社
·上海·

图书在版编目(CIP)数据

预防性行政诉讼研究/赵清林,彭代兵著.—上海:上海大学出版社,2017.8

ISBN 978-7-5671-2913-9

Ⅰ.①预… Ⅱ.①赵… ②彭… Ⅲ.①行政诉讼—司法制度—研究—中国 Ⅳ.①D925.310.4

中国版本图书馆CIP数据核字(2017)第223030号

责任编辑 傅玉芳
助理编辑 刘 强
封面设计 柯国富
技术编辑 金 鑫 章 斐

预防性行政诉讼研究

赵清林 彭代兵 著

上海大学出版社出版发行

(上海市上大路99号 邮政编码200444)

(http://www.press.shu.edu.cn 发行热线021-66135112)

出版人 戴骏豪

*

南京展望文化发展有限公司排版

上海华教印务有限公司印刷 各地新华书店经销

开本890mm×1240mm 1/32 印张7.5 字数202千

2017年8月第1版 2017年8月第1次印刷

ISBN 978-7-5671-2913-9/D·198 定价 32.00元

目录

绪 论

一、选题背景与研究意义

（一）选题背景

行政诉讼，即俗称的“民告官”的制度，如自1799年法国国家参事院的建立算起，迄今已有两百多年的历史，若进一步追溯至英国内战后议会废除星座法院，并将传统上由其签发特权令状的权力赋予普通法院，则更是已有近四百年的历史。然而，长期以来，行政诉讼一直是限于“事后救济性诉讼”，即当且仅当行政机关作出了某个行政行为后，或者其在法律上已经构成不作为后，公民、法人或其他组织方可向法院提起行政诉讼请求权利救济，司法机关也才能对行政机关的作为或不作为进行审查和作出司法判决。

如果说在行政机关的职能和权力相对有限、社会经济生活相对简单的时代，此种“事后救济性行政诉讼”辅之以必要的暂时性权利保护措施，在为公民、法人和其他组织提供有效权利救济和监督行政机关依法行政方面，尚能应付裕如的话，那么随着“行政国家”的到来以及社会、经济生活的日益复杂化，尤其是信息时代和风险社会的降临，其目的落空和功能失灵的状况就表现得越来越频繁，越来越严重。

为此，二战结束以来，法制发达的国家和地区已纷纷采取措施予以应对。如德国行政法院在《行政法院法》提供的制度框架的基础上，实务中已普遍承认预防性不作为诉讼和预防性确认诉讼，允许对政府的信息行为、公害等提起预防性行政诉讼。日本在二战后已将停止诉讼作为法定外抗告诉讼加以承认，2004 年修改《行政案件诉讼法》时正式将其法定化。美国法院则采取的是适用主义策略，通过放宽原告资格、软化成熟性等传统的诉讼要件判断，在实践中对政府的行为予以适当的预防性审查。总之，预防性行政诉讼的引入可以说是二战以来世界各国行政诉讼制度发展的一个普遍趋势。

我国行政诉讼制度自 20 世纪 80 年代末正式建立以来，已经历了近 30 年的发展。在为公民、法人和其他组织提供权利救济方面，在监督行政机关依法行政方面，发挥了巨大的作用，行政诉讼和行政审判已成为化解行政争议的主渠道。然而实践中也暴露出很多问题，如“立案难、审理难、执行难”等三难问题就长期存在，构成了行政审判有效开展的巨大困扰。2014 年 11 月，在时隔 25 年后，《行政诉讼法》完成了首次修改①，可以说也是一次大改。此次修改的亮点颇多，如立案登记制、行政规范性文件附带审查、简易程序的引入、调解范围的扩大、一并解决相关民事争议，等等，其核心的考虑便是切实保障公民、法人和其他组织的行政诉权，解决行政审判“三难问题”。可以说，此次修改标志着我国行政诉讼制度的发展进入了一个新的历史阶段。当然，此次修法也留下了不少遗憾，除理论和实务上普遍关注的行政公益诉讼、行政诉讼类型化等问题外，就是本书所研究的预防性行政诉讼问题，在最终修法方案中并未有所体现。较之法制发达国家，我国行政诉讼权利保护体系仍然是不完整的，行政诉讼权利保护的功能仍有待进一步强化。

(二) 研究意义

在我国现阶段，研究预防性行政诉讼，及时建立相应制度，具有

---

① 后又根据 2017 年 6 月 27 日第十二届全国人民代表大会常务委员会第二十八次会议《关于修改〈中华人民共和国民事诉讼法〉和〈中华人民共和国行政诉讼法〉的决定》进行了第二次修正，并于 2017 年 7 月 1 日开始施行。

重大的理论意义和现实意义。

1. 建立预防性行政诉讼制度是为公民、法人和其他组织提供全面、有效权利救济的需要

“保护公民、法人和其他组织的合法权益”是我国行政诉讼的基本目的。从权利保护的方式来看,我国现行行政诉讼制度主要采取的是事后保护,并辅之以例外停止执行的暂时性保护。此种制度构造固然事出有因,不过,对于短时间内将迅速终结的行政行为、将造成既成事实的行政行为等,却可能存在权利保护欠缺实效甚至出现漏洞的问题。因此,为保证权利救济的全面性、有效性,我国需要及时建立预防性行政诉讼制度。

2. 建立预防性行政诉讼制度是顺应国际趋势和兑现加入世界贸易组织承诺的需要

传统行政诉讼重在对行政进行合法性控制,对权利救济的关注不足。二战以来,在加强人权保障的新宪法基础上,各国行政诉讼开始强化其权利救济的功能,预防性行政诉讼的承认便是其典型体现,如德国、日本等。我国行政诉讼制度亦应顺应此国际趋势,及时引入预防性权利保护机制。此外,我国已于 2001 年正式加入世界贸易组织,世贸组织的相关规则要求成员国政府为所有市场主体提供全面、公正的司法救济,因此,预防性行政诉讼制度的建立也是我国兑现入世承诺的现实需要。

3. 信息化时代预防性行政诉讼制度的建立尤有必要

现代社会是一个当之无愧的信息化社会,不仅各种信息的产出呈现爆炸态势,而且信息的传播途径、速度和发挥的作用也达到了前所未有的高度。其中,就有相当一部分信息是由政府来制作、提供和发布的,加上政府特有的公信力和权威,在这种情况下,一旦信息失实或者出现讹误,其后果和影响将是巨大的,有时甚至是无法有效弥补的。因此,需要有一种预防性的机制,以及时纠正政府的错误信息行为,保护相关主体的利益免受侵害,预防性行政诉讼正是这样一种法律机制。

二、研究现状述评

与德、日等国早在20世纪60年代就开始关注预防性行政诉讼，迄今已形成基本共识，积累了丰富的实践经验不同，我国大陆地区对于预防性行政诉讼的研究明显滞后，至今也尚未形成应有的规模。

最早的研究见于《法学评论》1999年第6期的一篇论文——《论预防性行政诉讼》(胡肖华)。迄今，我们以“预防性＋诉讼”“防卫性＋诉讼”为关键词在中国知网上进行跨库检索，其结果也不过是：期刊论文6篇，硕士学位论文6篇，会议论文1篇。当然，在相对热门的行政诉讼类型和类型化的研究中，在有关给付诉讼、确认诉讼的专门研究中，论者往往也会涉及预防性行政诉讼，不过，一般都是一带而过，而未能予以专门、深入的研究。

综观这些有限的研究，我们发现其有三个方面的特点：其一，研究的动因都是受域外有关立法、司法实践和理论研究的启发；其二，研究的目的都在于通过借鉴发达国家、地区的先进经验，完善我国的行政诉讼制度，也因此，对于与预防性行政诉讼都是持积极的肯定态度；其三，研究内容已涉及预防性行政诉讼的概念、特征、意义、理论基础、受案范围和适用条件等。应该说，这些研究都是非常有意义的，所采取的比较法的研究进路也是可行的，不过，总体上，现有研究仍限于“我们需要有这样一项制度”的层面，系统性、全面性、科学性以及理论深度和现实意义均有不足。详言之：

(1) 在基本概念的理解上存在偏差。从域外的情况来看，预防性行政诉讼所预防的往往是某个行政行为或事实行为的作出，但以胡肖华(1999)、张伟(2005)等为代表的多数学者却倾向于将预防性行政诉讼理解为预防行政行为的执行。这不仅仅是一个概念的界定和使用问题，实际上此种理解也使得有关研究偏离了通行的理论脉络。对此，解志勇(2010)已撰文予以指出。

(2) 关于预防性行政诉讼的理论基础的研究仍未取得有效成果。2005年以后的研究明显开始注重有关的基础理论问题，如张伟

(2005)认为,预防性行政诉讼的理论基础在于行政防卫权和无效行政行为理论,而章志远、朱秋榕(2009)则主要从权力分立原则、成熟原则、诉讼利益理论等方面展开论述,解志勇(2010)除了讨论成熟原则外,还指出,预防性不作为诉讼建立的理论障碍在于公定力理论以及与此相关的诉讼不停止执行制度。不难看出,现有的关于预防性行政诉讼理论基础的讨论基本上是在不同的层面进行,彼此间难以发现交集,甚至无法对话,因此,可以说仍未取得有效的成果。

(3) 未能从诉讼类型的角度予以具体、细致的研究。预防性行政诉讼只是一个概称,其具体类型往往可以细分为预防性不作为诉讼和预防性确认诉讼,诉讼类型不同,诉讼要件、胜诉要件和判决效力均不相同。但遗憾的是,现有研究或者根本没有意识到此问题(胡肖华,1999;黄允,2010),或者当然地将预防性行政诉讼等同于预防性不作为诉讼(章志远、朱秋榕,2009;郭庆珠,2010)。学者解志勇虽然已经有此认识,不过其却将预防性确认诉讼理解为对行政确认行为提起的预防性行政诉讼,存在明显的不当之处。

鉴于此,对于预防性行政诉讼仍有进一步系统、深入研究的必要。我们认为,唯有如此,理论研究的成果才可能在立法上开花结果,才能有效地引领司法实践。

三、研究目的与研究方法

(一) 研究目的

本书旨在系统、全面地研究预防性行政诉讼的有关理论和实践问题,在此基础上,结合我国的实际情况,论证我国建立预防性行政诉讼的必要性和可行性,同时,就其应有的制度内容以及将来运行中可能出现的问题加以探讨,以期引起学界对预防性行政诉讼研究的更多关注,并推动我国行政诉讼制度进一步发展完善,充分实现其权利保护的目的。

(二) 研究思路和研究方法

本书的研究将遵循以下思路:是什么→为什么→怎么样→怎

么办。

首先，从行政诉讼救济权利的功能出发，在整个权利救济体系下对预防性行政诉讼作出理论界定，同时比较其与事后救济性行政诉讼、暂时性权利保护的异同，以明确其独特的制度功能。

其次，研究预防性行政诉讼存在的宪法基础和现实背景，同时对可能存在的理论障碍，如案件性、成熟性原则、行政的首次判断权、诉讼利益等，加以详细的分析并尝试予以消解。

再次，从比较法的角度研究域外有关预防性行政诉讼的理论和实践经验，包括预防性行政诉讼的具体类型、各种预防性行政诉讼的诉讼要件和胜诉要件、判决方式及其效力和执行的问题，比较其异同，并结合我国的国情探讨其中有借鉴价值和意义之处。

最后，研究我国预防性行政诉讼制度建立的必要性、可行性以及具体途径，并就其应有的基本内容以及将来实践中可能出现的问题进行前瞻性的探讨。

根据上述思路中涉及的不同问题，本书将有针对性地运用价值分析、规范分析、实证分析和比较法研究等多种研究方法。

第一章 预防性行政诉讼概论

第一节 预防性行政诉讼的概念

一、我国大陆地区学者的界定

预防性行政诉讼这个概念主要是我国大陆地区学者在使用，用以区别于“事后的司法救济”或“事后救济性行政诉讼”。不过，不同学者对该概念的界定和理解不尽相同。

早期学者以胡肖华为代表，认为预防性行政诉讼“是指为了避免给行政相对人造成不可弥补的权益损害，在法律规定的范围内，允许行政相对人在行政决定付诸实施之前，向法院提起行政诉讼，请求法院审查行政决定的合法性，阻止违法行政行为实现的诉讼”①。

近来则有学者对此给予了全方位的批评：首先，将预防性行政诉讼的对象限于行政行为的“执行行为”或“实现行为”等事实行为不合适，“在不能期待事后撤销诉讼保护的前提下，可提起对抗行政处分威胁的预防性行政不作为诉讼”；其次，强调受损害的权益的不可

① 胡肖华：《论预防性行政诉讼》，载《中国法学》1999 年第 6 期。采相同理解的还有陈金波：《论我国实行预防性行政诉讼的必要性及其策略》，载《云南行政学院学报》2001 年第 5 期。

弥补性，实际上是囿于传统行政法上诉讼（复议）不停止执行理论主张的窠臼，狭隘性显而易见；再次，将预防性行政诉讼的诉讼目标定位在阻止违法行为实现，审查内容限于对行政决定的合法性审查，是不全面的，预防性行政诉讼的诉讼目标应是“制止正在发生的损害”和“阻止即将到来的损害”，因此，审查内容应当是：是否存在正在发生或即将发生的损害、损害的正当性、实施救济的急迫性；最后，该定义并未明确预防性行政诉讼的裁判理由和方式，其裁判方式与责令履行法定职责的裁判类似，表现为判令停止执行、停止实施事实行为或禁止作出行为。鉴于此，该学者对预防性行政诉讼作出重新界定，“相对人认为行政机关的行政行为或事实行为正在侵害或即将侵害自己的合法权益，向人民法院提起诉讼，要求确认法律关系、行政行为无效、事实行为违法，或者判令禁止或停止行政行为或事实行为实施的司法制度”①。

另有学者仍然坚持受损权益的不可弥补性是提起预防性行政诉讼的必要前提，认为若事后救济明显能够补救相对人的权利，那么预防性行政诉讼将无存在的价值和意义；此外，在预防性行政诉讼的提起时机上，该学者认为界定为“行政决定作出后、执行前”并不合适，因为在行政决定作出后完全可以通过例外的停止执行制度来防止不可弥补损失的发生，而且，基于现行《行政诉讼法》提起的行政诉讼事实上也都是在行政行为付诸实施前，如果预防性行政诉讼要与此区别开来，则提起时间应提前至行政机关作出行政决定之前。鉴于此，其将预防性行政诉讼定义为：“为了避免行政行为给行政相对人权益造成不可弥补的损害，在行政机关作出行政决定前，行政相对人有充分的证据证明行政机关将要作出对自己不利的行政决定且事后救济不足以满足其权益救济的需求时，其可以诉诸法院审查即将作出的行政决定的合法性以阻止其暂时实现或使行政机关变更即将作出的

① 解志勇：《预防性行政诉讼》，载《法学研究》2010 年第 4 期。同此见解的还有岳琨：《论预防性行政诉讼的法律构建——以被拆迁人的经济渠道缺乏为视角》，载《广西社会主义学院学报》2011 年第 4 期。

行政决定的一种事前诉讼模式。”①

二、德国、日本以及我国台湾地区的理解

境外，从实质上说，无论是德国、日本、我国台湾地区等大陆法系国家和地区，还是英国和美国等英美法系国家和地区，都存在某种意义的预防性行政诉讼制度和实践，但在英美法系国家和地区未见预防性行政诉讼或类似概念的使用，此类概念仅存在于德国、日本以及我国台湾地区等大陆法系国家和地区。不过，与我国大陆地区学界不一样的是，在德国、日本以及我国台湾地区，学界和实务上一般是直接讨论诸如预防性不作为诉讼、预防性确认诉讼等具体的预防性行政诉讼类型，而并未在其之上再创造一个上位的预防性行政诉讼的概念并进行某种概括性研讨。偶有学者有类似举动，如朱健文先生所提“行政诉讼之预防性权利保护”概念②，也不是从诉讼类型的角度来提的，而是从权利保护的机制角度作概括的。正因此，与此相对应的就不仅有“事后的权利保护”“继续性权利保护”，还有“暂时性权利保护”“事后的权利保护”“继续性权利保护”和“预防性权利保护”等虽然都会表现为某种诉讼类型，但“暂时性权利保护”则不可能表现为某种独立、完整的诉讼类型。此亦为行政诉讼上诉讼类型与权利保护这个有密切关系的概念之细微区别。

德国《行政法院法》并未对预防性行政诉讼作出明确规定，理论界和实务界通常认为，特定情况下预防性法律保护是有必要的，其具体类型有两种，即预防性停止作为之诉和预防性确认诉讼。前者指原告在自身权益受到一个尚未作出但即将作出的公权力行为的威胁时，向法院提起的请求法院判令被告不作出该公权力行为的诉讼。作为预防性停止作为之诉对象的公权力行为主要是各种事实行为，

① 徐信贵、康勇：《论食品安全领域权利救济的预防性行政诉讼》，载《重庆理工大学学报(社会科学版)》2015 年第 3 期。

② 朱健文：《论行政诉讼中之预防性权利保护》，载《月旦法学》1996 年第 3 期。

但也可能是行政决定甚至是抽象规范等法律行为①。后者指原告在自身权益受到一个尚未作出但即将作出的公权力行为的威胁时，向法院提起的请求法院对有关法律关系存在与否作出确认，从而阻止该公权力行为作出的诉讼。同样，预防性确认诉讼的适用对象也不受可能涉及的行政行为的形式之限制②。

2004年，日本新修订的《行政案件诉讼法》新增的停止诉讼（法定的或有名的抗告诉讼）乃是典型的预防性行政诉讼。根据该法第3条第7款的规定，所谓停止诉讼“是指在行政机关不应当作出一定的处分或裁决却准备作出的情况下，请求法院命令行政机关不得作出该处分或裁决的诉讼”。因为停止诉讼一般“是在行政机关作出对自己不利的行政行为之前提起的，因此，停止诉讼又称为‘预防性不作为诉讼’”③。此外，日本学界和实务上还承认有法定外（无名）抗告诉讼存在的可能，其中之一是义务确认诉讼，即“请求法院确认行政机关负有作出某种行政行为或行使公权力的义务的诉讼”④。虽然义务确认诉讼往往并未与预防性联系起来，不过，若将其与德国法上预防性行政诉讼进行对照，不难发现，其作用主要也是预防性的。“由于义务确认诉讼中的义务不一定是‘作为’义务，还包括‘不作为’义务”⑤，因此，请求法院确认行政机关负有作出某种行政行为的义务，可以预防其不作为；请求法院确认行政机关无权作出某种行政行为，可以预防其作为。

我国台湾地区的“行政诉讼法”亦未对任何预防性诉讼类型作出明确规定，不过，理论界基于“行政诉讼法”第二条概括诉讼条款和“宪法”上人民诉讼权保障的宗旨，多数认为有其必要性。具体的讨

---

① ［德］弗里德赫尔穆·胡芬：《行政诉讼法（第五版）》，莫光华译，法律出版社2003年版，第295—300页。

② ［德］弗里德赫尔穆·胡芬：《行政诉讼法（第五版）》，莫光华译，法律出版社2003年版，第321—322页。

③ 江利红：《日本行政诉讼法》，知识产权出版社2008年版，第141页。

④ 江利红：《日本行政诉讼法》，知识产权出版社2008年版，第143页。

⑤ 江利红：《日本行政诉讼法》，知识产权出版社2008年版，第144页。

论主要受德国的影响，也是从区别预防性不作为诉讼（即预防性停止作为之诉）和预防性确认诉讼来进行的。

三、预防性行政诉讼概念的重新界定

综上，不难发现，在预防性行政诉讼这个概念的界定和理解上，不独我国大陆地区学界存在诸多歧见，域外立法、实务和理论界的看法也不尽相同。概括来说，主要存在以下的争议点：是否有必要创设一个概括性的预防性行政诉讼的概念？如果有必要，在对此概念进行界定时，又是否需要进一步明确其包含的具体的诉讼类型？所谓预防性行政诉讼，到底预防的是什么？是行政行为的作出，还是行政行为的实际执行？所预防的行政行为是否应限于法律行为或事实行为？不作为能否成为预防性行政诉讼的对象？以下拟对这些问题逐一探讨，并在此基础上尝试对预防性行政行为的概念作出重新界定。

（一）概括性的预防性行政诉讼概念是否必要？

从预防性行政诉讼的立法设计和诉讼实践的运作来看，无疑应着眼于具体的诉讼类型，如预防性不作为诉讼、预防性确认诉讼等，概括性的预防性行政诉讼概念显得无甚必要。然而，此仅为初步观察的结果，进一步思考将会发现，概括性的预防性行政诉讼的概念仍有存在的价值和意义：可以借此总结、提炼所有预防性行政诉讼具体类型的共性特征；可以借此与事后救济性行政诉讼进行对比，从而明了预防性行政诉讼的特性和存在的特殊问题；预防性权利保护虽然是必要的，但并不见得任何一种具体的预防性行政诉讼类型都是必要的，因此，概括性的预防性行政诉讼的概念对于不同国家的具体情况具有更强的包容性。

（二）预防性行政诉讼概念的界定是否需要明确其具体的诉讼类型？

如前所述，我国大陆地区有学者认为，在对预防性行政诉讼下定义时就应明确其裁判方式和理由。所谓裁判方式和理由其实涉及的就是可适用的具体诉讼类型,如给付诉讼或确认诉讼等。这种观点值得商榷。通常认为,宪法保障公民诉讼权所要求的仅止于提供有效的权利救济,而并不要求提供最有效的权利救济。因此,如果说预防性行政诉讼是必要的话,那么,在预防性行政诉讼的具体类型的选择上则是有弹性空间的。换言之,预防性行政诉讼的存在并不必然伴随着某种或某几种特定的诉讼类型,只要有可资适用的诉讼类型即可。从各国的立法和实践情况来看,也是各有侧重。如德国学界和实务界对于预防性不作为诉讼和预防性确认诉讼虽然原则上都不排除其适用的可能,但实践中主要用的是预防性确认诉讼①。日本的《行政案件诉讼法》只对停止诉讼这种预防性诉讼类型作了规定,所谓义务确认诉讼虽然亦不失为一种预防性行政诉讼,但目前仍只是一种法定外抗告诉讼,而且其预防性权利保护的功能也并未受到学界的重视。

(三)预防性行政诉讼的适用对象是什么?限于事实行为,还是也包括法律行为?

如前所述,关于预防性行政诉讼的适用对象,就行政机关可能作出的行为形式而言,我国大陆地区学者有仅适用于事实行为还是在一定条件下也可以适用于法律行为的争论②。笔者同意将预防性行政诉讼适用于行政机关可能作出的所有公权力行为,只要一旦这个行为作出就将在法律上或事实上影响当事人的权益,不限于事实行为。因为预防性行政诉讼实质上预防的是当事人权益受损,而很显然,无论是事实行为,还是法律行为,都可能损害当事人的权益,因此,在其作出之前,当事人都可能存在提起预防性行政诉讼以防御自

---

① [德]弗里德赫尔穆·胡芬:《行政诉讼法(第五版)》,莫光华译,法律出版社2003年版,第321—322页。

② 事实上,有关学者也并未主张预防性行政诉讼仅仅适用于事实行为,从其所给出的属于预防性行政诉讼受案范围的五种情形来看,除明确提到的事实行为外,行政拘留的执行、劳动教养的执行属于事实行为,但“可能造成既成事实的行政行为”显然是法律行为,而非事实行为,“迟延的行政行为”实为行政不作为,也不是事实行为。参见胡肖华:《论预防性行政诉讼》,载《中国法学》1999年第6期。

身权益受损的需要。所不同者仅在于，因对当事人权益产生影响的性质不同——事实的和法律的以及是否需要尊重行政的首次判断权，对可能作出的法律行为提起预防性行政诉讼会受到更严格的限制。从德国的情况来看，无论是预防性停止作为之诉，还是预防性确认诉讼的适用对象，都不受行政行为形式的限制，不仅可以对可能作出的事实行为，而且可以对可能作出的行政处分，甚至对一个可能作出的具有威胁性的抽象规范，都可以提起预防性行政诉讼；日本的《行政案件诉讼法》虽然将停止诉讼的对象明确限于处分或裁决，但通常认为，处分也包括“公权力行使的事实行为、人的收容、物的留置或其他内容系具有继续的性质（的行为）”①。

（四）预防性行政诉讼的起诉时机如何确定？

预防性行政诉讼的起诉时机是指对于可以适用预防性行政诉讼的对象，原告可以于何时或在哪个阶段提起诉讼。关于这个问题的争论，我国大陆地区学界往往与预防性行政诉讼的适用对象和诉讼目标等问题纠缠不清。就前者而言，胡肖华所谓“在行政决定作出后、执行前”提起预防性行政诉讼的观点，其实与预防性行政诉讼的起诉时机无关，而仅在说明预防性行政诉讼的一种适用对象——行政决定（法律行为）的执行，此种情形下的起诉时机并非是在行为后，而是在行为前——执行行为前。因此，徐信贵等人的批评难以成立。就后者而言，解志勇在诉讼目标名义下争论的“阻止即将到来的损害”与“制止正在发生的损害”问题，其实也是预防性行政诉讼的起诉时机问题。预防性行政诉讼究竟是只能在损害发生前，出于阻止损害发生的目的而提起，还是也可以对已然发生、正在持续的损害出于制止的目的而提起呢？

在德国，正如预防性确认诉讼只是确认诉讼中的一种，预防性停止作为之诉也只是停止作为之诉中的一种。但德国学者往往把预防

① 尤帝元：《预防性行政诉讼之研究》，中正大学法律学研究所 2007 年硕士学位论文，第 79 页。

性停止作为之诉与一般的停止作为之诉置于一处加以讨论,"停止作为之诉的标的是原告的如下主张:他的权利受到即将发生的,或正在持续的权力行为的侵害"①。然而,只有在权利受到即将发生的权力行为的侵害时提起的才是预防性停止作为之诉,若该权力行为已然发生、正在持续,则此时提起停止作为之诉虽然仍是合适的,但此停止作为之诉已不具有预防性行政诉讼的性质。解志勇显然是受了德国学者关于停止作为之诉的论述方式的影响,将停止作为之诉一概视为是预防性的。笔者以为,在损害或影响——无论是事实上的还是法律上的——已然发生时再提起的诉讼,无论如何都不能算是预防性行政诉讼,此类诉讼与预防性行政诉讼在起诉、审理和裁判等诸方面势必存在差异,因此,也存在区分的实际必要。

(五)对可能的拒绝或不作为能提起预防性行政诉讼吗?

这个问题涉及的是,如果原告希望行政机关作为,但行政机关可能拒绝或不作为,对这个可能的拒绝或不作为,原告能否提起预防性行政诉讼加以预防。对此,域外并无相关立法例,理论上也缺乏讨论,实务中更是没有相关案例。不过,笔者以为,姑且不论实践中是否必要或是否有意义——事实上这只有经过实践后才能确知,事前是难以逆料的,至少从理论上说,有予以承认的必要。比如,原告已经向行政机关提出作出某种行为的请求,如果行政机关最终拒绝或不作为,原告可能因此受到无法弥补的损害,此时,从有效权利救济的角度来看,就有必要允许原告提起预防性行政诉讼,防止行政机关的拒绝行为或不作为。在原告对所请求的行为有时机上的特殊要求时,事后的课予义务诉讼即便胜诉可能对原告已无实际意义,此时预防性行政诉讼的提起尤有必要。所需考虑的或许仅仅是,是否仅允许原告提起预防性的确认诉讼,确认被告有作出所请求行为之义务,而不宜允许其提起预防性的课予义务诉讼,因此,这显然将构成司法

① [德]弗里德赫尔穆·胡芬:《行政诉讼法(第五版)》,莫光华译,法律出版社 2003 年版,第 296 页。

对行政的提前、过度干预。

对于预防性行政诉讼的诉讼对象和具体类型，可约略整理如表1－1所示。

表1－1　预防性行政诉讼的诉讼对象和具体类型

行政的作为或不作为／救济的类型	作为：不应作出一定的行为而作出了或有作出之虞		拒绝或不作为：应作出一定的行为而拒绝作出或怠于作出或有拒绝或怠于作出之虞	
	法律行为	事实行为	法律行为	事实行为
事后救济性行政诉讼	撤销诉讼	一般停止作为之诉	课予义务诉讼	一般给付诉讼
预防性行政诉讼	预防性停止作为之诉→预防性确认诉讼		预防性确认诉讼	预防性确认诉讼

第二节　预防性行政诉讼的目的

关于预防性行政诉讼的目的，理论上迄今未见有专门讨论，不过，关于行政诉讼目的的研究却可以说已经达到了汗牛充栋的地步。其中有一种颇具代表性的观点认为，权利救济是行政诉讼的唯一目的。在此种观点看来，预防性行政诉讼的目的无非就是提供预防性的权利救济（保护）。此外，当前关于预防性行政诉讼的研究中普遍存在这样一种倾向，即认为预防性行政诉讼所预防的是权利受到侵犯或受损，基于此种理解，预防性行政诉讼的目的自然也在于提供预防性的权利救济（保护）。对于此种观点，笔者不敢苟同。预防性行政诉讼与事后性行政诉讼涉及的是提起行政诉讼的时机不同，与所提起的行政诉讼的目的并无直接、必然的联系。预防性行政诉讼的目的取决于通常情况下行政诉讼的目的，本身难说有什么特殊不同的目的。鉴于此,以下将首先回顾有关行政诉讼目的论争的情况,进而提出一种基于类型化的行政诉讼目的新论,最后在此基础上论定预防性行政诉讼的目的。

一、行政诉讼的目的论争

行政诉讼的目的,从客观角度来看,是指国家设置行政诉讼制度预期要实现的目的,从主观角度来看,则是原告可以合法地提起行政诉讼的目的。目的问题,乍看之下,是一个纯理论问题。然而研究行政诉讼的目的实则具有多种实践意义:其一,对于立法而言,有助于科学、合理地设计行政诉讼上的各种具体制度。任何一种法律或制度都是人为的产物,或经制定或经认可,因此,自始便包含了特定的目的追求。法律制度的具体内容正如手段和工具一样,一定要有助于该目的的实现。就此而言,行政诉讼上各种具体的制度如何选择取舍,如何具体设计,首先取决于行政诉讼的目的。其二,对于司法实践而言,有助于正确理解和实施《行政诉讼法》。既然《行政诉讼法》的各种规定和内容并不是没有来由的存在,而是为了实现某种目的所作的特定选择和设计,那么,在实践中要正确地理解和实施这些规定和内容,就不能不寻求目的的指引。正因此,目的解释不仅是与文义解释、体系解释、历史解释相并列的四种法律解释的方法之一,而且,其在法律解释方法的体系中还具有根本的重要性。

关于行政诉讼的目的,早在《行政诉讼法》起草审议之时就存在争议。《行政诉讼法》的正式颁布实施非但没有使相关争议平息,反而似乎是激起了更大的争议,至今也未见稍歇。可以说,《行政诉讼法》实施了多久,关于行政诉讼目的的争论就持续了多久。总的来说,有以下三种具有代表性的观点。

(一) 三重目的说

所谓三重目的,顾名思义,即认为行政诉讼同时具有三种目的。至于是哪三种目的,理论上还经历了一个发展和变化的过程,即从“旧三重目的说”发展为“新三重目的说”。旧三重目的说的主要根据是 1989 年《行政诉讼法》第一条的规定，实际上是将 1989 年《行政诉讼法》第一条关于立法目的的规定进行了一个理论上的转化。其认为，根据 1989 年《行政诉讼法》第一条的规定，行政诉讼具有如下三重目的：保证人民法院正确、及时审理行政案件；维护和监督行政机关依法行使职权；保护公民、法人或其他组织的合法权益①。

由于保证人民法院正确、及时审理某类案件实为三大诉讼法共通的目的，不能说是行政诉讼特有的目的，因此，多数学者认为不能将其认定为行政诉讼的目的。此外，维护行政机关依法行使职权以及作为其具体体现的维持判决，在 1989 年《行政诉讼法》颁布实施后，就受到了学界较为一致的批评。学者普遍认为，此种表述以及维持判决不仅是不必要的——因为行政行为原则上具有公定力，只要法院不判决撤销或确认违法、无效，其合法性和效力不受影响，本无需维持，而且还可能是有害的，如行政行为虽然合法，但可能不合理，或者虽然合法，但不适合继续有效，此时，法院判决维持反而不当地取消了行政机关的自我纠错和根据实际情况的变化灵活因应的可能。因此，维护行政机关依法行使职权不仅不宜作为行政诉讼的目的，而且此种表述以及维持判决在《行政诉讼法》上都应被彻底取消。再者，受民事诉讼法学上关于民事诉讼目的的“纠纷解决说”的影响，多数学者认为，解决相关纠纷或行政争议也是行政诉讼的目的所在。于是，就有了新的三重目的说，其认为行政诉讼的三种目的表现在：第一，监督行政机关依法行使职权；第二，保护公民、法人或其他组织的合法权益；第三，解决行政争议。此种观点为我国当前多数学者所持，处于通说地位②。

（二）两重目的说

两重目的说实际上也是在批判“旧三重目的说”的基础上提出的，在保证人民法院正确、及时审理某类案件和维护行政机关依法行

① 1989 年《行政诉讼法》颁行后，早期教材一般都持此种观点，如应松年主编的《行政诉讼法学（修订本）》（中国政法大学出版社 1999 年版，第 8—11 页）。

② 胡卫列：《行政诉讼目的论》，中国政法大学 2003 年博士学位论文。

使职权不宜作为行政诉讼的目的这点上，与新三重目的说一致无二。所不同的是，新三重目的说更强调行政诉讼与民事诉讼的共通性和一致性，因此，认为无论是民事诉讼还是行政诉讼都具有解决纠纷或争议的目的，但两重目的说则更强调行政诉讼与民事诉讼的差异和不同之处，因此，认为民事诉讼的目的或许在于解决纠纷，但行政诉讼却不能说具有此种目的①。理由在于：

（1）所谓纠纷，从法律意义上看，即权利义务或法律关系的不确定状况。在民事法律关系中，双方地位对等，任何一方的意思都不具有法律上的优越效力，因此，对于彼此间的权利义务，双方当事人若各执一词，则其权利义务或法律关系便陷入不确定状况——民事纠纷，民事诉讼或民事审判正是要使这种不确定状况得以确定化，即要解决相关民事纠纷。因此，可以说，民事诉讼的目的在于解决纠纷。但在行政法律关系中，行政机关处于优越地位，行政机关的意思表示具有优越的效力，即一经作出，无论实际上是否合法，原则上均被推定为合法和有效。因此，在一个行政行为作出后直至其被有权机关撤销或确认违法、无效之前，行政机关与相对人之间的权利义务状况都是确定的——依该行政行为而定，即便是在相对人已经向法院提起了诉讼，在诉讼进行的过程中也是如此。就此而言，在行政诉讼提起之前，甚至在行政诉讼进行过程中，实际上都不存在什么法律意义上的纠纷。纠纷尚且不存在，行政诉讼的目的自然难说是为了解决某种纠纷。

（2）但就纠纷解决而言，合意解决（调解）与裁判解决相比，无论是在纠纷解决的彻底性还是经济性上，都具有明显的优势。因此，如果行政诉讼的目的在于解决纠纷，那么，在具体的制度设计上理应原则上均允许可以调解结案，甚至还应确立调解相对于裁判而言的优先地位。但事实是，调解在我国行政诉讼上仅能适用于有限的特殊案件，一般情况下是不被允许的，更遑论相对于裁判的优先地位。合

① 向忠诚：《行政诉讼目的研究》，载《河北法学》2004年第12期。

理的解释只能是行政诉讼原本就不具有解决纠纷的目的。与之不同的是，在民事诉讼时，正因为其目的就是为了解决有关的民事纠纷，因此调解是可以普遍适用的，并且往往也被作为一种相对于裁判来说更优的选择而得到提倡。鉴于此，两重目的说认为，行政诉讼的目的在于：一方面监督行政机关依法行政，另一方面保护公民、法人或其他组织的合法权益。

（三）单一目的说

单一目的说即认为行政诉讼只有唯一确定的一种目的，至于这种目的是什么，仍有不同观点，具有代表性的是权利保护说和纠纷解决说。较之两重目的说，权利保护说是对新三重目的说作进一步批判的基础上提出的。如上所述，两重目的说否定了行政诉讼具有解决纠纷的目的，在这一点上，权利保护说与两重目的说一致。不同的是，两重目的说仍坚持行政诉讼具有监督行政机关依法行使行政职权的目的，但权利保护说对此予以否定，认为权利保护是行政诉讼唯一的目的[①]。其理由是：

(1) 对于包括行政诉讼在内的任何一种诉讼制度来说，诉和判都是要解决的两大基本问题，论断行政诉讼的目的不能想当然，而应立足于《行政诉讼法》关于诉和判的基本规定。从我国的《行政诉讼法》关于起诉条件的规定来看，明显仅限于权利可能受到侵犯并有权利救济需要的人才可以起诉；而从我国的《行政诉讼法》及相关司法解释关于法院如何选择判决方式的规定来看，也主要是考虑如何才能为原告提供最合适的救济。因此，可以说，权利保护或救济是行政诉讼的唯一目的。

(2) 目的与功能是两个不同的范畴，前者是主观的，即行政诉讼

① 王学辉：《行政诉讼目的新论》，载《律师世界》1998 年第 2 期；肖峰昌：《论行政诉讼目的的唯一性》，载《山西政法管理干部学院学报》2003 年第 4 期；谭宗泽：《行政诉讼目的新论——以行政诉讼结构转换为维度》，载《现代法学》2010 年第 4 期；马怀德：《保护公民、法人和其他组织的权益应成为行政诉讼的根本目的》，载《行政法学研究》2012 年第 2 期。

制度的设计者和利用者主观上希望实现的东西，后者是客观的，即行政诉讼制度的建立和运行客观上会发挥的作用或导致的后果。一般来说，两者会有一定的重合关系，即主观上希望实现的目的往往也是客观上能发挥的作用——除非某种法律制度的制定完全不切合实际或其实施过程中完全走样，但不会完全重合。区别主要表现在，客观上能发挥的作用或导致的后果往往并不限于主观上所追求的目的。就行政诉讼而言，监督行政机关依法行使职权仅为其客观的功能，而非主观目的。行政诉讼之所以会具有这种功能，主要是因为原告权利受损往往是行政行为违法所致，而要为原告提供权利救济往往最有效的方法就是撤销违法的行政行为，因此，允许权利受到违法行政行为侵犯的人提起行政诉讼，并通过撤销违法行政行为来为原告提供权利救济，在实现了行政诉讼救济权利的目的的同时，客观上对违法行政行为也起到了监督和矫正的作用。但无论如何，不能因此就混淆了功能和目的的界限，认为监督行政机关依法行使职权也是行政诉讼的目的之一。因为如前所述，决定能否提起行政诉讼的根本因素还是原告的权利是否受到了侵犯，而非行政行为是否违法，决定法院如何判决的根本因素还是如何有效救济原告受损的权利，而非如何监督和矫正违法行政行为。

(3) 如果监督行政机关依法行使职权是行政诉讼的目的，那么，《行政诉讼法》上至少应允许在特定情况下，有人仅仅基于行政行为违法或侵犯公共利益而提起行政诉讼，换言之，即允许一定情况下的客观诉讼和公益诉讼的存在。因为很显然，行政行为违法并不必然侵犯特定人的权利，就算在会侵犯特定人的权利的情况下，该特定人也可能不会提起诉讼。在这种情况下，如果仍要求只有在自身权利受到侵犯的情况下才能提起行政诉讼，没有适格的原告提起诉讼，行政诉讼程序将无法启动，无异于放纵行政违法和对公益的侵犯。在行政诉讼并不具有单纯的监督行政机关依法行使职权之目的的情况下，这并不会成为问题，但如果行政诉讼被认为具有此种目的，特定情况下的客观诉讼和公益诉讼的缺位就是不应该的。事实上，我国现行的《行政诉讼法》并不允许任何情况下的客观诉讼和公益诉讼，因此，反向推论的结果是，其并不具有单纯的监督行政机关依法行使职权的目的。

纠纷解决说与两重目的说其实都是从新三重目的说出发，在其提出的三种目的中进行选择，只不过两者所作选择截然相反。如前所述，两重目的说主要是基于行政诉讼与民事诉讼的不同，从而否定纠纷解决作为行政诉讼目的的可能。然而，纠纷解决说却认为，行政诉讼与民事诉讼并无根本性区别，因此，纠纷解决不仅同样是行政诉讼的目的，而且像其在民事诉讼上一样，甚至可以说是行政诉讼的唯一目的。

二、类型化视野下行政诉讼目的的新论

笔者以为，实质上应如何理解和认识行政诉讼的目的这个问题姑且不论，迄今为止，我国大陆地区学界关于行政诉讼目的的讨论在方法和思路上就存在两个大问题：其一，没有明确区分我国现行行政诉讼制度的目的和一般意义上行政诉讼应该具有的目的。这两者的界限应该说是非常明确的，前者的讨论限于我国，且属于纯实践性问题，后者则不限于我国，且为纯理论问题。我国学者虽然主要是在讨论我国现行行政诉讼制度具有何种目的，但亦有学者实际上讨论的是一般意义上行政诉讼应该具有何种目的。在讨论我国现行行政诉讼制度的目的时，有学者亦往往不自觉地突破此种问题意识，而介入到行政诉讼一般应具有何种目的这个问题上来。其二，缺乏类型化的视野和思维。行政诉讼类型化在比较法上已是一个不争的事实和大势所趋，在我国行政诉讼法学上，绝大多数学者也都是持肯定的态度，然而在关于行政诉讼目的的讨论中，却未见有任何类型化思路的引入。正是因为有这两大问题的存在，致使行政诉讼目的的研究在我国大陆地区陷入了一个愈说愈不明白、谁也无法说服谁的僵局。鉴于此，以下将基于类型化的思路，并明确区分我国大陆地区现行行政诉讼制度的目的和一般意义上行政诉讼应该具有的目的，对这个

老旧的问题再抒己见。

(一) 行政诉讼的分类与行政诉讼类型

行政诉讼类型,即根据某种标准对行政诉讼进行分类的结果。不同的行政诉讼类型往往伴随着立法上的不同规定和法律实施上的不同效果,这是对行政诉讼进行分类或者行政诉讼类型存在的实践意义。如普遍适用于民事诉讼和行政诉讼的一种经典分类是,根据原告所提诉讼请求以及与之对应的法院的实体判决的不同,将行政诉讼分为形成诉讼、给付诉讼和确认诉讼①。所谓形成诉讼即能够直接引起某种特定法律关系产生、变更或消灭的诉讼,给付诉讼则是请求法院判令被告履行某种给付义务的诉讼,确认诉讼则是请求法院通过判决对某种法律关系或权利义务的现状或某种法律事实予以确认和宣告的诉讼。其实践意义在于,由于法院的形成判决将引起法律关系的积极变动,因此为维持法律关系的稳定,形成诉讼往往仅限于法律有明确规定时才能提起,而且提起形成诉讼的权利还要受到一定的不变期间——除斥期间的限制。对于给付诉讼来说,特殊之处在于,因其旨在迫使被告履行某种义务,所以原告的诉讼目的并不会随着法院判决的作出而同时得到实现,在给付判决作出以后,还有一个被告的履行以及在其不履行时的强制执行问题。此外,原告提起给付诉讼虽无时间上的限制,但要想取得胜诉则需要在诉讼时效届满之前提起,否则可能发生实体法上请求权因时效届满而消灭,最终被法院判决驳回诉讼请求的后果。对于确认诉讼,由于原告起诉和法院的判决都仅仅只是为了对某种法律关系的现状作出消极的确认,并不会积极地变动法律关系,也不会要求被告履行某种义务,因此,其所能实现的功能和作用实属有限。原告如能通过形成诉讼或给付诉讼更有效地实现其目的,就不能提起确认诉讼。此为确认诉讼之补充性特点。此外,确认诉讼的提起还有更积极的要件,即原告必须就待确认的法律关系或法律事实,有受确认判决的法律利益,

---

① 翁岳生编:《行政法》,中国法制出版社 2009 年版,第 1350—1351 页。

否则，仍不得提起确认诉讼。

再如根据对可以提起行政诉讼的原告资格要求的宽严不同，可将行政诉讼区分为相对人诉讼、利害关系人诉讼和民众诉讼①。所谓相对人诉讼，即只有行政行为的相对人是适格原告，如行政处罚的被处罚人、行政强制的被强制人、行政征收的被征收人等，可以作为原告对有关行政行为提起的行政诉讼；所谓利害关系人诉讼，则是指除了行政行为的相对人外，权利或利益受到该行政行为间接影响的第三人或利害关系人，也可以作为原告就该行政行为提起的诉讼，利害关系人诉讼往往存在于具有第三人效力的行政行为的场合，如一个建设规划许可可能会影响到邻人的通风、采光的权利，一个环境法上的审批行为可能会侵犯周边居民的环境权益，一个财政补贴决定可能会侵犯同业者的公平竞争权等；民众诉讼在原告资格这方面要求最宽松，能否对某个行政行为提起行政诉讼的不限于主观权益受到侵犯的人，而是可以以选民资格、纳税人的身份等宽泛的资格提起诉讼，因此，民众诉讼实为典型的公益诉讼。虽然在一定情况下，民众诉讼有存在的必要，但为了避免影响行政诉讼主体功能——权利救济——的发挥，理应通过特别法律限定在特定情形之下。

（二）行政诉讼类型与行政诉讼目的的关系

对于行政诉讼，可以且应该从不同的角度进行分类，从而形成不同的行政诉讼类型，以利于行政诉讼制度的科学、合理设计和兼顾多方面的考虑，但并非每一种分类都关乎行政诉讼的目的。与行政诉讼目的直接相关者主要有两种分类：其一，抗告诉讼与当事人诉讼。所谓抗告诉讼，是指对公权力的行使或不行使表示不服的诉讼；所谓当事人诉讼，是指有关平等主体之间公法上权利义务关系的诉讼。其二，主观诉讼与客观诉讼。所谓主观诉讼，即旨在维护当事人主观权益的行政诉讼，而客观诉讼则是为了维护与特定当事人的权益没有直接关系的客观法律秩序或公共利益而提起的行政诉讼。由于当

① 蔡志芳：《行政救济与行政法学》，三民书局 1993 年版，第 115 页。

事人诉讼是关于特定当事人之间公法上权利义务关系的诉讼，只可能是主观的，因此，所谓主观诉讼和客观诉讼的区分仅仅是就抗告诉讼而言的①。据此，我们可以在理论上把行政诉讼分为三大类型，即主观的抗告诉讼、客观的抗告诉讼和当事人诉讼。笔者以为，这三种类型的行政诉讼各有其独特的目的，主观的抗告诉讼的目的在于救济权利，客观的抗告诉讼的目的在于监督行政或维护公益，当事人诉讼的目的在于解决纠纷。

主观的抗告诉讼的目的在于救济权利无须多言，从主观诉讼的定义便可得知。存在问题的是，为什么说其不具有监督行政和解决纠纷的目的？对此，上文所介绍的单一目的说中的权利保护说监督行政的目的和解决纠纷的目的的否定是有说服力的，与笔者所持观点不同的是，权利保护说并不是在对行政诉讼进行分类考察的基础上提出的，其所谓具有单一的权利保护目的也就没有明确地限定在主观的抗告诉讼上，而是倾向于认为所有行政诉讼都仅具有这样一种单一的目的。客观的抗告诉讼的目的在于监督行政而非救济权利亦无须多言，从客观诉讼的定义便可得知，之所以解决纠纷亦非其目的，上文所述权利保护说对解决纠纷目的的驳斥也足以回答。为什么说当事人诉讼的目的仅在于解决纠纷，救济权利和监督行政均非其目的，则需要多作一些论述。

其实，总的来说，当事人诉讼的构造以及当事人诉讼中的当事人之间实体法地位，与民事诉讼的构造及民事诉讼中当事人的实体法地位颇为类似，所不同的仅仅是当事人争议的标的性质不同，前者为公法上权利义务，后者为私法上权利义务。但在实体法上，当事人地位的平等性则是一样的，任何一方都不具有特殊的优越地位，享有特殊的优越权力，因此，如就彼此间权利义务的具体状况和内容发生争议，就足以产生一个法律意义上的纠纷，而无论是民事诉讼还是作为行政诉讼的当事人诉讼，其目的正是要通过司法裁判来使这种不确

① 翁岳生编：《行政法》，中国法制出版社 2009 年版，第 1348—1349 页。

定的法律状况得以确定化，换言之，解决相关法律纠纷。同理，由于当事人诉讼中代表行政的一方并不享有、也未行使何种优越的权力，所以对其并无通过诉讼予以特别监督的需要，对相对一方来说，由于并未受到何种公权力行为的约束，因此也没有通过诉讼表示不服和寻求救济的需要。因此，当事人诉讼不具有监督行政和救济权利的目的。事实上，从德国、日本等国家和地区的法制和司法实践情况来看，当事人诉讼完全可能是行政主体对私人提起的，在这种情况下，显然就更无法说其具有监督行政和救济权利的目的。

（三）我国现行行政诉讼的目的

以上均是从一般角度对行政诉讼的目的所作的论述，并未与任何国家或地区的行政诉讼制度相结合，应该说，其间的道理并不难理解。然而，何以关于行政诉讼的目的在我国大陆地区学界一直争论不休、至今未止呢？如前所述，根本原因在于，有的学者是在一般意义上讨论行政诉讼的目的，有的学者则主要是在讨论我国行政诉讼的目的。讨论的对象和使用的概念工具都不一样，相关讨论自然难以有序进行并取得实质性进展。一般意义上的行政诉讼需要涵盖不同国家或地区、不同历史时期行政诉讼制度的特殊内容，具有广泛的包容性，我国行政诉讼则是特指我国现行有效的《行政诉讼法》所作的特殊制度安排。两者的区别是显而易见的，在研究行政诉讼目的时需要予以明确区分，既不能以一般意义上的行政诉讼目的取代我国行政诉讼的目的，也不能根据我国行政诉讼的目的想当然地推论一般意义上行政诉讼的目的。

关于一般意义上行政诉讼的目的，前文已从类型区分的角度作了探讨，即主观的抗告诉讼的目的在于救济权利，客观的抗告诉讼的目的在于监督行政或维护公益，当事人诉讼的目的在于解决纠纷。这种研究的思路同样也是研究我国行政诉讼目的时应遵循的，因此，要回答我国行政诉讼的特殊目的究竟何在，首先要弄清楚我国行政诉讼有哪些具体类型。关于这个问题，限于篇幅，此处不拟作详细探讨，仅止于给出一个结论，即我国现行行政诉讼事实上仅限于主观的抗告诉讼，相信这个结论也能为学界各方所接受。如果这个结论能够成立，那么，根据前文关于一般意义上行政诉讼目的的探讨，则可以说，我国现行行政诉讼的目的就是唯一确定的，即权利救济（保护），所谓监督行政和解决纠纷并非其目的所在。

三、预防性行政诉讼的目的

正如前述，预防性行政诉讼与事后性行政诉讼涉及的是提起行政诉讼的时机不同，与所提起的行政诉讼的目的并无直接、必然的联系。在目的方面，预防性行政诉讼的目的与事后性行政诉讼是相同的，本身并没有什么特殊不同的目的。准此以言，结合上文关于预防性行政诉讼的类型和一般意义上行政诉讼目的的研究，对于预防性行政诉讼的目的，我们可以获得如下认识：如所提的预防性行政诉讼属于主观的抗告诉讼，则其目的是救济（保护）权利；如所提预防性行政诉讼属于客观的抗告诉讼，则其目的是监督行政，如所提预防性行政诉讼属于当事人诉讼，则其目的是解决（防止）纠纷。

第二章 预防性行政诉讼的现实背景和宪法基础

第一节 预防性行政诉讼的现实背景

一、行政国家

（一）行政国家概念的提出

自启蒙时代以来，“权利本位”的思想观念深入人心，民众时刻警惕国家、政府和其他任何有可能以公共、权力等名义“侵犯”个人自由的行为，个体自由的法治文化被各国所承认。然而进入现代社会，行政权力在社会发展中的比重日益提升却是个不争的事实，这是一个“行政国家”的时代：行政权力正日益深入社会生活的各个领域。

第二次世界大战以后，特别是20世纪60年代以来，出现了各种公共行政现象。在资本主义国家立法、司法、行政三权分立的国家权力主体的关系中，行政权力和行政活动扩展，具有制定同议会立法效力相当的行政命令权并拥有和法院判决效力相当的行政裁判权，大量直接管理国家事务和社会公共事务，从而成为最活动和最强有力国家作用的一种行政现象，其主要表现是行政职能扩展①。行政国

① 青维富：《论现代行政新理念》，载《行政论坛》2004年第5期。

家这个概念的正式提出是在美国公共行政管理学学者沃尔多的《行政国家：美国公共行政的政治理论研究》一书中，目前仍没有统一的定义。一般认为，它是一种由“公共部门使用……庞大的社会资源”来运作的政治国家，现在用来泛指国家深度介入社会生产的权力管理模式；在经典的宪政理论模式中，这种模式最大的危险，是政治国家通过行政权力的控制，将国家的目的理性灌输到社会独立价值诉求和运作过程中，最终将社会再生产过程“捆绑”为政治国家中少数派特殊利益的工具①。

（二）行政国家产生的原因

在当代社会，行政国家的产生有其深刻的政治、经济和社会秩序与管理的根源。

1. 政治根源

近代各国建国之际都将保护公民的自由财产、为公民谋取福利写入宪法。例如，美国立宪政府在建国之初的宪法中就明确了自己的目标，在宪法序言中写道：“我们，作为美利坚合众国的人民，为了组成一个更完美的国度，维护正义，保卫国家的安宁，保证国防，提高社会福利，并保证我们自己的自由和我们的财产安全，完成我们神圣的使命，因此制定宪法。”德国学者福斯多夫也提出“生存照顾”以及“当是服务主体的行政”②的概念，旨在告诉我们行政的服务性是行政能够符合社会法治国家原则、满足民生的要求。他详细阐明了行政主体与行政相对人之间的服务与合作的关系，并且认为个人对国家的依赖性决定了行政主体的任务或职责是为相对人提供服务，提供生活资源以及协调各种利益关系，提供机会和设施。同时，也决定了公民对国家及行政主体而言的分享和参与，以及支持、合作和信赖义务。从这些宪法和学者的观点中我们可以看出，现代国家成立的初衷是维护法律和秩序、保卫国防、保护公民的自由和财产、为大众

① ［德］尤尔根·哈贝马斯：《合法化危机》，刘北成、曹卫东译，上海人民出版社2009年版，第149—153页。

② 陈新民：《公法学札记》，中国政法大学出版社2001年版，第46页。

谋福利。政府不仅要为经济的发展提供服务，而且要提高公民的社会福利。

特别是从19世纪末“服务行政”概念的提出开始，国家除了运用行政权力对市民社会进行管制、干涉外，另一方面也必须服务、协助公民。而且现代行政提供教育、医疗、交通运输、通信和其他许许多多服务的目的，不仅在于给公民提供救济——贫病救助、失业救济等救助，而且在于提升大众健康、社会福利和保持经济的增长。当今的行政国家扮演着“掌舵”与“划桨”的双重角色①。国家的这些政治目标的实现，有赖于最有效率的国家机器的运作②。这便是行政国家兴起的政治原因。

2. 经济根源

在资产阶级革命结束的初期，国家对经济的干预相当有限，这一时期是守夜人式的国家，国家不干预经济生活，国家的职能限于维护社会治安、司法与维持公共事业。以亚当·斯密为代表的自由放任主义学说为国家行政进行了定位③。他们的观点是：经济秩序是一种自然生长的秩序，它是千百万人按照其个别意志自发行动的结果，而不是任何社会组织或共同意志干涉或安排的结果；利益法则支配经济领域，人们从事生产和交换的目的在于谋取私人利益，利益最大化是一切经济活动的最高宗旨；每个人最能了解和判断自己的利益，因此社会应当允许个人自由选择其生活道路，自主安排其个人事务；自由竞争是经济领域的最高原则，国家应当取消一切特权或优惠制度，保证生产者之间自由而平等的竞争，从而迫使生产者提高生产效率，推动经济发展；在经济规律这个“看不见的手”的支配下，个人为追求自身的利益，必须以最符合社会需要的方式从事生产经营，从而

① David H. Rosenbloon Robert S. Kravchuk, *Public Administration: Understanding Management, politics and law in the Public Sector*, McGraw-Hill Press, 2002, p.51.

② 周欣：《论行政国家》，西南政法大学2007年硕士学位论文，第10页。

③ 张文显：《二十世纪西方法哲学思潮研究》，法律出版社2006年版，第204页。

最终促进公共利益[1]。总之,“资产者不允许国家干预他们的私人利益,资产者赋予国家权力的多少只限于为保证他们自身的安全和维护竞争所必需的范围之内”[2]。在经济领域,这种自由发展的状态持续了一个多世纪,在此期间,政府所发挥的作用十分有限,主要表现为消极地保护个人财产、维护社会秩序以及保卫国家不受侵略等,行政权力十分消极被动。人们认为政府的活动必须以不破坏市场秩序的自由运转为限度,政府尽量少干预甚至不干预市场的运作才能使市场遵循着自由竞争的原则,而各种资源也相应地得到了合理配置。

然而,问题在两次工业革命之后接踵而至。19 世纪中后期,西方发达国家实现了自由资本向垄断资本的过渡。生产力的快速发展使得生产和资本的集中现象不断涌现,垄断行为不断增多。垄断行为破坏了市场经济的公平竞争,给经济发展带来障碍,垄断本身也导致了许多社会矛盾,严重威胁着市场经济秩序的健康发展。因垄断造成的社会问题早已不能通过社会的自治来解决,只有行政权力的干预,只有政府出面才有解决问题的可能。由此,资本主义国家相继进入政府积极干预社会的阶段。例如 1933 年实施的“罗斯福新政”,就是在凯恩斯主义指导下通过行政权力干预经济社会的活生生的例子。罗斯福新政抛弃了传统的自由放任的经济政策,实行国家积极干预的政府管理,力图通过国家对社会经济活动的积极调节和全面控制,扩大社会需求,消除失业,缓和经济萧条等经济危机和社会矛盾。西方国家普遍掀起了一场“凯恩斯革命”,自由放任的政府宣告终结[3]。生产力的迅速发展导致经济社会对政府干预的迫切需求,这是行政国家产生的经济根源。

3. 社会秩序和管理的推动

管理和秩序的要求使得政府的规模不断扩大,行政国家随之兴

① 周欣:《论行政国家》,西南政法大学 2007 年硕士学位论文,第 10 页。
② 《马克思恩格斯选集(第 3 卷)》,人民出版社 1990 年版,第 59 页。
③ 周欣:《论行政国家》,西南政法大学 2007 年硕士学位论文,第 11 页。

起。政治、社会和经济的混乱需要行政权力出面来定纷止争，否则经济发展的目标就难以达到，人权和财产权的保护也会成为一纸空文。当今社会，人们的物质生活极大丰富，精神生活水平也相应提高，社会朝着多元化的方向发展，社会秩序和管理推动着行政机构在整个社会调控机制内膨胀以至于到现代包裹住了国家而成为“行政国家”①。当社会趋于复杂，社会安定和社会福利就会遇到更多的潜在威胁，政府就需要加强管制，作为维护法律和秩序的手段②。

（三）行政国家的特征

那么，作为行政权演化出现的新问题，行政国家表现在哪些方面呢？

1. 行政权向其他国家权力的渗透

民主宪政体制的理想状态就是孟德斯鸠主张的三权分立和权力制衡，其要求严格约束国家权力，传统观念中的行政权力只是一种“执行”活动。但如今，行政权却表现出超出预设的活力和能力。例如：行政机关本身不仅制定政治法规，而且还制定本该由立法机关创制的法律草案；行政权不断行使判断、裁决的权力；行政权在不断侵入准立法权和准司法权，传统的三权分立模式受到冲击。

2. 行政活动领域的扩大

以往政府的职责主要是提供公共物品，涉及外交、国防、治安、财税、法律、基础设施建设等领域。然而，随着公共物品范围的不断变迁，政府的行政活动扩大至教育、医疗、福利、宏观调控、环境、科技等诸多领域。于是，政府职能不断膨胀，政府的权力界限和活动半径愈发难以厘清。

3. 行政自由裁量权的扩张

面对复杂多变的行政事务，法律明显滞后，但基于法律的权威在于其稳定性，因此不可能朝令夕改，所以在新的社会关系出现而法律

---

① 周欣：《论行政国家》，西南政法大学 2007 年硕士学位论文，第 11 页。
② ［德］马克斯·韦伯：《经济与社会》，林荣远译，商务印书馆 1997 年版，第 246 页。

尚未对新的社会关系加以规范时需要行政自由裁量权进行管理①。即使法律有相应的法律规范存在，但突发情况和新问题仍会层出不穷，这也为行政自由裁量权留下了活动的空间。

4. 行政机构和人员的膨胀

行政权力的扩张和行政职能的延伸也使行政机构和人员的数量以前所未有的速度增长，这也是大家有目共睹的。以美国为例，1791年，联邦政府仅设 3 个部，行政人员为 4 479 人，与美国当时总人口的比例为 1∶1 100。而到 1991 年，联邦行政部门发展到 70 多个，行政人员增加到 311 1912 人，与美国总人口的比例为 1∶80②。

（四）行政国家与预防性行政诉讼建立之必要

从以上行政国家的四种表现可以看出，行政权的扩张不仅体现在行政权力度的加大，还体现在行政权的延伸，行政权的覆盖范围指向微观领域。行政权越来越多地渗入到个人生活以及社会生活的方方面面，涵盖了公民从出生到死亡的全过程③，这些都是行政国家在社会生活领域的表现。总之，随着人们对社会治理效果预期的提高，行政权的扩张方向将是事无巨细的，行政权每一次踏入公民的生活中，在提高社会治理水平的同时，也增加了行政纠纷产生的可能性。

根据国务院法制办公室公布的数据，2005—2014 年的十年里，我国省、自治区、直辖市、国务院共收到行政复议申请 1 006 827 件，我国省、自治区、直辖市、国务院行政应诉案件 621 092 件。2005—2014 年间，我国省、自治区、直辖市、国务院收到行政复议申请和行政应诉案件整体上属于波动上升趋势，2009 年以后，行政应诉案件出现了爆发式增长，虽然 2010 年、2011 年和 2012 年应诉案件出现了

---

① 鲍芳修：《行政国家视阈下行政运行机制的重塑》，载《山东行政学院山东省经济管理干部学院学报》2010 年第 1 期。

② 周欣：《论行政国家》，西南政法大学 2007 年硕士学位论文。

③ 肖龙：《行政纠纷预防机制的可行性研究》，吉林大学 2016 年硕士学位论文，第 7 页。

下降，但仍然比2005年、2006年、2007年、2008年和2009年要多，2014年行政复议申请的数量将近2009年的两倍①。

长期以来行政法学者一贯专注于行政争议和行政纠纷的解决，将过多的注意力集中到“纠错—补正”这一过程，鲜有对预防性行政诉讼机制的研究，对行政纠纷预防方面的思考浅尝辄止。诚然我们强调对行政纠纷进行预防，但并不是说通过预防措施完全避免纠纷，由于社会资源的稀缺性和矛盾存在的普遍性，纠纷必将存在，无法彻底消除，但我们可以通过行政纠纷预防措施即预防性行政诉讼将纠纷的发生可能和发生数量控制在较为合理的水平②。

随着行政权的不断膨胀与扩张，行政争议与行政纠纷较以往出现了一些新特点，加之中国经济发展的新常态和实现中华民族伟大复兴的强烈需要，单独依靠外部控制已经无法满足我国现阶段及未来法制化进程的需要，建立预防性行政诉讼机制的价值与日俱增。

二、信息时代

（一）信息时代的产生与基本特征

1. 信息时代的产生

信息从来就伴随着人类社会，自茫茫的石器时代到眼前的知识经济时代。从结绳记事、烽火报情到语言文字的产生，从印刷术的发明到电报、电话的出现，信息高速公路、网上行……一个社会的生存和发展，少不了人流系统、物流系统和信息流系统的运转③。自20世纪下半叶以来，以计算机和互联网为核心的信息化技术迅猛发展，信息化浪潮从发达国家向全世界蔓延，对世界政治、经济、文化及社会

① 肖龙：《行政纠纷预防机制的可行性研究》，吉林大学2016年硕士学位论文，第8页。

② 肖龙：《行政纠纷预防机制的可行性研究》，吉林大学2016年硕士学位论文，第13页。

③ 李艳中：《试论信息时代行政领导如何掌握和利用信息》，载《广东行政学院学报》2001年第6期。

各方面产生了深刻的冲击和影响。“随着知识创新和技术创新的不断推进，物质生产与知识生产相结合，硬件制造与软件制造相结合，传统经济与信息网络技术相结合，将形成推动 21 世纪经济和社会发展的强大动力。”①人类正昂首阔步走进信息时代②。在信息时代下，人流、物流畅通与否完全依赖于信息流系统。在信息社会，任何执政或行政活动过程，都始终伴随着信息的处理和利用的过程。

2. 信息时代的基本特征

信息时代的基本特征表现为以下几个方面：

（1）信息的创造呈加速形式，世界知识总量呈爆炸式增长。20 世纪中期以来，人类认识自然的能力，在强大的经济实力支持下和先进的技术手段武装下，得以前所未有的速度增长。用英国著名科学哲学家詹姆斯·马丁的话来说，19 世纪世界知识总量每 50 年增长 1 倍，20 世纪中期是每 10 年增长 1 倍，70 年代为 5 年增长 1 倍，而目前是每 3 年增长 1 倍，有的学科甚至是每隔 1.5 年增长 1 倍。有人形象地称之为知识爆炸。知识信息的爆炸式产生是信息时代的突出特征，也是信息时代到来的重要前提。

（2）信息成为社会经济发展的战略性资源，动态性变化的源泉。无论是国家的政治、经济管理，还是企业的生产经营，乃至家庭、个人的生活、消费，都离不开信息。如今，现代化的通信设施，把个人、单位、国家乃至全世界连接起来，大大加快了信息的传递和使用效率，从而推动着社会经济效益的提高，创造愈来愈多的社会财富。且不说高科技信息本身在生产中的应用，会给产值带来几倍、几十倍的增长率，只从信息传递的快速、准确、利用的及时来看，也会给各个方面带来巨大的收获和利益。据统计，在建筑施工中，采用有效的通信设计，及时地了解施工进度及有关信息，适时地进行控制管理，合理调拨原材料，可以使劳动生产率提高 15%。在农业生产中，采用完善的

---

① 江泽民：《论科学技术》，中央文献出版社 2001 年版，第 221 页。

② 刘亚丽：《论信息时代行政决策模式的革命》，载《中南林业科技大学学报》2004 年第 3 期。

通信设施，根据卫星提供的农时和农活进展情况、作物生产状况，合理调拨机械、安排施肥和土地休闲，可以使农机利用率提高25%，产量提高50%。在金融管理中，采用完善的通信设施，可以大大加快资金的周转。在办理国际转账业务中，即使全年只缩短一天的周转时间，就等于增加几百亿美元的流动资金。信息在抗灾、救险、治病救人等事件中所产生的经济效益和社会效益，则往往更难用数字来表达。

(3)社会经济、科教、办公乃至家庭生活方式的改变。计算机、通信和控制技术的发展和广泛应用，武装了国民经济各个部门，影响并扩展到社会、生产、工作和生活的各个环节。20世纪60年代以来，由生产的自动控制，到管理的信息系统化；由经营的信息化，到社会服务的信息化；由办公的信息化，到家庭的信息化。无论是普及的速度还是信息化程度的提高速度，都是惊人的。如今，世界上发达国家基本上都实现了管理信息化、网络化①。利用电子计算机管理信息系统对工农业生产、商业经济、交通能源、科研教育、政治军事，乃至家庭生活等各个领域的信息进行自动化管理，并通过四通八达的网络迅速传递，大大加快了各项事业运转的速度，成为信息化社会的重要特征。

(二)信息时代给行政机关带来的挑战：商誉保护堪忧

人类社会进入信息时代之后，由于信息技术的广泛渗透性，信息资源的公开、共享性，沟通的高效、便利、平等性，以及知识合成的高密性，它给人们带来的不仅是先进的技术，更主要的是带来生产、生活、思维方式的巨大影响与变革。它深刻地影响到了当今人类社会的各个方面。现代行政决策发展，作为政府行政发展的核心环节，更是深受其作用，成为人们关注的焦点之一②。信息是行政决策的基础与生命线，没有信息就没有决策。在信息时代，由于信息的“爆

① 夏立容：《信息时代的标志及基本特征》，载《自然辩证法研究》1996年第8期。
② 蒋文武：《论信息时代行政决策的发展》，载《求实》2002年第9期。

炸”，既给政府决策带来了机遇，也带来了挑战。

根据有关资料分析，在全球信息环境中，信息垃圾比例不低于50%，有的领域甚至占到80%。一些冗余信息、老化信息、虚假信息、失真信息等充斥着整个信息世界。信息的全面、有效性是决策质量安全系数衡量指标。但过多、过滥，特别是信息垃圾的出现，不但对决策无益，反而会产生不可预测的消极后果。在新闻媒体和互联网如此发达的今天，有些信息一经公布，给人们造成的损失将是无法估计、更是无法弥补的，特别如消费警示、公共警告等这类告知性行政事实行为，借助公共渠道及政府公信力，影响范围更大、传播更加迅速。以下仅举三个典型案例①。

【案例一】“农夫山泉砒霜门事件”

2009年11月，“农夫山泉砒霜门事件”在全国引起轩然大波，短短几天内，从最初的食品安全恐慌事件向涉及政府公信力的公共事件转化。这主要缘起于一则消费警示。2009年11月24日，海口市工商局发布消费警示：农夫山泉广东万绿湖有限公司的30%混合果蔬饮料与水溶C100西柚汁饮料、统一企业（中国）投资有限公司的蜜桃多汁等三种饮料总砷含量超标。砷俗称“砒霜”，是毒性非常强的污染物，慢性砷中毒潜伏期可长达几年甚至几十年，此外砷还有致癌作用。这则消费警示迅速成为焦点事件，对此，农夫山泉提出质疑，而海口市工商局坚持称检测无误。但在数日后该事件发生了大逆转，11月27日，海口市工商局将涉嫌总砷含量超标的三种抽检产品备份送往中国检验检疫科学研究院综合检测中心复检。12月1日，海口市工商局称抽检产品合格。据相关报道，短短数日内，农夫山泉损失达10亿元。

【案例二】“豫花面粉有毒事件”

2004年10月3日，湖北省黄石市工商局西塞山分局的工作人员来到“豫花”面粉经销商店里，称有人举报该店经销的“豫花”面粉有

① 徐朝建：《预防性行政诉讼研究》，海南大学2014年硕士学位论文，第17页。

毒，需要调查，当场封存了店里 80 袋面粉，同时带走了 2 袋面粉做样品。次日，黄石市卫生监的工作人员又来到经销商店里，从封存的“豫花”面粉中提取了 2.5 千克面粉，并送交黄石市疾病防治控制中心进行检验。10 月 8 日，检测结果出炉，被检测的“豫花”面粉中增白剂含量为 0.089 g/kg，超过 0.06 g/kg 的国家标准。随后，黄石市有关执法部门未告知“豫花”面粉的生产企业大程公司相关检测结果，直接依据检测报告采取了查封等措施，并将此检验结果对媒体进行了公开，发布了所谓“消费警示”。在接下来的数天里，湖北、河南等省市以至中央的媒体陆续跟进报道。部分媒体在报道中夸大其词，将“豫花”直接称为“毒面粉”，一时间“豫花”面粉有毒的消息传遍了全国。在“豫花面粉有毒事件”中，黄石市的“消费警示”作为导火索，引发了巨大的信息伤害，在短时间内几乎将一家大型企业置于濒临破产的边缘。

【案例三】“沈阳飞龙制药公司诉国家药监局‘伟哥假药案’”

1999 年，国家药监局忽然发出一份“紧急通知”，并召开新闻发布会，称“伟哥”是美国辉瑞制药公司的产品，尚未在中国公开上市，市场上销售的“伟哥”皆是假药。通知敦促各级药监部门对市场上的“伟哥”一律按假药查处。结果，沈阳飞龙制药公司解释：“伟哥”是我公司正在国家工商局注册的商标。辉瑞公司在中国注册的商标是“威而刚”，而不是“伟哥”。如果说我们的“伟哥”是假药，那么真“伟哥”是谁？几天后，药监局发出一份新通知，要求各地查处“劣药伟哥”。于是，飞龙公司将国家药监局告上法庭。最终，双方在法律上输赢参半，但飞龙制药在市场上却一输到底，一个蒸蒸日上的企业濒临破产。

（三）信息时代与预防性行政诉讼建立之必要

除上面的“农夫山泉砒霜门事件”“豫花面粉有毒事件”“沈阳飞龙制药公司诉国家药监局‘伟哥假药案’”等，类似的案件在中国不胜枚举。这些案件的相同点为：政府发布失实信息的行为给当时的企业和商家的信誉、荣誉造成了严重的损害，并且直接导致了难以弥补的经济损失。而且这种降低信誉带来的经济损失，在事后根本无法具体估量，更别谈保障这些商家和企业得到有效的赔偿了。

以上这些案例中涉及的政府的行政行为均为告知性的行政事实行为。那么，什么是行政事实行为呢？我国对行政事实行为的法律规制又有什么特点呢？

“行政事实行为”是一个学理概念。有人认为，事实行为是指行政主体所实施的本身不直接或间接引起行政相对人权利、义务的得、丧、变更等法律后果的行为。有人认为，事实行为为不发生法律效果，或虽发生法律效果，然而效果之发生乃系于外界之事实状态，并非由于行政权心理之状态。有人认为，法律行为意味着相对人不服从该行为时必定伴随着一定的制裁后果，而事实行为则不具有法律的强制性。还有的学者借鉴民法学事实行为的理论进行甄别，等等。总之，一个不可回避的事实是，很难给行政事实行为下一个准确的定义①。虽然在概念上没有一个明确的界定，但并不妨碍对行政事实行为建立一个大体的认识，行政事实行为具备以下三种共同特征：其一，行政性，它是行政主体借助于行政职权实施的，或者至少与行使行政职权相关；其二，可致权益损益性，它总是对行政相对人的权益有影响，并且有决定相对人对其服从的潜在压力；其三，多样性，行政事实行为在客观上表现多样，这也是对其难以下一个准确定义的原因之一。

从法律规范上来说，目前我国对于这类告知性的行政事实行为，大多数由规章及规范性文件设立，普遍还存在着定性不明、程序不规范、发布条件不合理等问题。最重要的问题还在于缺乏相应的救济渠道，事后的损失更是无法弥补，因此，这就需要一定条件下的事前预防机制的介入②，预防性行政诉讼不失为一种良好的途径。

从上面第二点就可以看出，学术界对行政事实行为的定义和外

① 李涛：《行政事实行为的侵害性及救济途径思考》，载《人民法院报》2003年7月5日。
② 徐朝建：《预防性行政诉讼研究》，海南大学2014年硕士学位论文，第18页。

延争议颇多,学者们都试图用自己的理解和观点来解释和构建行政事实行为理论,但却忽略了对行政事实行为的法律规制和对行政相对人的权利救济。尤为重要的是,学术界缺乏一种新思维,即为此种情况下救济行政相对人权利开辟一种新的途径:预防性行政诉讼,这当然是一种最为有效的救济方法。

三、风险社会

(一)风险和风险社会的概念

"风险"一词来源于法语的 risque 和意大利语的 risco,产生于早期的航海贸易和保险业,指在特定时间内某种行为、物质引起危害的可能性或某种特定危害发生的可能性。20 世纪 70 年代,社会学家用"风险"来指涉社会和技术发展的灾难性后果,到 20 世纪 80 年代,"风险"则被扩展为被用来指称当代社会区别于"工业社会"的形态和性质[①]。与日常生活中类似的概念如"危险""灾难""威胁"相比,"风险"仅仅是指危害发生的一种概率,具有高度的不确定性,是在不确定的基础上对事件未来状态的一种预测。

乌尔里希·贝克在《风险社会》一书中首次提出了"风险社会"的概念,强调随着工业化、市场化和全球化的推动,社会公众切身体会到市场经济、先进科技和官僚行政等现代性产生的风险以及由此给人类社会带来的巨大挑战[②]。贝克认为风险并不为人类社会的某一形态所独有,而是对各种社会在它自身所处的那个时代所具备的特征的一种独特反映。对"风险社会"来说也是一样,它是现代社会的一个发展阶段。在这一阶段中,工业化过程中所产生的威胁开始逐渐占据主导地位。风险社会是现代性内部断裂的结果,它的形成表明了工业社会日渐衰退以及现代化已经进入一个新的发

① 李海平:《论风险社会中现代行政法的危机和转型》,载《深圳大学学报(人文社会科学版)》2005 年第 1 期。

② [德]乌尔里希·贝克:《世界主义的观点:战争即和平》,杨祖群译,华东师范大学出版社 2008 年版,第 68—69 页。

展阶段①。

当前人类所处的社会与之前的社会相比，无论是在风险的规模上、范围上抑或是程度上都发生了根本性的改变，风险已经开始波及全球，它威胁的将是整个人类社会的生存和发展。如果硬要给“风险社会”下个定义，“风险社会”主要是指因人类社会对科技的非理性应用以及科技本身的负面效应所造成的各种人为风险严重威胁着整个人类社会的生存和发展的社会发展阶段②。

（二）风险社会的特征

纵观当今社会，风险社会主要有以下四个方面的显著特征：

1. 引发风险的人为性

工业化早期的社会风险基本来自自然；而现代社会的风险不仅包括自然风险，还有“人造风险”，并且自然所造成的那部分危险比例已经非常低，取而代之的是由人类实践带来的危险。当今社会的风险主要是由社会内部机制引发的，是由人类非理性、不科学的行为所造成的③。

2. 风险影响后果的全球化

传统的风险只针对特定人，或面向特定的地域；而现代社会的风险是整体性的，它冲破了时间和空间的束缚，从一个起源地波及世界各个角落，从一个时间段蔓延至未来的时代④。

3. 当今风险的产生离不开高科技的应用

正是科学技术的强大力量在推动人类社会不断向前发展。科学技术虽然让人类生存和发展的能力大大增强，但同时也给人类带来了潜在的危害。科技的力量使人们开始以万物之主自居，人类的欲望被无限制地激发出来，于是人们开始运用高科技发明先进的武器

---

① 杨雪冬：《风险社会与秩序重构》，社会科学文献出版社 2006 年版，第 30 页。

② 陈文霞：《风险社会背景下中国法治的发展与完善》，河南大学 2013 年硕士学位论文，第 6 页。

③ 杨雪冬：《全球化、风险社会与复合治理》，载《马克思主义与现实》2004 年第 4 期。

④ 庄友刚：《跨越风险社会——风险社会的历史唯物主义研究》，人民出版社 2008 年版，第 42 页。

来抵御敌人。但人类没想到在抵御敌人的同时，广大的社会弱势群体也一并遭受到先进武器的毒害①。

4. 现代社会出现了一种全新的风险：制度风险

起初，人们通过制定一系列的法律制度来规制风险，但是随着风险社会的来临，一些法律制度已经无法有效应对新出现的风险，甚至一些风险的产生正是由人们制定的制度所引发的②。市场经济因自身的自发性和盲目性而导致的经济危机就是一个很好的证明。

（三）风险社会给行政机关带来的挑战：环境公害事件

传统行政法理论主要针对的是不断膨胀的行政权力，要求行政机关为社会公众提供安定的秩序及完善的社会福利，并合理平衡限制公共权力与保障公民权利之间的相互关系。为了实现这些目的，早期的行政法律法规便要求行政机关在实施行政行为时对行政权力的运用保持克制的态度。特别是在作出一项行政决策并予以实施时，必须要以法律认定的相关事实及确定的法律条款为基础，对危害的规模、程度及可能导致的损害予以充分判断之后，才能依法运用行政权力予以干预。因此，传统的行政权力及行政行为表现出确定性及反应性的特点。随着工业化与信息化的加速发展，风险社会的到来使得科学充满了不确定性。如何识别经济及社会等领域潜藏的风险，并对之进行有效的预防与规避，为社会公众提供安全的生活，确保社会公共利益，成为行政机关行政权力运用的主要目标。因而现代社会的国家行政已经从过去的秩序行政与福利行政慢慢转变为风险行政，"政府职责的重心显然已经有所改变，即从对秩序的关注、保护公众的自由权利状态不受非法干预，转变为通过未来目标而全面形塑社会"③。社会的变迁与转型使得政府的行政任务有所转变，法

① 庄友刚：《跨越风险社会——风险社会的历史唯物主义研究》，人民出版社 2008 年版，第 88 页。

② 冯家亮：《风险社会拷问中国法制应对》，载《社会科学报》2010 年 7 月 22 日。

③ 葛伟：《论行政法视野中的风险预防性原则》，载《聊城大学学报（社会科学版）》2016 年第 4 期。

律作为社会关系的调整工具也必须对之做出反应，因此，产生于工业社会并与之相融合的传统行政法理念与原则，受到了来自风险社会中包括法律理念、行为模式等在内的挑战与危机，因而行政法对此必须要做出回应。

行政生态学告诉我们，政府与其所处环境是互动和动态平衡的关系，政府组织与行政行为是受环境影响的生态系统，它必须适应社会环境的变迁。当今世界范围内公共行政的宏观环境就是人类面临传统风险和现代风险的双重威胁。全球各地潜在的风险和不断出现的各类灾难事件，都证明了全方位的风险和灾难正在日益逼近。处在现代化进程和社会转型期的中国，比西方现代化国家更具风险性，西方国家各种历时态出现的社会风险共时态地存在于当代中国社会转型和现代化的过程中，而且中国社会的风险更具有人为风险的特征，社会稳定和公共安全已受到严峻挑战。社会现实表明，中国已进入现代化的高风险时期，进入了转型风险社会，中国的现代化进程与自反性现代化变成了同一个过程。转型风险社会既是社会发展的过程，更是一个产生与酝酿社会风险的过程，对未来的不确定性预期与危机感以及生活压力之大令社会风险层出不穷①。正如乌尔里希·贝克所说，中国正朝向一个工业化的风险社会发展，中国社会正在向现代治理转型，而现代治理又在被自反性现代化去传统化。自反性现代化的实现和风险社会的来临意味着社会发展进程中的负面效应和人类面临的风险不断增加，这使人们遭受意外伤害、意外损失和意外死亡的概率大大增加②。这凸显了预防性社会管理和构建安全社会的重要性，意味着公众对政府会有更多的安全保障期待和服务要求，因而对政府管理模式也提出了更高的要求。风险社会时代需要预防性政府来主导预防性社会管理，政府应通过前瞻性管理积极地

---

① 杨春福：《风险社会的法理解读》，载《法制与社会发展》2011 年第 6 期。

② 何增科：《试析我国社会管理面临的新挑战》，载《北京交通大学学报（社会科学版）》2009 年第 4 期。

影响风险环境，主动防范公共风险，最大限度地谋求公共利益和公共安全①。

一些灾难性的事件，例如，美国三里岛核事故、苏联乌克兰切尔诺贝利核电站爆炸事故、英国的疯牛病事件、“9·11”恐怖袭击事件、全球金融危机以及我国的SARS危机、南京特大投毒事件、安徽阜阳劣质奶粉事件等，使得政府依凭工业社会的理性计算法则来控制社会风险不再可能。例如，“9·11”恐怖事件使得个人在保证自身安全抵抗危害方面的保险契约显得毫无意义；2008年的全球金融危机使得数以百万计的人失去工作，然而先前的失业救助却对此无能为力②。人类的环境行为及决策具有很浓的风险意味，环境影响的评估、环境品质理想状态的认定、环境是否得到改善的辨别，都需要高度的科技水准来进行考量，而这种对高度科技背景的需求，使得环境决策更加具有“风险性格”③。在未知情况下所作出的环境决策行为中，“是”与“非”的判断往往比较滞后，因此，对环境行为的控制同样也具有风险应对的特点。人与自然、人与环境之间的关系随着经济的高速增长变得越来越尖锐和紧张。环境风险，是人类面临的诸多环境问题之一，与人类工业行为紧密相关④。面对环境风险，如果不预先采取规制措施，一旦风险转化为危险或危害，很多污染都是严重的、不可逆的，不可能在短期内实现自我生态恢复，加入人工修复补救也无法完全消解先前的风险效应。

（四）风险社会与预防性行政诉讼建立之必要

为了应对这些突发事故，我国制定了《突发事故应对法》，该法第五十条规定，社会安全事件发生后，人民政府应当立即组织有关部门并由公安机关针对事件的性质和特点，依照有关法律、行政法规和国

① 侯书和：《“预防性政府”解析》，载《社会科学战线》2013年第4期。

② 曾赟：《风险社会背景下行政法范式的流变：预防行政概念的提出》，载《社会科学战线》2010年第7期。

③ 叶俊荣：《环境政策与法律》，中国政法大学出版社2003年版，第133页。

④ 赵芷珺：《论法治视野下环境风险的行政规制》，广东外语外贸大学2015年硕士学位论文，第5—6页。

家其他有关规定，采取应急处置措施①。法律的制定在一定程度上能应对这些社会风险，但是，这只是事后的补救，不能有效防止风险的发生。再加上现在的风险具有“模糊性”②特征，使得理性下制定的形式法不能预测各种风险的形式③。因此，为了回应风险社会给政府带来的挑战，预防性行政诉讼机制的建立是十分有必要的。预防性行政诉讼是针对风险社会提出来的，风险社会是充满不确定性的社会，传统行政法范式中的法律优先和法律保留原则，在政府之预防行政活动中受到了前所未有的挑战，行政合法性危机随之产生④。政府为了应对各类突发事故，采取各种预防性手段，政府在采取这些预防手段过程中，必须符合一定的条件，以期达到化解行政合法性危机的目的。

第二节　预防性行政诉讼的宪法基础

人权是指在一定的社会历史条件下，每个人按其本质和尊严享

① 《突发事件应对法》第五十条规定的处置措施主要有：（一）强制隔离使用器械相互对抗或者以暴力行为参与冲突的当事人，妥善解决现场纠纷和争端，控制事态发展；（二）对特定区域内的建筑物、交通工具、设备、设施以及燃料、燃气、电力、水的供应进行控制；（三）封锁有关现场、道路，查验现场人员的身份证件，限制有关公共场所内的活动；（四）加强对易受冲击的核心机关和单位的警卫，在国家机关、军事机关、国家通讯社、广播电台、电视台、外国驻华使领馆等单位附近设置临时警戒线；（五）法律、行政法规和国务院规定的其他必要措施。严重危害社会治安秩序的事件发生时，公安机关应当立即依法出动警力，根据现场情况依法采取相应的强制性措施，尽快使社会秩序恢复正常。

② 风险结果的模糊性，是指在风险社会中，有时人们在短时期内可能抵制住了某种风险，但新的更大的风险可能就在抵制过程中产生，而且究竟会有什么样的结果也是人们无法预料的。陈丽维：《风险社会背景下我国群体性突发事件的特征分析及其预防》，载《现代商业》2009 年第 23 期。

③ 吴淑香、杨柳：《风险社会背景下之预防行政——以乌坎事件为例》，载《安徽警官职业学院学报》2012 年第 5 期。

④ 吴淑香、杨柳：《风险社会背景下之预防行政——以乌坎事件为例》，载《安徽警官职业学院学报》2012 年第 5 期。

有或应该享有的基本权利。就其完整意义而言，就是人人自由、平等地生存和发展的权利，其实质内容和目标是人的生存与发展，对人赖以生存和发展的人身权、财产权、尊严权等，法律应该予以充分有效的保障和关怀。预防性行政诉讼，为公民的合法权益提供及时有效的保护，弥补事后型行政诉讼的不足，正是建立在人权原则的基础上。从另一个角度来说，预防性行政诉讼也使得人权保障的广度和深度得到了更大扩展。

一、人民诉讼权

(一) 域外宪法关于人民诉讼权的规定

作为一个国家的根本大法，宪法在法律体系中的地位是至高无上的，其他部门法都是对宪法的落实。如果宪法无明文规定，部门法的规定将会有“违宪”之嫌疑。观察法治国家的宪政史便会发现，各国宪法中关于人民诉讼权的规定为预防性权利保护制度提供了重要的依据。

例如，德国《基本法》第 19 条第 4 款规定：“任何人的权利因公权力而受侵害时，得向法院提起诉讼。”同时还规定：“对于任何一个权利受到公权力侵害的人而言，法律途径都是敞开的。”德国学说和实务都认为，《基本法》第 19 条第 4 款的规定不仅是开启诉讼的途径，更在于提供既成事实发生之前及时的法律保护，旨在确保权利保护的有效性。再如，日本《宪法》第 32 条规定：“任何人受法院裁判的权利，不得剥夺之。”明文保障了请求法院裁判的权利——诉讼权①。英国 1215 年的《大宪章》是其“自然正义”原则的思想渊源，其中的正当程序条款便涵盖了公民请求国家通过诉讼程序化解争议的权利。虽然一直以来都没有成文宪法，但实际上英国对公民的诉讼权利是早就承认的。在美国，公民的诉讼权为宪法所保障。美国《宪法》修正案第 5 条和第 14 条，分别针对联邦和州，确立了正当程序和平等保护条款，其中也蕴涵着公民的司法救济权即诉讼权的内容。

---

① 温珍芳：《预防性行政诉讼研究》，南京航空航天大学 2012 年硕士学位论文，第 10 页。

我国台湾地区所谓“宪法”第十六条规定：“人民有请愿、诉愿及诉讼之权。”在台湾地区，凡是“宪法”所规定的基本权利，只具有初步保障的性质，需要经过有权解释“宪法”的机关（例如“司法院大法官”）予以确认，才能确定其具体的保障范围。“司法院大法官”释字第 396 号解释称：所谓有权利必有救济的法理，在于指明人民诉请法院救济的法理为诉讼权保障的核心内容，不容剥夺（无漏洞的权利保护也即完整的权利保护请求权）；释字第 418 号解释更进一步指出：诉讼权不仅形式上应保障人民得向法院主张其权利，实质上亦须使人民权利获得确实有效的保障（具有实效的权利保护请求权）；还有释字第 512 号解释称：“宪法”第十六条保障人民有诉讼的权利，旨在确保人民有依法定程序提起诉讼及受到公平审判的权利（公平的审判程序）①。综合以上“司法院大法官”的解释，我国台湾地区所谓“宪法”第十六条诉讼权的保障范围包括三个方面：提供尽可能无漏洞的权利保护即完整的权利保护请求权、具有实效的权利保护请求权以及公平的审判程序。下面对这三个方面进行具体的论述，以便更深刻地理解预防性行政诉讼的宪法基础之一：完整而有实效的权利保护请求权。

（二）完整的权利保护请求权（有权利必有救济）

完整的权利保护请求权其实就是有权利必有救济原则。现代法治行政原则不仅要求所有的行政活动置于法律的监督之下，而且更要求对公民的权利保护置于对行政秩序的保护之上。“有权利必有救济”，现行的行政诉讼救济渠道，主要是事中以及事后的，事前的救济渠道的缺乏无疑是对公民权利保护、权利救济的一大漏洞②。在行政诉讼中，对于公民的权利保护形态可以分为三种：压制式或事

① 翁岳生：《行政诉讼法逐条释义》，五南图书出版股份有限公司 2002 年版，第 5—6 页。

② 岳琨：《论预防性行政诉讼的法律建构——以被拆迁人的救济渠道缺乏为视角》，载《广西社会主义学院学报》2011 年第 4 期。

后的权利保护、暂时性权利保护、预防性权利保护[①]。压制式或事后的权利保护是指主要由法院纠正行政机关已发生的违法行为，如撤销诉讼、确认诉讼等。暂时性权利保护是指在本案程序进行前所作的中间的、暂时的、紧急的规制，起诉停止执行制度即是一种暂时性权利保护。然而，这两种权利保护形态显然已经无法满足现实社会中各色各样的权利救济需要。就压制式的权利保护而言，对于现实中大量存在的如信息不适当披露从而造成无法弥补的损害，以及可能造成既成事实的行政许可等所造成权利受到侵害的保护显得软弱无力。就暂时性权利保护而言，虽然对于违法的行政行为可以暂缓执行，但对于短时间内终结的行政行为就难以提供及时而有效的权利保护[②]。由于行政权力已经广泛介入行政相对人或利害关系人生活的方方面面，所以其所造成的或即将造成的权利损害，仅依靠事后的权利保护或暂时性权利保护显然难以得到完全救济。因此，为实现权利的无漏洞的救济，将预防性行政诉讼纳入权利救济体系具有必要性[③]。从公民权利保护的角度出发，预防性行政诉讼，正是为公民的合法权益提供及时有效的保护，弥补了事中或者说是事后行政诉讼的不足，极大地拓展了公民权利保护和救济的广度和深度。

（三）有实效的权利保护请求权（有效的权利保障）

有实效的权利保护请求权也即有效权利保障原则。德国为给行政相对人提供有效且无漏洞的权利保护模式，专门确立了"有效权利保障原则"作为行政诉讼领域的一项基本原则[④]。基于此，德国行政诉讼制度的设计都贯彻了这一原则的指导精神。而预防性行政诉讼制度作为德国行政诉讼制度的组成部分之一，也在这一原则的指导

① 朱健文：《论行政诉讼中之预防性权利保护》，载《台港澳及海外法学》1997 年第 1 期。

② 章志远、朱秋蓉：《预防性不作为诉讼研究》，载《学习论坛》2009 年第 8 期。

③ 刘芳宇：《预防性行政诉讼制度初探》，苏州大学 2015 年硕士学位论文，第 9—10 页。

④ 解志勇：《行政裁量与行政判断余地及其对行政诉讼的影响》，载《上海政法学院学报》2005 年第 5 期。

下得以构建。“有效权利保障原则”在德国法上具有很高的地位，主要源自德国《基本法》第19条第4款的规定①，该规定“不仅保障人民寻求法院救济的可能性——开放法院救济管道，并且也赋予人民请求‘有实效之审查’的权利。后者要求，不论是就公权力行为中之确定事实，抑或是其法律评价部分，法院原则上均拥有审查的权限。因此，人民除了享有实体法规定的各项实体权利外，还享有请求国家提供具有实效性的程序权利，当然包括申请法院救济的程序权利，此即‘有效权利保障权’”②。从逻辑上解释就是，实体法赋予了人们自由和权利，其在程序上就应保证有相应的行使途径，若程序法缺乏相应的行使途径，特别是实体权利遭受侵害时，程序上不能提供与之对应的救济渠道，那么实体法上的权利也就形同虚设。

为了实现“有效权利保障”，德国行政法学界经过持久的讨论，推论出行政诉讼中应要有以下要求与之对应：“(1) 禁止运用法律上或事实上的方法妨碍救济渠道；(2) 禁止对救济渠道的运用附加不必要的困难；(3) 必须符合正当法律程序的最低要求；(4) 应提供适当的救济形式；(5) 应提供即时的权利救济。”③另外，德国也有学者从以下两方面对该要求进行了概括：一是“开放的法院救济管道”，具体要求是法院的诉讼救济渠道应当有效地发挥防卫侵害的作用，而且提供全方位无漏洞的保障；二是“法院审查的时效性”，所谓的“实效性”，着重强调法院对公民权利进行救济时的“实际效果”，体现在权利有效保障上的要求为：“(1) 公民权利在将要受到侵害以前，尽量‘预防性地’避免侵害；(2) 正在遭受侵害时，尽量‘暂时性地’避免损害；(3) 遭受侵害以后，尽量加快诉讼程序以弥补和减少损害。”④

从以上分析可知，“有效权利保障”的要求包含以下内容：司法

---

① 德国《基本法》第19条第4款规定：“任何因公权力行使而权利受侵害者，均享有请求法院救济的机会。”

② 解志勇：《行政法治主义及其任务》，中国法制出版社2011年版，第140页。

③ 解志勇：《行政法治主义及其任务》，中国法制出版社2011年版，第142页。

④ 解志勇：《行政法治主义及其任务》，中国法制出版社2011年版，第144页。

应提供无漏洞的保障体系，应提供及时有效的权利救济即对公民权利在将要受到侵害以前，应提供适当、及时、有效的保护，尽量预防侵害的发生。这成为预防性行政诉讼得以构建的理论根源所在①。权利有效保障原则在德国法以及深受德国法影响的国家和地区，具有较高的地位。该原则不但要求向相对人提供全面的法院救济，还要求法院对行政案件的救济具有实效性，而预防性行政诉讼，恰是权利有效保障原则"实效性"的体现②。相较于事后型行政诉讼，预防性行政诉讼可以为相对人提供更有效的保护机会。预防性行政诉讼的"预防性"突出地反映了权利有效保障原则的合理内核③。

（四）公正程序请求权（公平的审判程序）

公平审判程序（或称"公正程序请求权"）的概念来自英美法系，即英国普通法所称的"公平审判"，美国宪法所强调的"正当法律程序"④。《公民权利和政治权利国际公约》第 14 条第 1 项规定："所有的人在法庭和裁判所之前一律平等。在判定时对任何人提出的任何形式指控或确定他在一件诉讼案中的权利与义务时，人人有资格由一个依法设立的合格的、独立的和无偏颇的法庭进行公平的和公开的审讯。"即强调建构公平审理程序的重要性。《欧洲人权公约》第 6 条第 1 项规定："决定某人的公民权利与义务或在决定对某人的任何刑事罪名时，任何人有权在适当的时间内受到依法设立的独立与公正的法庭之公平与公开的审讯。"《公民权利和政治权利国际公约》及《欧洲人权公约》均提到公平审判程序。德国联邦宪法法院对民事及刑事诉讼法的公平审判程序的要求，主要是由《基本法》第 20 条第 3 项的法治国原则结合同法第 2 条人格自由发展权所得出；对于行政诉讼程序则以《基本法》第 19 条第 4 项为依据。我国台湾地区则以

① 徐朝建：《预防性行政诉讼研究》，海南大学 2014 年硕士学位论文，第 8 页。
② 解志勇：《预防性行政诉讼》，载《法学研究》2010 年第 4 期。
③ 解志勇：《行政裁量与行政判断余地及其对行政诉讼的影响》，载《上海政法学院学报》2005 年第 5 期。
④ 汤德宗：《论宪法上的正当程序保障》，载《宪政时代》2000 年第 4 期。

其所谓"宪法"第十六条规定的诉讼权为最主要规范的基础。例如释字第482号解释理由即称:"诉讼权,乃人民司法上之受益权,即人民于其权利受侵害时,依法享有向法院提起适时审判之请求权,且包含听审、公正程序、公开审判请求权及程序上之平等权。"释字第512号解释亦称:"宪法第16条保障人民有诉讼之权,旨在确保人民有依法定程序提起诉讼及受公平审判之权利。"这些都是公平审判程序的证明①。此外在法治国家和地区中,司法权专属于国家和地区,人民负有和平义务、禁止自力救济,国家和地区则必须提供具有实效的权利保护,除了在宪法的司法章节中强化审判的独立性之外,相关的配套措施也需要妥善完备。

二、实体基本权利与有效权利保护

德国《基本法》第19条第4项规定:"任何人的权利因公权力而受侵害时,得向法院提起诉讼。"同时还规定:"对于任何一个权利受到公权力侵害的人而言,法律途径都是敞开的。"该规定不仅是开启诉讼的途径,更在于提供既成事实发生之前及时的法律保护,旨在确保权利保护的有效性,它是有实效的权利保护请求权也即有效权利保护原则的体现。下面,分析德国《基本法》第19条第4项规定所体现的实体基本权利与有效权利保护。

(一)实体基本权导出有效的权利保护的分析

1. 分析之必要

为何在德国《基本法》第19条第4项之外,必须讨论由实体基本权导出有效权利保护(程序的要求)的问题?

(1)由于早期德国《基本法》对于程序权并未加以重视,因此,《基本法》上对于程序权的规定并不多,基于实际需要,于是尝试由实体基本权的规定,导出基本权的程序机能,并结合权利保护有效性的

① 翁岳生:《行政诉讼法逐条释义》,五南图书出版股份有限公司2002年版,第11—12页。

原则。例如 Häberle 在 1971 年国法学大会上指出，程序是实现基本权的重要前提条件，“给付国家，必须创设出所有人实际上能平等地行使自由的种种前提要件。所谓自由，如果没有这种事实上的前提则毫无意义”①。另外，Hesse 由现代自由所呈现的实际状况（权利的冲突、权利行使前提要件的不足等），高度评价“程序法及组织法”，主张“许多场合，程序法及组织法，能产生适合基本权的结果，因此鉴于前述的问题状况，以程序法及组织法为保障基本权有效的唯一手段”②。而且，Lorenz 也承认这样的理论，并加以发扬，认为“基本权，并不单单止于一定自由领域的保障，也扩大到基于程序实现权利的阶段，这已经在基本权本身的保障中占有一定的地位”③。基本权保护的实际程度，在今日复杂的行政状况中，无法全面抽象地依据规范加以事先确定，只能在具体的程序中经由相冲突的各个利益、危险的提出及衡量，作初步的确定。换句话说，由于大量使用不确定概念、一般条款，使得法院事后审查即结果审查的地位下降，相对的，重要性将移向决定程序，因此，权利保护中程序保障的意义日趋重要④。

（2）关于《基本法》第 19 条第 4 项的解释问题。Lorenz 认为，“有效性本身，欠缺有价值的内涵，不过是形式的、相对的基准”⑤，理由是“权利保护的有效性不仅是权利保护提供的实现的程度，问题在于必须依基本权实现的具体化程度加以判断。因此，透过实体的权利保护获得权利保护的有效性”⑥。因此，有效的权利保护请求权以实体的基本权作为根据之一。

基于以上两点理由，可以理解为何必须探讨由实体的基本权导出有效的权利保护请求权，以下就其内容加以介绍。

---

① Häblerle, P., VVDStRL 30(1972), S.96.
② Hesse, K, EuGRZ.1978, S.434.
③ Lorenz, AöR 105 (1980), S.628.
④ Grimm, K., NVwZ 1985.
⑤ Lorenz, AöR 105 (1980), S.637.
⑥ Lorenz, a.a.O., S.638 f.

2. 基本内容

对于由实体基本权导出有效的权利保护请求权，Finkelnburg 初次讨论它的法律性质时作了如下论述："联邦宪法法院认为它是'宪法上权利的本质构成要素之一，这种权利有数种贯彻的可能性'。"①如今有效权利保护的要求，在实体基本权中获得了新的意义。因此，"《基本法》中的各个自由权，不止课予立法者及行政机关行动的限制，毋宁是同时要求实体权利形成时必须有效化，亦即，不许课予权利不适切地妨碍或全部排除的限制"②。Finkelnburg 指出了一个方向，就理论上的意义则尚不明确，以下讨论 Lorenz 的主要观点。

Lorenz 主张在实体的基本权之下，以实现实体基本权为目的的有效权利保护请求权，是一种给付请求权。他认为，"裁判上权利保护所贯彻的权利，属于基本权的本质构成要素，而且由国家所独占③，基本权的有效必然受限于基于国家的权利保护所设定的规范及组织的前提要件"④，此种基本权的实现"不只是国家的行为义务，同时对应地作为给付请求权的基础"⑤。这种给付请求权的实现，由于其法律性质依存于立法者的活动之上⑥；再者，为了调整种种利害关系，立法者负有义务"展开基本权，并使基本权在现实社会中获得实际的效力及意义"⑦。因此，为了确定这种请求权的内容，实现以基本权的有效化为目的的对立法者的"宪法委托"，立法者不仅要"创设实体法上的规律及制度，并且必须设定必要的诉讼上手段"⑧。Lorenz 的结论是，所谓有效的权利保护请求权，"即使在诉讼法的领域，不过是承认基本权的有效化之相对的法的要求，不能看作超越它

① Finkelnburg, Das Gebot der Effektivität des Rechtsschutzes in der Rechtssprechung des BVerwGE, S.170f.

② Finkelnburg, K, a.a.O., S.171.

③ Goerlich, H, Grundrechte als Verfahrensgarantien, S.209.

④ Lorenz, AöR 105(1980), S.642.

⑤ Lorenz, a.a.O., S.642.

⑥ Lorenz, a.a.O., S.642.

⑦ Lorenz, a.a.O., S.642.

⑧ Lorenz, a.a.O., S.643.

加以独立保障及可直接执行的基本权”[①]。

（二）有效权利保护原则——德国《基本法》第19条第4项与实体基本权的关系

德国《基本法》第19条第4项的固有意义，除了规定客观的程序原则的法律性质之外，也包含实体的与人性尊严相结合的基本权内涵[②]。后者如果换成诉讼法上的语言，“《基本法》第19条第4项，以国家实体权作为一般的诉讼对象是可能的，并在这个基础下，在自身权利受侵害时开启向法院的救济之途”[③]。

德国《基本法》第19条第4项对于裁判程序而言，可以说是实体基本权下权利保障原则的具体化。在此，《基本法》第19条第4项不止于起诉保障，《基本法》第19条第4项如同Schenke的主张，“应该超越文字的障碍，保障有效的权利保护。基于《基本法》第19条第4项的有效权利保护，要求能贯彻接近使用法院的前提要件以及经由法官的决定可能性保障权利”[④]。基于这个理解，在基本权行使以及基本权成立的条件转变中，强调基于程序法及组织法确保个人的自由决定的联邦宪法法院判决，与学说的发展方向是一致的。再者，实体基本权所导出的有效权利保护请求权的出现，也是针对程序法的解释及运用，亦即实体基本权的保障，也是在形成裁判程序内容的方向上发展[⑤]。比如，由有效权利保护的观点来判断是否存在法律欠缺，这个问题中实体基本权扮演着非常重要的功能[⑥]。正如Schenke所说：“权利保护的有效性，在它适用时，经由与被侵害的权利之间的关系获得最初的形象（Form）及色调（Farbe）。如同权利保护一般，

---

① Lorenz, a.a.O., S.643.

② Lorenz, NJW 1977, S.867.

③ Lorenz, Jura 1983, S.395.

④ Lorenz, Jura 1983, S.395.

⑤ Lorenz, a.a.O., S.397.

⑥ 朱健文：《论行政诉讼中之预防性权利保护》，辅仁大学法律学研究所1995年硕士学位论文，第27—41页。

权利保护的有效性原则，如果由被保护的实体权切离则将无法理解。”①

三、我国宪法与预防性行政诉讼

(一) 我国预防性行政诉讼建立的宪法依据

1. 国家尊重和保障人权

尊重人权、保障人权是当今国际社会的普遍话题。我国于1997年和1998年分别加入《公民权利和政治权利国际公约》与《经济、社会和文化权利国际公约》，2004年将人权概念引入宪法，把“国家尊重和保障人权”确定为一项宪法原则，标志着“以人为本”价值理念正式纳入法治的轨道，行政诉讼法有义务去实现这一宪政目标，因为行政法与行政诉讼法是宪法的实施法，宪法的许多条款要在行政法和行政诉讼法中得到贯彻落实。所以行政诉讼法作为监督行政机关依法行使行政职权、保护行政相对人合法权益、化解纠纷的一部法律，更要贯彻人权保障原则②。同时，这一规定为我国建立更全面有效的行政诉讼制度，提供了宪法上的依据。由于预防性行政诉讼可以与现行事后行政诉讼制度完美结合，更好地完成这项宪法任务，必然成为行政诉讼制度发展的方向。预防性行政诉讼制度的构建作为我国行政诉讼制度的重要组成部分，对于保障人权，加强行政相对人利益的保护具有举足轻重的意义。人权保障原则也可以成为我国目前构建预防性行政诉讼制度的宪法依据。

而一些国家和地区立法对预防性权利保护早有规范。在英国，行政法有禁止令、执行令、阻止令、确认判决四种救济手段和程序，可供行政相对人在其权益受到行政损害之前，事先向有关法院请求司法救济③。德国是行政诉讼中预防性权利保护理论构造及实务运作

① Schenke，BK. Rdnr.387.

② 赵杰伟：《预防性行政诉讼制度在我国的构建》，郑州大学2016年硕士学位论文，第17页。

③ 王名扬：《英国行政法》，中国政法大学出版社1987年版，第184—194页。

最成熟的国家，为了达到《基本法》第19条所要求的有效且无漏洞的权利保护标准，德国建立了预防性不作为诉讼与预防性确认诉讼。预防性不作为诉讼同英国的阻止令、禁止令的功能相似，是指为了防止有侵害当事人权益之虞的行政处分之作成，当事人请求法院预防性地加以制止的诉讼。预防性确认诉讼同英国的确认判决的功能相似，是指当事人有特别的确认利益时，请求法院确认有即将发生之虞的法律关系的存在与否或者在未来不得为某一行政行为的诉讼。该诉讼确认的法律关系、地位，再结合某些(如给付、不作为等)请求权，将对其他领域产生放射效力，起到抑制纷争产生的功能①。我国乃人民主权的社会主义国家，人民的权利高于一切，建立符合国际潮流的预防性行政诉讼既是形势所趋②，亦是保障人权所需。

2. 申诉控告权

国家保护公民的人身权、私有财产等基本权利，公民可以对行政机关及其工作人员的违法失职行为进行控告。我国《宪法》第二章专章就公民的基本权利义务进行了规定。其中第十三条、第三十七条至第50条分别就公民的私有财产权和继承权、人身自由权、人格尊严权、住宅安全权、控告权、通信自由权、劳动权、休息权、社会保障权及其他经济社会权利的保护进行了规定。行政机关不得侵害公民合法权益，当公民合法权益受到来自公权力机关的威胁和损害时，公民有权提起控告③。国家有义务为其提供全面及时有效的救济，而预防性行政诉讼正是为防止、阻止、制止行政机关对公民合法权益实施违法侵害而生的。

3. 监督权

我国《宪法》多处规定了对行政的监督。例如，第四十一条规定："中华人民共和国公民对于任何国家机关和国家工作人员，有提出批评和建议的权利……任何人不得压制和打击报复。由于国家机关和

① 朱健文：《论行政诉讼中之预防性权利保护》，载《月旦法学》1996年第3期。
② 胡肖华：《论预防性行政诉讼》，载《法学评论》1999年第6期。
③ 解志勇：《预防性行政诉讼》，载《法学研究》2010年第4期。

国家工作人员侵犯公民权利而受到损失的人，有依照法律规定取得赔偿的权利。”预防性行政诉讼制度，与宪法对行政权监督的精神是一致的。

我国《宪法》明确规定，我国的其他国家机关由人民代表大会产生，对它负责，受它监督。审判权专属于人民法院，其他机关和个人不得干涉审判权的行使，而且现在实行的法院的人、财、物由省级法院统管的司法体制改革更能保障法院审判权的独立行使。由此可见，我国法院、检察院、行政机关之间是相互监督、相互制约的。我国在《宪法》上规定了法院可以通过审判的方式监督行政机关行使行政职权，这些在行政诉讼法上进行了具体规定①。预防性行政诉讼制度的构建，是法院进一步行使监督权的具体体现，能够把行政机关侵犯行政相对人权益的苗头阻止在萌芽状态中，更有利于规范行政权力的行使，加强对行政相对人权益的保护。

（二）我国建立预防性行政诉讼的现实需要：以食品安全为例

在食品安全领域，我国《食品安全法》的颁布，对于我国食品安全问题的解决机制的创建具有重大的意义，特别是食品安全信息统一公布制度的确立，一定程度上降低了各个地方食品安全监管部门各自为政、随意发布本部门收集到的有关食品安全信息现象的发生。然而在权利救济机制方面，《食品安全法》还存在一些不足。食品安全问题主要涉及的是政府部门、食品生产经营者、消费者三者之间的关系。由于政府部门是权力拥有者与食品安全监管者，当食品生产经营者不遵从政府部门的监管决定时，其完全可以通过自身的行政强制执行权或申请法院强制执行，其本身通常不存在权利救济问题。实际上，在整个食品安全领域，权利救济机制针对的是食品生产经营者与消费者。尤其是消费者，由于处于信息不对称的弱势一方，需要法律对其权利加以系统性的保障。《食品安全法》第九章规定了食品

① 赵杰伟：《预防性行政诉讼制度在我国的构建》，郑州大学 2016 年硕士学位论文，第 18 页。

生产经营者的法律责任。有责任就有权利救济方式。只有在权利救济方式证明不了食品生产经营者的行为正当性时，责任才能降落到其身上。政府部门对食品生产经营者采取追究责任措施时，生产经营者在事后可以以申请行政复议或者提起行政诉讼的方式来维护自己的合法权益。除了实施具体的行政处罚行为外，政府部门还可以通过对食品安全进行风险监测与风险评估以及食品检测收集有关食品安全方面的信息，然后由卫生行政部门对其予以统一公布。食品安全监管部门发布食品安全信息的行为具有双重属性。对于食品生产者来说，由于食品安全信息的公布设定了权利义务关系，应是具体行政行为；对于消费者来说，应属行政指导行为。由此，对于食品生产经营者来说，当食品安全信息侵害其权益时，其可以通过事后的行政复议和行政诉讼机制来解决；对于消费者来说，由于行政指导的不可诉性，其权利救济手段显得是那样的脆弱。杨建顺教授认为："考虑到行政主体独占正确而全面的信息这种现状，当行政指导的责任人员有故意或者过失，并且根据各种情况判断，服从行政指导被认为顺理成章的，而服从行政指导的结果使相对人蒙受意外损害时，实质上应该承认违法行政指导和损害事实的发生之间存在因果关系。"①

基于《食品安全法》的规定和通过对食品安全信息统一公布制度推定得出的行政相对人的权利救济手段是那样的薄弱，以至无论是消费者还是食品生产经营者的权利都无法得到彻底的弥补。这种事后救济的手段无法满足食品领域中行政相对人对权利救济手段的需求。例如，食品生产者的经营许可证被违法吊销，那么该生产者无法再进行生产，其所遭受的不能营业的损失在《国家赔偿法》里被界定为间接损失，被排除在行政赔偿的范围之外。事后救济即使确认了该行政行为因违法而被撤销，但食品生产者的预期利益损失无法获得国家行政赔偿，那么该损失就是无法弥补的损失。事后救济的时

① 杨建顺：《行政规制与权利保障》，中国人民大学出版社2007年版，第444页。

效性缺失，导致“迟来的正义非正义”①。当卫生行政部门公布有关食品安全的应急信息时（如有毒有害食品安全信息或者风险警示信息），由于社会公众对信息发布的及时性要求与食品生产经营者的经营利益之间存在矛盾，行政部门的目的在于尽可能地维护两者之间的利益平衡。当行政部门不经过食品生产经营者的辩护，不让其参与行政决策时，可能会及时地发布食品安全应急信息，但食品生产经营者的合法利益无法得到保障；当行政部门切实保障了食品生产经营者的辩护利益时，此种信息的时效性将大打折扣，这又会损害消费者的生命、财产权益。并且因为没有经过正式听证、关系人参与程序，行政部门公布信息的准确性程度又是另一个问题，错误的信息同样会给消费者带来不可弥补的损害。因此，通过怎么样的救济途径来有效地保障行政相对人的利益，在此种情景下是至关重要的。事后救济在此领域再次显得是那样的脆弱。对于食品生产经营者来说，由于政府公布了错误的对其不利的信息，其被社会公众拉入了黑名单，其经营利益又再次受到无法弥补的损失；对于消费者来说，由于行政指导的不可诉，导致其受侵害的利益仍然难以进入权利救济途径的门槛。即使最终获得事后的民事赔偿（食品生产经营者的赔偿），可这相对于生命、健康利益来说，显得是那样的微不足道。

（三）建立预防性行政诉讼机制的必要性

目前，我国《宪法》尚未对公民的诉讼权作出明确的规定，但也同样可以找到建立更全面有效的行政诉讼制度的依据。比如，我国《宪法》第二章专门对公民的基本权利义务进行了规定，其中在第三十三条中规定了“公民在法律面前一律平等”和“国家尊重和保障人权”。第四十一条规定了公民的批评、建议权和申诉、控告权：“公民对于任何国家机关和国家工作人员，有提出批评和建议的权利；对于任何国家机关和国家工作人员的违法失职行为，有向有关国家机关提出申

① 徐信贵、康勇：《论食品安全领域权利救济的预防性行政诉讼》，载《重庆理工大学学报（社会科学）》2015 年第 3 期。

诉、控告或者检举的权利。”“任何人不得压制和打击报复。由于国家机关和国家工作人员侵犯公民权利而受到损失的人,有依照法律规定取得赔偿的权利。”这些原则性的权利规定虽然没有用明白的措辞要求建立全面、无漏洞的法律保护,但其对权利保护实效性的意旨是不言而喻的。否则,空洞的规定只能成为“纸面上的权利”①。换句话说,如果不设置有效的救济方式,就无法实现充分的权利保护,有违我国《宪法》对公民基本权利的保护。

“有救济才有权利”的观念在现代得到进一步发展,诉讼救济权应当有效、及时且无漏洞:合法权益遭受损害之后,应当给予救济渠道;进入诉讼程序前,应允许寻求诉前保护,如财产保全;诉讼进程中,还应当有诉中的临时救济,如请求停止被诉行为的执行。但仅有这些救济措施,还称不上“无漏洞”,因为这些事后救济或临时救济措施,只适用于被诉具体行政行为作出之后的情形。一般情况下,通过事后救济,足以阻止或者消除被诉行政行为所产生的效力与后果,原告合法权益能够得到保护。但在特殊情形下,待被诉行政行为作出之后再寻求救济,已经于事无补。例如,信息权利人反对行政机关公开与其个人隐私相关的政府信息,等到行政机关决定公开了该信息,再允许提起行政诉讼,已经未能有效保护其权益了②。我国现行《行政诉讼法》及其司法解释是以事后救济为基础构建起来的,同时规定了申请停止执行被诉行政行为、先予执行等临时权利救济措施,对于事前救济则未涉及。临时权利救济虽在一定程度上为当事人免于遭受进一步的损害提供了机会,防止行政机关造成一项“既存事实”,但毕竟不同于事前救济的力度。这种“亡羊补牢”式的权利保障体系对于那些不可恢复的被侵害的权益的保护显得苍白无力,与“有效、无

① 温珍芳:《预防性行政诉讼研究》,南京航空航天大学 2012 年硕士学位论文,第 10 页。

② 陈伏发:《预防性行政诉讼的构建与规范——以政府信息公开诉讼为视角》,载《全国法院系统第二十二届学术讨论会论文集》,2011 年,第 3 页。

漏洞”的权利保护之国际标准尚有一段距离[①]。因此，有必要探讨行政诉讼的事前救济方式，即预防性行政诉讼。

伴随着我国将“国家尊重和保障人权”引入宪法的举措，内在的要求更加注重对于公民人权的保护。而司法救济权作为人权的重要组成部分，更应该得到足够的重视。预防性行政诉讼这种事前救济途径，允许公民在重大的、一旦被侵害而无法弥补的合法权益在受到不可逆转的预期侵害时，可以依法向人民法院提起行政诉讼来维护自己的合法权益。正如解志勇所言，预防性行政诉讼“正是建立在人权原则的基础上……使得人权保障的广度和深度得到了更大扩展”。由此，预防性行政诉讼制度的建立，可以使公民在巨大的损害产生前即获得一种更有实质意义的积极预防手段，而不再局限于事后的补救之诉上，从而实现了公民权利保护在行政诉讼救济方式上的全面性，更好地实现对相对人权利的有效保障[②]，这也是人权保障的要求。

预防性诉权是公民宪法性权利的推定和延伸，其诉讼程序的启动是在被诉具体行政行为或事实行为付诸实施之前，为公民权益至迟在实际损害产生之时获得实质性法律保障提供了现实的可能，既具有补救性，也具有预防性。预防性行政诉讼法律制度的确立，弥补了现行行政诉讼法律救济体制的不足，为保障相对人或利害关系人合法权益提供了重要的法律支撑，是进一步培养公民权利意识、加快建设社会主义法治强国的重要举措，当然也是保障人权的重要举措。

---

① 朱健文：《论行政诉讼中之预防性权利保护》，载《月旦法学》1996年第3期。

② 任铭珍：《论我国预防性行政诉讼的构建》，上海大学2013年硕士学位论文，第24—25页。

第三章 预防性行政诉讼之法理障碍及消解

第一节 案件性

一、案件性的内涵与功能

(一) 案件性的内涵

"案件性"这一概念源自美国宪法,学者们在探讨司法权的行使范围的过程中,认为司法权所行使的对象,仅限于传统上法院之事,也就是法律专家们认为构成诉讼案件或者争端的,其他问题即使涉及司法,也并不是法院所要解决的问题,法院不能处理抽象问题,而要处理具体问题,而且必须要以现时争执中的双方当事人向法院提出要求为限①。至此"案件性"这一概念就产生了。后来,在二次大战后,日本深受美国宪法的影响,接受美国的司法制度,对于司法权的理解也大致探取与美国同一程度,所以也援引了这一概念。

案件性在日本也被称为"事件性",我国台湾地区借鉴日本的理论,称之为"事件性或争讼性",认为行政诉讼的提起是以"事件性或

① 陈润康:《美国联邦宪法论》,书海出版社 2003 年版,第 169 页。

争讼性”的有无为前提的。对于案件性的具体内涵，学术界并没有一个统一的定义，但在日本及我国台湾地区的许多学者，常常将此概念与“法律上之争讼”结合起来进行探讨，甚至将这两个概念视为同一概念进行理论研究。所谓的“争讼性”系指当事人之间具体权利义务或法律关系之存否有关之争执，此一争讼性要求，除别有规定（如“宪法”诉讼制度）外，为司法权之本质要素之一，系划定司法权界限之关键概念①。由此可知，案件性作为司法权的对象之核心内容，涉及的本质问题就是司法权的范围、界限问题。

日本学者从两个构成要件来定义其内涵：一是关于当事人之间具体的权利义务或法律关系的存在与否（包括刑罚权的存在与否）之纷争；二是得借由法令的适用终局地解决。第一个要件可称为“具体的案件性”，第二个要件可称为“案件的可争讼性”抑或“法律事项”。日本学者认为具备了这两个要件的纷争就是司法权的对象事项，反之，对于欠缺这要件，或者虽然具备第一要件，但是欠缺第二要件的纷争，均不属于司法权的范围而应当予以驳回诉讼，日本最高法院的判决亦支持这种观点②。

综上，我们大致可以从两个方面来理解“案件性亦或争讼性”这一概念：一方面，首先要有具体的纷争存在，即作为诉讼对象的行政行为必须是具体的行政行为，抽象的行政立法、行政计划等被排除在外；另一方面，该案件是可以通过法律的适用来解决的纷争，那些不适合通过法律适用解决的政治上、学术上、宗教上等的争议被排除在外。总的来说，“案件性”是指在当事人提起诉讼之前，他们之间存在具体的权利义务或法律关系并且能够通过法律适用终局地解决的案件。

（二）案件性的功能

提起行政诉讼，原则上必须有具体的案件存在，之所以要求“案

① 翁岳生：《行政法》，中国法制出版社2009年版，第1337页。

② ［日］阿部照哉等：《宪法》，周宗宪译，中国政法大学出版社2004年版，第341页。

件性”,主要是基于以下两个方面的考量:

1. 为了防止当事人滥用诉讼权利

提起行政诉讼是相对人享有的法律规定的权利,但是如果对于提起行政诉讼过程没有任何内容上的限制,则可能会出现只要相对人对行政机关的行为不满,就会向法院提起行政诉讼,要求法院予以审查,而不管该行为是否合法,是否对其产生了不利的影响,行政机关的行政行为是否已经形成,以及是否可以由法院依照法律进行裁判,等等。这样可能会造成司法秩序的混乱,同时也会造成司法资源的浪费,不利于行政机关顺利地履行职责,开展行政工作。所以,提出“案件性”这一要求,是为了能让当事人合法依法进行诉讼,而不是滥诉,以保障司法秩序的稳定性。

2. 为了充分尊重行政机关的权力

我国传统的司法理论遵循行政权优先原则,即行政机关对于其作出的具体行政行为有“首先判断的权力”,该理论在下文将会具体阐述。之所以遵循行政优先权,一方面是为了避免司法对行政的过分干预,保障行政权行使的相对独立性,另一方面也是因为行政机关有其自身的专业性,如果行政机关对于某一问题还没有作出判断,没有作出最后的决定,亦即还没有形成一个具体的“案件”,此时司法权是无权进行干预的,这也是行政诉讼“成熟性”原则的要求。所以,行政诉讼要求具有案件性,有其自身的考量。

二、案件性对预防性行政诉讼的阻碍

(一) 案件性与司法权的界限

一般来讲,我们认为法院虽然有司法审查的权限,但是并非一切的案件法院都可以审查,其本身存在一定的界限。司法权的界限是指法院审查权的界限,亦可以称之为“审判权的界限”或“裁判权的界限”。日本田中二郎将司法权的界限划分为“基于司法权本身性质或功能的司法权界限”与“在于行政权关系上的司法权的界限”,前者是在民事诉讼的情况下也同样适用的司法权界限,而后者是在行政诉讼中特有的司法权界限①。我们在这里所讲的"案件性"涉及的即是"基于司法权本身性质或功能的司法权界限"，具体而言，就是说如果一个行政行为欠缺案件性，就不能成为司法权的审查对象。而"在于行政权关系上的司法权的界限"涉及的是行政首次判断权理论，该理论我们在下节将详细阐述。

有关司法权的审查范围究竟如何？一般来讲，我们认为司法权的审查范围即是法院根据法律之规定，可以对哪些案件进行审查。如果从机械的法治主义出发，一切行为都应当接受司法审查。但是，由于司法权本身存在有一定的界限，因此，法院只能对法律规定允许审查的行为进行司法审查，而对另一些行为，不得进行司法审查，这也是司法权界限的本质要求。我国对于司法审查范围的界定，采用了"概括＋列举＋排除"的方法，通过这三个渠道，对行政诉讼受案范围作了界定。例如，《行政诉讼法》第二条作了概括性规定："公民、法人或者其他组织认为行政机关和行政机关工作人员的具体行政行为侵犯其合法权益，有权依照本法向人民法院提起诉讼。"在第二条的基础上，第十二条又采用列举的方法作了限制性规定："人民法院受理公民、法人或者其他组织提起的下列诉讼：（一）对行政拘留、暂扣或者吊销许可证和执照、责令停产停业、没收违法所得、没收非法财物、罚款、警告等行政处罚不服的；……（十二）认为行政机关侵犯其他人身权、财产权等合法权益的。"在第十三条从反面对行政诉讼受案范围作了更进一步的限制。该条规定："人民法院不受理公民、法人或者其他组织对下列事项提起的诉讼：（一）国防、外交等国家行为；（二）行政法规、规章或者行政机关制定、发布的具有普遍约束力的决定、命令；……"

从上述可知，在我国的行政诉讼中，法院并非审查一切行为，有些事项是被排除在司法审查的范围之外的，即司法审查本身有一定的界限存在。

---

① 江利红：《日本行政诉讼法》，知识产权出版社2007年版，第76页。

(二) 司法权的界限对预防性行政诉讼的阻碍

从上述司法权的界限理论可知,司法审查的对象一般具有“案件性”,亦即具有法律上的争讼性,对于不具有争讼性的事实是不能提交法院进行审查的,例如,国防、外交等国家行为和事实行为等等即不具有法律上的争讼性。一般来说,我们认为“案件性”应该具有以下三方面的要求:

1. 存在特定的当事人

《行政诉讼法》第四十九条规定:“提起诉讼应当符合下列条件:(一) 原告是符合本法第二十五条规定的公民、法人或者其他组织;(二) 有明确的被告;……”《行政诉讼法》第二十五条规定:“行政行为的相对人以及其他与行政行为有利害关系的公民、法人或者其他组织,有权提起诉讼。”从法律规定可知,提起行政诉讼首先要有特定的双方当事人,即存在有利害关系的行政相对人以及作出行政行为的明确的被告。而在预防性行政诉讼中,因为具体行政行为还没有作出,还没有对相对人产生实质的影响,所以并不符合第二十五条所规定的“利害关系”的原告,此时,也还不知道具体是哪个行政机关最终确定地作出行政行为,所以也不存在明确的被告,从这一要求来讲,预防性行政诉讼因缺乏特定当事人的要求而不具有案件性。

2. 存在现实的争执

“案件性”要求首先要有一个具体的“案件”存在,即在当事人之间要存在具体的权利义务之争执,行政相对人的权利因为行政机关的作为或不作为而受有侵害事实,据此,就将抽象的行政行为以及事实行为等排除在外。一方面,行政相对人在没有任何具体案件的情况下,仅仅就行政机关制定的法律、法规本身的效力提起行政诉讼,此种以抽象行政行为为审查对象的是不符合案件性的要求的。我国的行政诉讼也将抽象行政行为排除在外,仅仅就某些位阶较低的其他规范性文件可以附带地提起审查,但也是在有具体案件的情况下允许的附带审查。另一方面,针对事实行为,因为不具备法律上的争讼性,不具有设立、变更、消灭当事人权利义务的权能,所以也被排除在司法审查的范围之外。提起行政诉讼要求的“案件”，无非就包括两种：一种是已然作出的行政行为，即有行政主体资格的行政机关以自己的名义作出的，能够产生行政法律效果的行政行为；另一种是行政不作为行为，即当事人依据法律申请行政机关为一定的行为，但是该行政机关在法定期限内未作为，直至期限届满，此时就构成了行政不作为。作为、不作为均是对相对人的权利义务能够产生实质影响的，两者之间存在具体的现实的争执。而预防性行政诉讼则是在行为还没有形成的时候就提起的诉讼，此时缺乏现实的纷争，在该种意义上，该诉讼是缺乏案件性的。

3. 争执可以通过法律途径加以解决

“案件性”要求具体的纷争能够通过法律的适用得以解决，如果通过法律的适用该问题无法得以解决，则是不具有案件性的，是不能通过司法审查的，因为法院的职能就是法官通过适用法律裁判案件。从上文可知，预防性行政诉讼有可能是对某些事实行为提起的审查，一般来讲，这类行为是不能通过适用法律来解决的，不能适用法院的裁判，所以，从这一角度来讲，预防性行政诉讼似乎也是不具有“案件性”的。

从上述案件性的三个要求来讲，预防性行政诉讼似乎是不具有案件性这一特性的，在行政诉讼中似乎没有存在的余地。

三、案件性障碍之消解

预防性行政诉讼与诉讼“案件性”这一要求的矛盾并非不可调和，在某些具体的情形下，在尚不存在具体“案件”时，司法机关也可以介入行政权进行司法审查。笔者认为，以下几种情况下是可以提起预防性行政诉讼的：

1. 行政拘留

行政拘留是行政处罚中最严厉的制裁手段，并且其涉及的是公民基本的人权——人身自由权。该种处罚最大的特色就是一经执行完毕，行政相对人被剥夺的人身自由，就再也无法得到恢复，只能通过金钱赔偿来补偿。但根据《国家赔偿法》规定，我国的国家赔偿原则是慰抚性赔偿原则，当事人所得赔偿仅具有象征性意义，其数额远远低于所受损失[①]。而且人身自由这一人权是无法通过金钱来衡量的，基于这种认识，《治安管理处罚条例》虽然规定："行政相对人在交纳一定数目的保证金后，行政拘留可以暂缓执行。"然而，该制度赋予了行政机关过大的自由裁量权，同行政程序的执行停止制度一样，不是一种有效的权利保障手段。所以，对于行政拘留这种行政处罚，在还没有形成一个具体的行政案件之前，基于其损害的不可弥补性，可以提起预防性行政诉讼。

2. 迟延的行政行为

行政机关对当事人的申请，应在法律规定的期间内作出决定，法律没有规定期间的应在合理期间内作出决定，不能要求当事人在向法院提起诉讼之前，无止境地等候行政机关的决定，特别是在不必要的等待可能会使当事人遭受较大的经济损失或失去较好的赢利机会更是如此。因此，为了避免给当事人造成难以弥补的损失，应允许当事人在经过合理的等待后，提起预防性行政诉讼，要求法院强制行政机关及时履行行政义务。

3. 事实行为

行政机关的事实行为虽不能直接对当事人的权利义务发生影响，但有时其间接影响亦相当巨大且难以弥补。因此，将之纳入预防性行政诉讼的受案范围，对保障当事人合法权益很有必要。例如，行政机关的资讯行为：编制目录、发布检查结果、鉴定结果等，对当事人的利益有时起着生死攸关的作用，如检查结果的发布可能会对那些被认为有产品质量问题的厂家以致命打击。因此，为了制止不正确检查结果的发布，防止对当事人造成不可挽回的经济损失，应允许其在检查结果未发布前提起预防性行政诉讼。

---

① 张正钊：《国家赔偿制度》，中国人民大学出版社1996年版，第67页。

综上所述，上述几种行为因为具有损害的不可弥补性，而且该损害确定具体地存在于特定的当事人之间，且可以通过法律途径加以解决，所以预防性行政诉讼在诉讼“案件性”的要求下是有存在的余地的。由于预防性行政诉讼针对的是尚未完全成型的法律体系，事前提出的救济制度，所以对于“案件性”与该诉讼的契合点，关键在于能否适当地解释司法权的适用范围这一本质观念。当然，依最传统的司法权的观念，事后的司法救济可以说是理所当然的，然而随着时代的演进，在法治主义的思潮下，保障人民的权利也是司法制度上的重要一环，事前救济与事后救济一样受到重视，因此所谓的“案件性”有进一步扩张的必要。

第二节 成熟性

一、成熟性的内涵

（一）成熟性的概念

拉伯雷小说中的布莱德尔古斯法官曾说：“我想等到诉讼或程序随着时间的推移终于成熟了的时候再给予明确的判决。”①这句话实际上体现了行政诉讼法上的一个重要的原则即成熟性原则。该原则源自美国的判例，是美国行政诉讼中有关司法审查适时性问题的重要原则，它是指某一特定的行政行为必须发展到一定的阶段，即已经达到成熟的程度，才能允许进行司法审查，否则，法院不予受理。美国行政法学家伯纳德·施瓦茨认为：“司法复审任何案件时都要涉及两个问题：第一，可否复审？第二，法院复审权的范围多大？法院在回答第一个问题时，必须回答：受指控的行政行为是否已成熟到可

① 拉伯雷：《巨人传》，人民艺术出版社 2004 年版，第 40 页。

以复审的程度？如果不是，应到成熟时才能求助于法院。”①上述均是在阐述“成熟性”这一原则。它所要解决的问题是，在立法、司法、行政权三权分立但又相互制约的体制下，司法权什么时候可以介入审查行政行为的合法性，即要达到一个“成熟”的程度。

成熟性原则在其他许多国家都有规定，典型的有美国和日本。在美国，由于很长时间内奉行的都是自由放任的政策，国家尽量不干预私人的活动，行政机关的职能不多。直到19世纪中期，行政机关逐渐控制私人经济活动，行政机关行使巨大权力时，才产生限制司法权扩张的需要。在“三权分立”的原理和制度架构下，为保证在违宪审查过程中不超越自身权限，同时减少法院和国会之间的冲突，美国联邦最高法院依据《联邦宪法》第3条，确立了诸多限制联邦法院违宪审查的具体原则，包括当事人适格、诉的成熟性、已逾可诉的程度、禁止咨询性意见和不审查政治问题，符合这些原则的案件中的宪法问题才可能被联邦最高法院裁判。这也是案件成熟原则产生的背景与依据。日本在战败后，开始借鉴和移植外国法，对外国法的合理的、符合实际需要的部分充分利用，尤其是受美国“三权分立”思想的影响，产生了新宪法，开始由自由放任资本主义时期进入国家干预资本主义阶段，出现了诸如行政契约、行政指导、行政规划、行政给付、财政投资与融资等前所未有的行政活动。案件成熟原则就是日本为解决在三权分立、行政权和司法权相互独立又相互制约的前提之下，司法权什么时候才可介入对行政行为的审查的问题而提出来的。

（二）成熟性与起诉资格、诉讼期间

在学理上，有很多学者将成熟性与起诉资格做对比。司法裁判中的起诉资格是指什么人可以对行政决定提出申诉，请求法院审查行政行为的合法性并给予补救，这是关于诉讼程序方面的问题，一般而言，不具有起诉资格的人提出的诉讼，法院是不能受理的。与此同

① 郝明金：《行政行为的可诉性研究》，中国人民公安大学出版社2005年版，第312页。

时，根据我国最高人民法院《关于执行〈中华人民共和国行政诉讼法〉若干问题的解释》的规定，原告须是与被诉的行政行为具有“法律上的利害关系”的人。原告资格与成熟性原则都是法院受理的条件之一，影响着某一案件是否被受理，在一定情况下，两者甚至相互重合。因为某人之所以不具备原告资格，其原因可能正是由于案件还没有发展到“成熟”阶段。但我们认为这两者之间也存在差异，毕竟是两个不同的概念，因为具有起诉资格的当事人并不是在任何时候都能提起行政诉讼的，还需要满足一定的“成熟”程度。再者，两者的着眼点不同，起诉资格着眼于案件与当事人之间的关系，即当事人有没有作为特定案件当事人的资格，而成熟性则着眼于行政行为是否发展到可以由法院裁判的程度。所以不可将两者完全地画等号。

诉讼期间指人民法院、当事人及其他诉讼参与人进行诉讼活动所必须遵守的期限和日期。就起诉而言，指当事人在什么时间段内可提起诉讼。如《行政诉讼法》规定：公民、法人或者其他组织直接向人民法院提起诉讼的，应当在知道作出行政行为之日起 6 个月内提出，法律另有规定的除外。期限是法律对当事人起诉的纯粹的时间上的限制，一旦超过了期限，原告就可能永远丧失起诉的机会。而成熟性原则尽管是个时机问题，但它关注的并不是单纯的时间问题，而是行政行为本身的发展程度。并且，当事人的起诉因不成熟而不予受理时，在“成熟”后完全可能再被受理，而不像超过期限一样将永远丧失起诉机会。在一些情况下，甚至行政行为的成熟本身即是起诉期限的起算点，如《行政诉讼法》规定：当事人应当在知道作出行政行为之日起 6 个月内提起诉讼。此处所指的“知道”，往往即是行政行为成熟的标志。可见，起诉期限与“成熟”是有着很大不同的。

（三）成熟性存在的理由

在我国《行政诉讼法》中之所以确定成熟性这一原则，主要是基于以下三方面的考量：

1. 为了避免法院过早地进行裁判，陷入一种假象的抽象的行政争议

法院作为司法机关，一般只针对现实具体的行政争议进行裁判，因为在具体行政行为作出以前，法院缺乏必要的记录作为审查的基础，没有说明理由的记载，没有证据的记载，这对于法院的审查非常困难。而且，在行政机关还没有作出决定以前，行政机关与相对人之间还没有形成一个“案件”，法院是没有审查的对象的。所以只有当行政行为的程序完结，行政争议的性质定型，行政争议的焦点具体明确后，此时法院才介入开始审查其合法性。

2. 主要是为了行政机关的考量，保护行政机关在作出决定之前不受法院的干涉，正常有效地行使行政权

行政机关一般都是由专业人员组成的，具有专业的知识和经验，自身能够作出有效的行政行为。而且，行政机关行使行政权应该有其自身的相对独立性，对其职权范围以内的事项有首先作出决定的权力。司法权可以监督行政权的行使，但这种监督是事后监督，即在行政机关的行政行为实施完毕后，行政相对人对该行政行为不服，提起诉讼，法院应行政相对人的请求，审理行政案件，解决行政争议，以保护行政相对人的合法权益，并促进行政机关依法行政。

3. 保护行政相对人的合法权益，降低争议的解决成本

案件成熟性原则，从根本上而言，是为了保护公民的合法权益。但是，一个具体的行政行为的作成往往都具有过程性，包含若干的程序环节和发展阶段。因此，如果法院对行政机关预备性、中间性和程序性决定予以审查并作出裁判，不仅会妨碍行政程序的正常发展，也不利于彻底解决纠纷，还会增加当事人诉讼的成本。因为行政机关在行政程序完结后，还会作出最后决定，相对人如对最后决定不服，又得提起行政诉讼。可见，法院若在前述行政机关作出最后决定之前存在有预备性、中间性决定的情况下，等待行政行为成熟也即实施完毕的行政行为再进行审查，依法裁判，这样将有利于彻底解决纠纷，切实保护行政相对人的合法权益，降低解决争议的成本。

二、成熟性对预防性行政诉讼的阻碍

(一) 成熟性的判断标准

成熟性问题的核心在于成熟标准的确定,整个成熟性原则的发展也是围绕标准问题展开的,标准变化了,也就相当于成熟性原则本身有了实质性变化。

根据王名扬教授的观点,在美国,成熟性原则主要包括以下三个标准:一是所争议的问题必须是法律问题。对于行政机关的决定,如果只是事实问题发生争执,不足以引起司法审查,只有出现法律争议时,司法审查的时机才算成熟。如果当事人所争议的问题是一个纯粹的法律问题,为了进行裁判不再需要确定事实时,毫无疑问,这个问题已经发展到司法审查所要求的成熟程度,即使行政机关在任何时候没有实施或准备执行的行为①。二是所争议的决定须是最后决定。法院什么时候可以介入行政权进行司法审查,通常,我们认为必须要等到行政机关作出具体的行政行为,即作出最后决定的时候才可以。将最后决定作为成熟的标准,一方面是因为对职权范围内的事项作出行政决定是行政机关的法定权力,若法院进行干预,则是对行政机关职权的侵犯;另一方面,从实际的观点来看,在行政机关作出最后决定以前,法院也无从进行审查。三是推迟审查对当事人是否造成困难。该标准是在 1967 年艾博特药厂案中提出来的标准,即在一定情况下,从保护当事人权利的角度出发,司法审查是否有存在的必要,不进行审查是否会对当事人造成困难。并且这种困难必须是直接的、即时的和影响当事人日常生活的。实际上,这一标准还是定位于当事人是否受到了实质性的损害。

同时,在我国的行政法学界,也对成熟性原则的标准进行了相应的研究,典型的情况是将其分为实质标准和形式标准两大类。实质标准主要是指行政行为是否对相对人的权利义务造成了实际的影

① 王名扬:《美国行政法(下)》,北京大学出版社 1995 年版,第 482 页。

响，包括因行政行为的实施，导致相对人权利、利益、名誉、地位上受损，或义务的承担或加重等。如行政机关的决定增加了相对人的负担，限制、减少或剥夺了相对人的权利或利益，改变了相对人的法律地位等，均视为对相对人产生了实际不利影响①。形式标准主要指须待行政行为发展到最后决定阶段才算成熟。“尽管最后决定作为形式标准受到挑战，但仍不失为判断行政行为是否成熟的标准，只是要结合实际情况灵活把握”②。

（二）成熟性对预防性行政诉讼的阻碍

从上述国内外成熟性的判断标准来看，成熟性原则对预防性行政诉讼的障碍主要表现在“最后决定”这一形式标准以及“实质影响”标准。这两个标准要求提起行政诉讼必须以存在行政行为对当事人的法律地位产生实质的影响以及作出最后的决定为前提，否则，不允许提起行政诉讼。

“实质影响”这一标准，典型的有1947年的“美国公用事业工人联合会诉米切尔案”。该案中，原告是12名政府雇员，他们请求法院禁止文官委员会执行《HatchAct》第9条中有关禁止他们参加某些政治活动的条款，他们认为这些条款违反了《联邦宪法》第1条修正案，侵犯了他们的言论和集会自由：其中一名原告Poole已因违犯该法而被威胁开除，其他原告也担心如果他们因参加某些政治活动而面临被解雇的危险。联邦最高法院裁定受理Poole的请求，驳回其他原告的请求。理由是Poole已经面临开除的实质威胁，但Poole外的其他人并未受到开除的实质威胁，也就是说法院认为本案中的其他人的情况尚未达到适合法院裁判的成熟度而驳回了诉讼请求。可见，1967年之前，美国法院认为只有行政机关作出具体的决定影响当事人的法律地位时，案件才算成熟；对于抽象的行政行为，在行政

① 石佑启：《在我国行政诉讼中确立“成熟原则”的思考》，载《行政法学研究》2004年第1期。

② 石佑启：《在我国行政诉讼中确立“成熟原则”的思考》，载《行政法学研究》2004年第1期。

机关没有作出具体的决定开始执行以前，就不能进行审查。同时，在我国，最高人民法院在关于执行行政诉讼法《若干问题的解释》第一条第二款第六项的规定就表达了“实质影响”的意思，该项所规定的“对公民、法人或者其他组织权利义务不产生实际影响的行为”主要是指尚处于形成过程之中，还没有最终触及相对人权利义务的行为。该解释从反面引用和论证了这一原则，其中将行政机关作出的对当事人的权利义务不会造成实际影响的行为排除在了受案范围之外；反过来的推论是，倘若会造成实际影响，就应被纳入受案范围。

如何判断“最后决定”这一标准？在实践中，由于行政程序十分复杂，有正式程序与非正式程序，有书面、口头等等形式，这就给我们判断某个决定是否为最后决定带来了极大的困难。根据美国法院的审判经验，认为有两个指导性的原则可以供我们参考，用来判断某个决定是否为最后决定，“第一，看法院的审查是否会打乱行政机关作出决定的程序，如果可能打乱，则行政机关还没有作出最后决定。例如行政机关预备性的决定或中间性的决定，不是最后的决定。第二，当事人的法律地位会不会因行政决定而受到影响，如果没有，则不是最后决定”。

预防性行政诉讼是在行政机关还没有作出最终的决定，还没有确定行政行为的性质，且没有对当事人的权利义务产生实质影响的前提下就提起的诉讼，因此，从上述两个标准来讲，预防性行政诉讼似乎是没有存在的合理性的。但是，我们说，成熟性原则的标准并非是一成不变的，它是一个发展的过程，所以预防性行政诉讼在成熟性标准下到底有无存在的余地，需要我们进一步探讨。

三、成熟性障碍之消解

那么预防性诉讼如何回应成熟原则的要求呢？笔者认为必须回到成熟原则的判断标准来阐述这个问题。

从上文可知，成熟性的判断标准除了“最后决定”和“实质影响”这两个标准外，还有“推迟审查对当事人是否造成困难”标准，又可称为“情势标准”。这一标准是由 1967 年美国最高法院的艾博特诉加德纳案所确定的[1]。该案是对食品和药物管理局的一个法规在执行以前进行的审查。1962 年，美国食品和药物管理局制定了一个法规，规定一切必须有医师处方才能购买的药物的制造者，在药物的标签、广告及文字记载和宣传品上，每次使用药物的商品名称时，必须同时使用该药物的正式名称，否则将受到法律规定的处罚。这样的规定出台之后，制药厂商过去的全部印刷品都不能使用了，否则将违反法规。至此，制药厂商联合主张，称食品和药物管理局没有权力作出这样的规定，请求法院确认这个命令违法，并制止其执行。而食品和药物管理局则反驳称，这个法规还没有执行，并没有任何厂商由于法规的存在而受到处罚。最后法院声称：“法院传统上对行政决定不愿给予确认判决和制止令的救济手段，除非这个决定已经成熟到可以作出司法解决的程度……成熟问题应从两个方面来看，即：问题是否适宜司法裁判，以及推迟法院审查对当事人造成困难。”与此同时，与该案同时判决的还有 1967 年化妆用品联合会诉加德纳案[2]。这两个案件从一正一反两个角度明确说明了“当事人困难”这一标准。在化妆用品案中，法律规定化妆物品制造商必须领有食品和药物管理局的执照，此时管理局制定了一个法规，规定制造厂拒绝管理局人员随时进入工厂检查时，将停止执照。制造商申请法院审查这个法规，最高法院同样认为司法审查的时机没有成熟，当事人没有受到直接和即时的不利影响而不予受理。该案与艾博特诉加德纳案最大的不同在于，在艾博特一案中，当事人不遵守法规时，可能会立即受到财产扣押、罚款，甚至会受到刑事追诉等，但是化妆品联合会一案，当事人不遵守法规最多导致的是停止执照，对于这种处罚，当事人可以立即向管理局申诉，不服管理局的裁决还可以向法院申诉，并没有即时的不可弥补的损害存在，所以法院没有受理。

---

① AbbottLaboratoriesv. Gardner，387U.S.136(1967).

② ToiletGoodsAssociation v.Gardner，387U.S.158(1967).

“推迟法院审查对当事人造成困难”这一标准为预防性诉讼提供了正当性，可是预防性行政诉讼是否就一定违背形式意义上的“最后决定”标准呢？作者认为预防性诉讼在“最后决定”标准之下也并非全无容身之地，以下两种情况下法院事先介入并不违背“最后决定”标准：第一种情况，在一些具有反复实施性特点的行政行为或事实行为中，行政行为其实并不都是建立在行政机关专业判断的基础之上的，甚至可以说在某些行为中根本不需要什么专业性的判断，只不过是例行公事而已，本就没有什么“最后决定”，那么法院事先介入也就不会干扰到行政机关的最后决定。例如，在日本的“强制剃头案”中，法院认为在服刑人员强制剪发事件中强制剪发行为具有反复实施性，因而认可了原告禁止强制剪发的请求。第二种情况，虽然行政行为或事实行为尚未作出，但是行政机关对事件的处理程序大体结束，主要意见已经形成，卷宗文本材料齐备可供审查。换句话说，行政行为已经基本成形，只是缺乏最后的公示，那么此时法院介入也不违背“最后决定”标准，因为这种情况下法院并没有干扰行政机关的专业判断，没有影响最后决定的形成，只是对行政机关业已形成的判断进行审查而已。除此之外，如何判断行政机关的立场已经基本形成，作者认为可以采用“高度盖然性”标准，即便不能根据法律规定或者行政程序的推进来证明行政行为的高度盖然性，但是如果行政机关的工作人员在公开或私下场合曾对当事人透露过与其相关的行政处理意见，并且当事人对此能够提供证据进行证明的，那么也应该认为行政机关日后作出某种行为存在较大的可能性，因为对于当事人来说这是一种合理的推测。

从以上分析可得，在预防性行政诉讼中，行政机关正在作出的或尚未作出的行政行为或事实行为，虽然都是未最终作出，都还未对行政相对人的实际权利义务造成影响，但我们考虑的是，一旦行政活动已经被作出，推迟审查势必会对行政相对人的权利义务产生实际影响，并且这种影响是无法弥补和恢复的。因此，我们强调在特定情形下，有必要允许当事人提起预防性行政诉讼来保护自己的合法权益。

从这种意义上而言，预防性行政诉讼仅是提前了对权利进行保护的时机，并未突破成熟性原则，而只是对成熟性原则在特定情形下的补充，两者并不矛盾。而且预防性行政诉讼的运行只要不影响行政机关的意思形成的独立性就不会违背“最终决定”标准。为了保护当事人事后不可弥补的重大利益，即便行政行为还没有作出，但只要表现出高度盖然性，法院的事前审查就不该遭到否定。

第三节 行政首次判断权

一、行政首次判断权的概念

（一）行政首次判断权的内涵

行政首次判断权原则在美国行政法上也被称为“首次管辖权原则”或“初审权”，它是指法院和行政机关对于某一案件都有原始管辖权时，由行政机关首先行使管辖权，法院只是在行政机关作出决定后才进行审查①。日本行政法学者南博方在其《条解行政案件诉讼法》一书中对行政首次判断权理论进行了详细的阐述，他认为，行政首次判断权是指：“某一行政法律关系，须先经由行政机关行使其法律上的权限作成行政行为者，一般而言，该行政法律关系即不应由法院以判决方式加以形成或确认。”②尊重行政机关的首次判断权是当今行政法学界的主流观点。

参照王名扬教授对美国行政首先管辖权含义的分析，我们可知主要包括以下两个方面：一方面，当行政与司法出现管辖权重合的情况下，由谁来行使管辖权的问题。独立革命后的美国在一定程度

① 王名扬：《美国行政法（下）》，北京大学出版社 1995 年版，第 492 页。
② ［日］南博方：《条解行政案件诉讼法》，宏文堂 2009 年版，第 104 页。

上继受了英国的普通法，同时又发展了自己的制定法。因此，美国各州不仅制定普通法，还可以依据宪法的授权发展制定法。这一法律体系所产生的不利后果就是造成了司法机关与行政机关在面对相关行政争议时由谁进行管辖的问题，即对行政相对人有异议的同一行政争议法院和行政机关分别根据普通法和制定法享有管辖权；或者说对于该行政争议中的某一具体方面，出现了管辖权同时存在的情况。而最高法院认为，为了保证行政政策执行的统一性，应当对这种管辖权重复的情况进行统一的规定，在受理此类案件时，按照相关规范进行处理。另一方面，该理论还具有一项重要的意义，就是对于本来属于法院管辖的案件，其中有某个问题是和行政决定有关的，属于行政机关的专业知识或自由裁量权的范围，此时，法院对于该问题暂时不进行司法审查，由行政机关首先作出判断，等到行政机关对该问题作出决定后，才由法院对全案进行裁判，即要充分利用行政机关的专门知识①。这个考量最初是由1922年美国的大北方铁路公司诉装卸机商业公司案所提出来的②。该案是关于运输费用的争议问题，托运人向法院起诉要求追回80美元运费，该案件到底是由法院受理还是由行政机关州际商业委员会来受理呢？最后最高法院认为关于运输价格的争议需要分析和评价大量互相冲突的证据和复杂的运输事实，而对于这些问题，行政机关进行这项工作要远远优先于法院，因为行政机关拥有专业的知识，在行政机关就该特定问题作出决定之后，法院才能够更加合理地对赔偿问题进行裁判。

综上所述，我们认为行政首次判断权可以理解为：当出现一个具体行政行为需要裁决的时候，应当首先由行政机关行使行政权进行判断，在仍然解决不了的情况下，再寻求法院的司法救济进行司法裁判。其实质涉及的是司法权与行政权的分工关系，即在行政机关还没有行使首次判断权之前，司法机关无权介入。

① 王名扬：《美国行政法(下)》，北京大学出版社1995年版，第651页。

② Great NorthernRy.Co.v.MerchantsElavatorCo.，259U.S.285(1922).

（二）行政首次判断权与相关概念的区分

行政首次判断权理论与上文所提到的成熟性原则既有重合但也有区分，在很大程度上，该理论也涉及审查的时机问题，在这个意义上它与成熟性原则有着相同的作用，并且也是广义的成熟性原则的组成部分。但是两者也存在区别：一方面，它涉及的并非仅仅有时机问题，而是还涉及审查的技术问题，即涉及行政机关对于某一问题的专业知识和自由裁量权的范围等等；另一方面，行政首次判断权问题只有在特定情况下或法律有特别规定时才产生，因而与成熟性原则相比，不是一个普遍的问题。

在谈及行政首次判断权与成熟性原则这两个理论的同时，学术界很多学者经常将它们与"穷尽行政救济原则"一并进行讨论，该原则是指当事人在没有利用一切可能的行政救济以前，是不能申请法院裁决对他不利的行政决定的。当事人在寻求救济的时候，首先必须利用行政内部存在的、最近的和简便的救济手段，然后才能请求法院司法救济[①]。这一点与行政首次判断权理论相契合，同时，它与成熟性原则是相互补充的，目的都在于避免司法程序不必要和不合时宜的干预程序。因此，综合来讲，这三个理论都体现了提起诉讼的时间界限，是相互融合的。

二、行政首次判断权对预防性行政诉讼的阻碍

（一）司法权与行政权的特征及其关系

1. 司法权的特征

司法权具有裁判的功能，这一功能的核心价值就是公正，只有公正地裁判纠纷，才能完成法院的使命。公正的目标使得司法权别无选择地呈现以下特征：

（1）被动性。相对于立法与行政而言，司法是被动的、消极的。这首先体现在"不告不理"的原则上，不经当事人申请，法院不得给予

① 王名扬：《美国行政法（下）》，北京大学出版社 1995 年版，第 486 页。

任何救济。而且,即使是当事人提出申请,救济的范围也只能以请求范围为限。这与立法及行政可以积极地实现自己的意志完全不同。

(2) 事后性。司法以公正为核心价值,而公正的前提是法院与所裁判的纠纷没有任何利害关系。司法机关只能超然事外,即超脱于纠纷之外,在纠纷形成之前、之中,并不直接或者间接地参与社会生活,只在纠纷形成之后,由纠纷的当事人起诉后,才介入纠纷之中,这一点体现了司法活动的"事后性"。

(3) 独立性。为了保障裁判的客观公正,必须保障司法权的独立性,使法官免受纠纷本身的是非曲直及法律和法官的良心之外的因素的干扰。司法独立的主要内涵是法官独立,具体表现在法官的任期保障、生活待遇保障和政治中立性等方面。

2. 行政权的特征

行政权作为一种为了实现一定行政目的而综合运用各种行政管理方式的权力,主要具有以下几个特征:

(1) 从属法律性。即是行政权的行使必须要以法律为依据,符合法律规定的目标和范围,符合依法行政的要求。

(2) 执行性。行政权是一种执行性的权力。行政权从根本上来说,是执行法律和权力机关意志的权力,因此,行政权的运行必须对权力机关负责。

(3) 优益性。行政权通常要体现国家和社会的公共利益,表现人民的共同意志,因此,行政主体在行使行政权时,依法享有一定行政优先权。

(4) 强制性。行政权以国家的强制力为后盾,行政相对人有服从的义务,各有关机关有协助的职责。

3. 司法权与行政权的关系

从上述特征可知,司法权与行政权拥有不同的职能定位,行政权是一种执行的权力,行政机关通过严格实施、执行既定的法律规范调整社会关系。而人类生活的社会性则决定了必须有行政机关在授权范围内依据法律规范针对社会生活中的具体事项尽快作出处理,以保障由法律规范已经确定的当事人的权益，这一职能是立法与司法部门所不能替代的，所以两者相互制约，同时，还有必要予以充分的尊重，以促进社会的协调发展；否则，若司法权擅越其位，则可能形成这样一种局面：尽管有力制约了行政权，避免了或降低了其恣意的可能性，但同时也妨碍了行政权的正常行使，从而阻滞了社会的正常运转和公民权利的实现。因此，在司法审查制度的功能上，一方面要充分发挥司法审查的监控功能；另一方面要充分尊重行政权的正常和有效行使，避免矫枉过正。

（二）行政首次判断权对预防性行政诉讼的阻碍

行政首次判断权理论是以权力分立理论为基础的，基于行政、立法、司法的不同职能与分工，在权力的行使过程中都应遵循自己的界限互不干涉。行政作为一个整体，有自己负责的领域，为营造一个良好的社会环境，赋予其主动执法的功能，具有主动性、专业性、权威性等特点；而司法则是消极处理争端的机关，只有行政机关所作出的某一行为与公民发生争端时，司法才介入进行客观公正的判断，其有被动性、消极性等特征。因此司法权根据其组织、功能、程序或者行政责任原则，是不得代替行政权作出政治性决断或行政性判断的。也就是说，行政机关的首次判断权必须保留于行政权，而司法权以行政权的首次判断权作为前提仅仅止于在其违法的情况下予以排除。

但在对行政首次判断权给予充分尊重的前提下，产生了一个问题，即在行政机关尚未就是否进行行政活动以及如何进行行政活动作出决定的时候，法院能否对行政机关的行为进行干预的问题。对此，行政首次判断权理论根据以下三方面的理由予以了否认：其一，根据三权分立的原则，并不允许司法权在行政机关作出行政活动之前干预行政，按照依法行政的原则，法院的功能主要是在行政机关作出的行政行为违法时，在事后为相对人提供权利利益的救济；其二，鉴于现代行政的复杂性、专门性、技术性，作为法学家的法官并不具有代替行政机关作出行政判断的能力；其三，如果司法权在事前介入行政活动，则有司法权干预政治之嫌疑，有可能会损害司法的中立性[①]。因此，在行政机关完全作出行政行为前，司法机关介入判断行政机关是否该作出相关行为，是对行政权的侵犯，这也直接影响了某些行为诉与不可诉的标准。

从以上司法权与行政权的特征以及行政首次判断权的传统理论来看，司法裁判权要以行政首次判断权为前提，行政与司法之间基于各自不同的职能而恪守边界，且不得相互僭越，行政权有自己所统辖的领域，司法权不得进行干涉。随之就会延伸出一个问题，司法权对行政介入得过早，必然容易造成对行政程序的不当干预；但是如果介入得过晚，在某些特殊情势下定然难以实现对行政相对人的权利进行全面有效保障的目的。而预防性行政诉讼是要在行政机关尚未最终作出行政行为时，将行政争端交由法院处理，并且在适当的情形下，人民法院可以预先性地禁止行政机关在将来作出某种行为。这样看来，在传统的行政首次判断权理论下似乎没有预防性行政诉讼存在的余地。

三、行政首次判断权障碍之消解

以行政首次判断权为视角，预防性行政诉讼有事前诉讼的特征，法院于行政机关作出行政行为前介入审查有侵害行政机关首次判断权的嫌疑，那么这是否就意味着首次判断权理论就绝对否定了预防性诉讼呢？

其实不然，随着社会的不断发展，权利保护内在的要求逐渐消减过分强大的行政裁量权，而相应地强化和扩充司法审查权力，即大力倡导能动司法的理念，原任最高人民法院院长王胜俊在人民法院能动司法论坛的讲话中指出："中国特色社会主义司法应当是服务型司法、主动型司法和高效型司法。"[②]随着司法实践的发展，很多行政法学者强调，法院进行行政审判的目的是为了保护相对人的合法权益，

① 江利红：《日本行政诉讼法》，知识产权出版社 2007 年版，第 79—80 页。

② 王胜俊：《把握司法规律、坚持能动司法，努力推动人民法院工作科学发展》，载《法制日报》2010 年 5 月 6 日。

对相对人请求法院保护的时间不能过分强调，所以法院在行政行为作出前或作出后执行前进行司法审查并不会干涉行政权的核心领域。在此背景下，行政首次判断权理论在逐渐缓和。以下从三个方面来阐述：

1. 即便是在将尊重行政机关首次判断权奉为主导的日本学界，也承认首次判断权存在例外的情形

首次判断权的主要倡导者雄川一郎在论及课予义务诉讼与行政首次判断权的关系时也曾指出："如果以实质理由来思考法院的事后审查原则，那么只要不违反实质性宗旨，即使法院在形式上对行政机关课予某种义务，也未必应该以权力分立之名一概加以否定……因具体案件的情况不同，或许存在坚持首次判断权反而不合理的情形……那种断言命令行政实施某种特定行政行为的课义予务判决完全没有存在余地的观点也并非没有问题。"①这说明了首次判断权理论在日本也并没有得到绝对的遵守。

2. 对于行政机关首次判断权的尊重，也并非适用于全部的行政诉讼类型

例如，日本行政诉讼理论虽然推崇首次判断权，但即便在法律加入禁止之诉以前也并不是所有的诉讼类型都以首次判断权为前提，典型的便是"不作为违法确认诉讼"。"不作为违法确认诉讼"是指行政机关对于相对人基于法令的申请在相当长的时期内不作出任何应答行为时，相对人可以对于该不作为请求法院确认违法，只要行政机关存在不回应的事实，法院便可实行判决，并不需要顾忌首次判断权。我国行政诉讼中的"履行判决"与之也有相似之处。履行判决的运用一般有三种类型：明确规定履行内容、规定履行的指导意见或者笼统地要求履行。在判决明确规定履行内容的案件中，法律对于行政机关的职权行使条件往往规定得十分明确，以致行政机关并无

① ［日］雄川一郎：《行政诉讼动向》，载《现代法》第5卷，第140—142页。转引自［日］原田尚彦：《诉的利益》，石龙辉译，中国政法大学出版社2014年版，第73页。

裁量的余地或者说此行为属于羁束行政行为,例如颁发证照或者授予资质。如果法院在审理中查明原告的申请完全符合法律规定的基本条件,而行政机关对原告的申请却不予答复或拒绝,那么可直接判决行政机关履行具体职责,无须考虑行政机关的首次判断问题。可见无论中外,不是所有种类行政判决的作出都需要考虑对行政机关的首次判断权的尊让,所以司法救济并不总是以行政机关已经实施了首次判断为前提。

3. 同样从纠纷形成的角度探讨,法律赋予行政机关作出处分的权限,并非意味着"无处分即无争讼"

行政纠纷是否形成应当根据法律规范的意旨和现实的事实关系加以认定,即便行政行为或事实行为还没有作出,但当相对人因之可能遭遇不可逆转的重大损害危险时就应当认定争议形成,就可以开启行政诉讼的救济途径;行政机关实施首次判断为辨别是否发生纠纷提供了一个明确标准,但并不是用以限制法院事前介入审判的权限。当预防性诉讼所禁止作出的行政行为确属违法时,预防性诉讼或撤销诉讼目的都是对违法行政行为的防止或撤销,两者差别仅仅是法院发动救济的时间点不同而已,基于人民权利保护的必要性和时效性要求,事前的防止应当肯定,而不应受限于行政机关的首次判断。

综上所述,我们可以看到,在行政首次判断权理论下,并非完全没有预防性行政诉讼存在的余地,在某些例外情形下司法权对行政权的审查并不受限于首次判断权理论。

第四节 诉讼利益

一、诉讼利益的内涵

在现代法治社会,诉讼作为维护公民合法权益的重要手段,在整个社会纠纷解决机制中占据着非常重要的位置。但是，致力于解决社会纠纷的司法资源毕竟属于稀缺资源，因此也就意味着有相当多的社会纠纷不能通过司法途径解决，相当多的社会纠纷的主体享受不到国家司法资源。这就需要国家预先建立一种筛选机制，筛选、过滤出那些最需要以及最值得司法救济的社会纠纷进入诉讼程序。西方法谚云："利益是衡量诉权的尺度，无利益者无诉权。"因此，"诉讼利益"即成为这种筛选机制的评价标准，运用诉讼程序解决的社会纠纷，必须具有诉的利益，即权利保护的必要。

诉讼利益原本是民事诉讼法中的一个极其重要的概念，是19世纪以后随着确认之诉的产生而被提及的，它提出的初衷是为了限定确认之诉的对象，以防止当事人诉权的滥用，一般将其理解为诉权的一个构成要件。在民事诉讼中，所谓诉讼利益是指当民事权益受到侵害或者与他人发生民事纠纷的时候，需要运用民事诉讼予以救济的必要性①。这种"必要"，在法国称之为"利益"，德国称之为"权利保护必要"，日本、葡萄牙及我国澳门特别行政区称之为"诉的利益"，我国台湾地区则兼有德国和日本的称谓。英美法系国家和地区没有关于"诉的利益"的提法，其主要原因在于其诉讼理念秉承实用主义。既然"诉之利益"涉及的是纠纷受诉讼或判决保护的必要性问题，那么其应该属于诉讼法学的一个基本理论范畴，而不应仅限于民事诉讼领域。

如何正确地把握"诉讼利益"这一概念，我们认为可以从三个方面来理解。

(一) 关于"诉讼利益"的本质

关于"诉讼利益"的本质，学界大致有三种学说：

1. 国家利益说

此说认为，诉讼利益的本质是国家利益，是国家运用诉的利益理论来筛选需要运用诉讼解决的纠纷。例如，三月章教授把诉之利益

---

① 邵明：《论诉的利益》，载《中国人民大学学报》2000年第4期。

作为“运作民事诉讼制度时发现的国家利益”①。

2. 当事人利益说

此说有两种观点：观点一认为，诉讼目的在于私权的保护，因此，私权是否有诉讼保护的必要，或者说是否有诉讼保护的利益，应当从当事人的利益状态出发；观点二认为，诉讼目的无非是保障当事人抗争程序得以充分实施，因此，“是否有诉的利益，应从当事人有无此抗争利益为核心，而这一抗争利益的有无，尤应就当事人在诉讼外或诉讼前的纷争过程、交涉过程予以考量”②。

3. 国家和原告、被告利益协调说

此说实际上是国家利益说和当事人利益说的折中，认为诉讼制度既然是国家设立的，是国家运用公权力（审判权）的领域，就不得不考虑其中的国家利益。同时，诉讼制度的存在和设置也是基于保护私权和解决纠纷的考虑，因此不得不考虑使用这一制度者（诉权主体）的利益。本书倾向于赞同该学说。

（二）关于“诉讼利益”的定位

关于“诉讼利益”的定位，学界大致有三种学说：

1. 权利保护要件说

该说认为，如果在诉讼机制之外不存在实体权利，那么法院可以驳回原告的起诉。民事诉讼法中“私法诉权说”持有的就是此种观点，典型的代表人物有萨维尼和温德塞德，认为当个人的权利受到损害时，国家才应该给予相应的救济③。

2. 诉讼要件说

该说认为法院在受理案件之前，就必须判断原告有无诉的利益，该判断不是以实体法中的权利为据，而是着眼于对冲突的解决。私

---

① ［日］谷口安平：《程序的正义与诉讼》，王亚新、刘荣军译，中国政法大学出版社1996年版，第158页。

② 吕太郎：《民事诉讼之基本理论（一）》，中国政法大学出版社2003年版，第200页。

③ 江伟主编：《民事诉讼法学原理》，中国人民大学出版社1999年版，第235—236页。

法诉讼中的“本案判决请求权说”就持这种观点，典型代表有德国的艾尼克·布莱和日本的兼子一。

3. 介于实体要件与程序要件的“中间性”要件说

该说认为，诉讼利益是一个沟通实体法与程序法之间的桥梁，它是贯穿自诉讼之启动到判决之生成的一个必备条件，是诉讼法学中的一个重要概念，同时，它又是在实体利益面临危险时，基于原告实体利益的主张而产生的，可以将其理解为当事人利用诉讼程序请求法院予以司法保护的正当的实体权益。所以，有学者认为诉的利益概念具有介乎实体法与程序法之间的“中间性”①，典型代表有日本的上北武男和三本户克己。本书采用“中间性”要件说。

（三）关于“诉讼利益”与“诉权”的关系

通说认为，诉是指当事人向法院提出的保护其合法权益的请求②，其要素是诉讼标的和诉讼理由。诉讼利益与诉的理由有一定的关联性，但两者之间又存在差别，诉的理由是指诉讼请求所依据的事实，而诉讼利益还要求必须存在司法保护的必要性。通常来说，我们认为诉权是当事人请求人民法院行使审判权，以保护其合法权益的权利。它有其自身存在的条件，有学者概括为诉讼标的、诉之利益与当事人适格三项③。法国传统理论认为享有诉讼的条件有四项：应当有可以主张的权利、有利益、有资格以及应当有能力④。我们可以发现，诉之利益属于诉权的范畴，是诉讼要件。某个特定的诉讼如果缺乏诉之利益，则诉权也将无法实现。当然，这并不妨碍诉讼的提起。值得注意的是，我们习惯于从可诉性角度来理解诉之利益。但诉之利益固然与诉讼请求的可受理性有着实质联系，可它的作用并

① ［日］上北武男：《关于诉的利益之考察——试论作为胜诉案件之诉的利益》，转引自［日］谷口安平：《程序的正义与诉讼》，王亚新、刘荣军译，中国政法大学出版社 1996 年版，第 158 页。

② 常怡主编：《民事诉讼法学》，中国政法大学出版社 1994 年版，第 123 页。

③ 王福华：《两大法系中诉之利益理论的程序价值》，载《法律科学》2000 年第 5 期。

④ ［法］让·文森、塞尔日·金沙尔：《法国民事诉讼法要义》，罗结珍译，中国法制出版社 2001 年版，第 148、156 页。

不局限于诉讼启动阶段，它是贯穿于诉讼过程并直接判定判决结果的一个要件。

二、诉讼利益对预防性行政诉讼的阻碍

将“诉讼利益”这一概念运用于行政诉讼领域，我们认为它是指当行政相对人与行政机关之间产生行政纠纷的时候，运用行政诉讼予以救济的必要性。一般来说，提起预防性行政诉讼并不存在诉讼利益，其原因主要是从诉之利益的构成要件来说明。行政诉讼的诉讼利益要件可以从主观要件与客观要件两个方面阐述。

(一) 诉讼利益之主观要件

诉讼利益之主观要件，是指存在特定的适格原告，法院对当事人提出的诉讼请求有决定受理、审理和裁判的必要性和实效性。行政诉讼中的诉讼利益的主观要件就是原告适格要件，如果原告不适格，就不存在诉讼利益的保护问题。通常我们认为，原告适格至少要满足“行政诉讼的原告，是其利益受到被诉行政行为侵犯或者不利影响的人”这个条件。我国《行政诉讼法》第二条规定：“公民、法人或者其他组织认为行政机关和行政机关工作人员的行政行为侵犯其合法权益，有权依照本法向人民法院提起诉讼。”这一规定表明行政诉讼中原告诉之利益的生成条件是受到“侵犯”。而在我们本书所讲的预防性行政诉讼，它是在原告并没有受到具体侵害的情况下提起的，所以，在该诉讼中原告似乎并不适格。

(二) 诉讼利益之客观要件

诉讼利益之客观要件，是指对原告提出的诉讼请求，在客观上存在法院受理、审理和裁判的必要性和实效性。这一要件，可以从原告的诉讼请求和法院的司法保护两个方面来予以说明。

1. 原告的诉讼请求具有必要性

行政争议的客观存在，即只有在原告与被诉行政主体之间存在行政争议的情况下，才具有诉之利益。原告与行政主体之间并不存在行政争议时，原告自身的利益不会牵涉在案件之中，如果允许其提

起诉讼,就可能导致行政诉讼的滥诉,也可能导致法院过度干预行政机关行使行政职权,不利于行政效率的提高。而预防性行政诉讼是在还没有形成具体讼争的情况下提起的,此时并没有行政争议的客观存在,亦即是不存在诉讼利益的。

2. 被诉的行政行为适合由法院审查

诉之利益是法院对原告的诉讼请求决定是否受理、审理和裁判时所进行的利益衡量,能够适用法律解决的行政行为,只有在法院行使司法权的范围之内,才能由法院予以司法审查。也就是说,能够适用法律得到解决的行政行为,只有在属于法院行政诉讼受案范围之内,原告才可能具有诉之利益。然而,在我们传统的三权分立的体制下,我们认为预防性行政诉讼似乎有司法权干预行政权之嫌疑,超越了司法权的范围,那么此时是不适宜由法院进行审查的。

综上所述,从行政诉讼提起的诉之利益主观、客观两方面要件来讲,预防性行政诉讼似乎并不存在诉讼利益,没有权利保护的必要性,但是我们不能一概而论,还需要深层次的理论分析。

三、诉讼利益障碍之消解

预防性行政诉讼提起时是否一定不存在诉讼利益?其实不然,这个问题需要我们回归到诉讼利益的认定中去解决。关于行政诉讼法中诉讼利益之“利益”的认定,通常我们认为,诉之利益是一个不确定的法律概念,其在适用中的混乱很大程度上源于对利益的理解不同,所以有必要对“利益”作一界定。那么,在行政诉讼法中,有司法保护必要性的利益可以包括哪些呢?我们在此大致分为以下两类。

(一) 法律保护的利益和法律值得保护的利益

从理论上说,只要某种利益受到侵害就可以提起诉讼,但法院往往会考虑该种利益是否是法律上受到保护的正当利益。传统行政法强调规范保护说,将反射利益排斥在外。所谓“反射利益系指个人因公法法规而获得之事实上利益，该个人不能单独对于行政机关有所请求”①。但考察有关国家的司法实践，我们发现诉之利益中的利益，其诉的利益的认定标准实际上经历了一个由传统的“法律利益”标准向“利益范围”标准演变的过程。如美国最高法院1970年在资料处理服务组织案件的判决中，对原告资格的认定，抛弃了法律利益标准而采用利益范围标准。法律利益标准要求当事人的利益必须是法律为当事人特别规定或特别保护的利益；利益范围标准中当事人的利益不需要是法律特别规定或特别保护的利益，只要主张处在法律规定的或调整的利益范围以内的利益，在这种利益受到侵害时，就可请求司法保护②。在日本，学说上存在法律上保护的利益说和法律上值得保护的利益说的对立。判例中虽采取法律上保护的利益说，但实际上法院通过灵活的解释使法律上保护的利益向法律上值得保护的利益说趋同③。这种法律值得保护的利益的范围取决于诉的利益所具有的权利生成功能的发挥情况。

（二）现时利益和将来利益

纵观世界各国的行政诉讼立法，对行政相对人的权益保护主要有三种方式：压制式或事后的权益保护、暂时性的权益保护和预防性的权益保护。压制式的或事后的权益保护方式属于对现时利益的保护，要求原告所主张的利益原则上限于既得的、现时的利益。法官的角色是裁决已经发生的争议，相应的，原告主张的诉之利益中的利益也应该是已经产生的、现时的利益，仅仅有某种可能的利益不足以得到司法保护，因而，利益原则上限于既得利益。但为了实现对相对人权利有效而无漏洞的立法保护，现时利益原则在立法上有所松动，法律对现时利益规则也做出了缓松处理，准许相对人在其利益受到侵害前，预防性地提起诉讼。

---

① 陈秀清：《行政法上法律关系与特别权力关系》，载翁岳生主编：《行政法》，翰芦图书出版有限公司1998年版，第215页。

② 王名扬：《美国行政法（下）》，中国法制出版社1995年版，第634—635页。

③ ［日］盐野宏：《行政法》，杨建顺译，法律出版社1999年版，第336—336、342页。

德国是预防性权利保护制度最为完备和成熟的国家，其预防性诉讼具体包括预防性不作为诉讼和预防性确认诉讼两种类型。日本的学术界也承认预防性不作为诉讼的存在，并将其归为无名抗告诉讼的一种，田中一郎、雄川一郎、兼子仁等均承认预防性不作为诉讼[①]，且有学者认为预防性行政诉讼已成为“判例和学说的大趋势”[②]。在法国行政赔偿中，把将来不可避免发生的损害视为已经发生的现时损害，允许提起损害赔偿之诉。

在我国，行政机关违法实施城市房屋拆迁、违法征用农民土地建设高档商用、住宅楼以及一些重大污染环境项目的开工建设等，这些行为一旦做出，其损害结果必定发生且难以挽回。因而，宜将诉之利益中的利益框定在既得利益和确定可预期之利益范围内[③]。针对未来肯定发生的预期损害，不应剥夺当事人提前获取司法救济的机会。

此外，中国在加入世界贸易组织之后，客观上要求进一步完善我国的行政诉讼制度，这为现行的“诉讼利益”的标准的改革也提供了一次难得的机会。世界贸易组织的《补贴与反补贴措施协议》对行政诉讼的原告资格规定得比较具体：“……并向参与该行政程序和直接的或个别的受到该行政行为影响的所有利害关系人提供申请审议的机会。”根据该规定，以下几种人都有资格提起行政诉讼：参与行政程序的人即行政程序的当事人；利益直接受到行政行为影响的人；利益个别地受到行政行为影响的人；与行政行为有其他利害关系的人。与我国《行政诉讼法》的相关规定相比，世界贸易组织协议有关行政诉讼原告诉之利益的规定是比较宽松的。该款中“影响”与“利害关系”的确定凸显了与我国行政诉讼中现有的“侵害”及“法律上的利害关系”的区别。

为了解决这一问题，最高人民法院发布了《关于执行〈中华人民共和国行政诉讼法〉若干问题的解释》，进一步重申了行政诉讼中“诉

① 陈清秀：《行政诉讼法》，翰芦图书出版有限公司 1999 年版，第 136—137 页。
② [日] 盐野宏：《行政法》，杨建顺译，法律出版社 1999 年版，第 398—399 页。
③ 王名扬：《法国行政法》，中国政法大学出版社 1988 年版，第 717 页。

的利益”的判定标准。该解释第十二条规定，与具体行政行为有法律上利害关系的公民、法人或者其他组织对该行为不服的，可以依法提起行政诉讼。该解释第十三条也有类似的规定。上述解释均体现了我国行政诉讼诉讼利益的认定标准有一定程度的松动。

综上所述，我们可知，要提起行政诉讼，实现诉权，需要以诉讼利益的存在为前提，但随着诉讼利益认定标准的松动，预防性行政诉讼的提起在一定程度上也是具有诉讼利益的，它属于一种预期的、法律值得保护的利益，但是，相比较于世界贸易组织对诉讼资格的认定，我们仍需要进一步完善诉讼利益的认定标准。

第四章 预防性行政诉讼的诉讼要件

第一节 诉讼要件的概念、功能与构造

一、诉讼要件的概念

诉讼要件，是指关于实质性审判，即关于本案作出审理判断的要件。通俗地说，是运用国家制定的诉讼制度的条件。当欠缺该条件时，法院不能就请求作出本案判决，而应作出不予受理的判决①。

诉讼要件概念最早是由德国诉讼法学者彪罗于 1868 年在其著作《诉讼抗辩与诉讼要件论》中提出的。虽然彪罗是在诉讼法律关系和诉讼要件相互关系的意义上首先使用了诉讼要件的概念，但彪罗同时也指出不能简单地将诉讼要件理解为诉讼法律关系发生的前提要件。因为即使诉讼要件欠缺导致诉讼被驳回，法院和当事人之间的诉讼法律关系也已经是发生的②。应当说，德国民事诉讼法学者最初对诉讼要件这一概念的认识并不一致。有的观点认为，诉讼要件是诉讼前提要件与可控性前提要件；也有观点认为，诉讼要件是诉

① ［日］盐野宏：《行政救济法》，杨建顺译，北京大学出版社 2008 年版，第 67 页。
② 张卫平：《起诉条件与实体判决要件》，载《法学研究》2004 年第 6 期。

讼成立要件与诉的要件或请求要件;还有观点认为,诉讼要件是权利保护要件与诉讼成立要件①。

在现代,随着诉讼要件理论不断发展和完善,大陆法系如德国、奥地利、日本和我国台湾地区的民事诉讼理论及立法上,对于诉讼要件这一重要概念均有规定。在民事诉讼领域,当事人起诉的目的在于请求法院就其争议作出裁判。法院就当事人争执法律关系所作的判决,理论上被称为本案判决。法院欲进行本案判决,须原告提起之诉具备一定要件,此项本案审理及判决之要件,德国学者称为实体判决要件,日本学者译为诉讼要件,我国台湾地区民事诉讼法学者沿用这一用语②。由于必须具备诉讼要件法院才能对本案进行审理判决,因此所谓"诉讼要件"也是法院对本案实体权利义务争议问题继续审理并作出实体判决的前提条件,又被称为"实体判决要件"③。

各国对诉讼要件的具体理解呈现出差异,但实质却相同,即诉讼要件是诉讼合法要件,换言之,诉讼要件是诉讼要进入实体审理的前提性要件。合法之诉讼所应具备之要件谓之诉讼成立要件,具备了就可以进入实体审理阶段,不具备就应当以诉不合法作出诉讼判决,在我国即以裁定驳回起诉。

二、诉讼要件的功能

(一) 诉讼要件审理彰显了程序的独立价值

诉讼要件理论一经提出,就成为保障程序独立性价值的重要制度。由于通过诉讼要件审查诉的合法性是法院能够对本案进行实体审理的前提,这就赋予了程序合法作为本案实体审理前提条件的特殊地位,从而使诉讼要件所体现的各种程序性事项成为诉讼中需要单独审查判断的诉讼对象。由此可见,程序上的合法性对于当事人

---

① 王锡三:《民事诉讼法研究》,重庆大学出版社 1996 年版。

② 陈计男:《民事诉讼法论(上)》,三民书局 2004 年版,第 279 页;陈荣宗、林庆苗:《民事诉讼法》,三民书局 2004 年版,第 315 页。

③ 张卫平:《民事诉讼:关键词展开》,中国人民大学出版社 2005 年版,第 69 页。

通过诉讼寻求权利保护目标实现具有重要的意义，这也就使法院需要对程序问题进行单独的审理和裁判，从而在诉讼中彰显了程序独立于实体的特殊价值，是涤荡职权主义诉讼体制下“重实体、轻程序”这种传统观念最有效的方式。

（二）诉讼要件为法院审理“把关”

诉讼要件是诉的合法性要件，是法院对本案审理的前提条件。通过对诉讼要件进行审查，排除程序上不具有合法性的诉讼进入本案审理阶段，这就避免了法院进行不必要的审理活动，节省了司法资源。以此理念为指导，在大陆法系国家和地区的民事司法实践中，不论是在一审程序还是上诉、再审程序，不论是在普通诉讼程序还是在各种特别诉讼程序，法院对诉讼要件是否具备进行审查，对诉是否具有合法性进行判断，是民事诉讼过程中必不可少的一个环节，是法官进行本案判决前都必须完成的一项“基本作业”。如果在案件缺少诉讼要件的情形下，法院作出本案判决则属违法，当事人可以通过上诉程序要求废弃该判决；如果该判决已经被确定，当事人还可以此为再审事由，提起再审之诉①。

（三）保障当事人能够顺利启动程序和合法利用司法资源

诉讼要件与起诉要件相区分，当事人起诉时仅需满足起诉要件就可使诉讼系属于法院，但被当事人系属于法院的诉讼程序必须满足合法性要求，法院才能进一步作出本案的实体判决。按照大陆法系民事诉讼理论上的此种程序运行和设计理念，大陆法系国家和地区的民事诉讼往往不对当事人的起诉设立严格的程序条件，一般而言，当事人的起诉只要提交载明诉讼当事人以及请求原因和事项的起诉状，并交纳诉讼费用就可以达到诉讼系属的效果，其目的正在于方便当事人利用司法救济方式。但是，便于进入诉讼程序不代表一定能够获得法院的审判，为保障有限的司法资源能够得到当事人合

① ［日］三月章：《日本新民事诉讼法》，汪一凡译，五南图书出版公司 1997 年版，第 343 页。

法的利用，就需要通过诉讼要件的制度来保障诉讼程序的合法性。只有满足合法性的要件，才可以获得法院就实体问题进行的判决。因此，就诉讼要件在诉讼审理中进行审查，既保障了起诉的便利，又保障了程序资源的合法利用。

三、诉讼要件的构造

（一）诉讼要件构造概述

诉讼要件是诉讼程序必须满足的合法性要件，诉讼要件由哪些事项构成，关系到当事人提起的诉讼能否进入本案审理并进而得到本案判决，因此必须审慎确定。对于诉讼要件的构成事项，大陆法系国家和地区的立法方式并不一致。德国、日本、奥地利三国之民事诉讼法，并未将全部之诉讼要件集中于一条文而规定，仅散见于各条文中规定，而我国台湾地区则是在一项条文中对诉讼要件集中规定[①]。我国台湾地区“民事诉讼法”第二百四十九条规定的诉讼要件，主要包括以下事项：① 诉讼事件属于普通法院之权限；② 诉讼事件属于受诉法院之管辖；③ 原告及被告具有当事人能力；④ 原告及被告具有诉讼能力，无诉讼能力者由其法定代理人合法代理；⑤ 原告由诉讼代理人起诉者，而其代理权无欠缺；⑥ 起诉合乎法定程式；⑦ 非系就已起诉之事件于诉讼系属中更行起诉；⑧ 本案未经终局判决后将诉讼撤回就同一诉讼再行起诉的；⑨ 该诉讼标的未曾有既判力之确定判决或和解。在诉讼要件中，民事诉讼和行政诉讼有共通的要件，如原告适格、以一定形式的诉状进行等。下面仅就行政案件诉讼特有的重要事项予以考察。

从学理上分析，学界对于诉讼要件的种类及事项并没有完全一致的观点。有的学者将诉讼要件分为积极要件与消极要件两种类型：以某种事项的存在为本案判决前提要件的，称为积极要件；以某

① 陈荣宗、林庆苗：《民事诉讼法》，三民书局 1996 年版，第 325 页。

种事项不存在为本案判决前提要件的，称为消极要件①。也有学者从各事项的具体内容涉及的诉讼主体、客体因素角度出发，将诉讼要件分为法院相关、当事人相关、诉讼标的相关几个类型。笔者认为，从诉讼要件涉及内容上分类，便于我们从体系上分析掌握诉讼要件所包含的事项及其意义，本文就一般诉讼要件和特别诉讼要件的构成事项进行探讨。因此下文就从此视角，整理我国台湾地区以及德国、日本等国行政诉讼法上关于诉讼要件的相关规定，并结合理论上的相关探讨，具体分析诉讼要件的构成事项。

(二) 行政诉讼的一般诉讼要件

1. 审判权

关于涉外事件，该被告所争议的事件必须由我国法院来行使审判权，并且这个案件必须是行政诉讼事件，我国法院对其享有审判权。由于一国司法权存在属地和属人管辖的界限，因此法院仅能对本国人或发生在本国的案件行使裁判权。就发生在本国的涉及外国人的民事案件来讲，如果当事人根据国际条约或法院地国家法律规定，享有外交豁免权，那么除非其自愿放弃此种豁免，法院将不能对该当事人施加裁判。

2. 管辖权

就该具体行政诉讼事件，受诉法院须有管辖权。对案件有管辖权是法院行使审判权，进行裁判活动的正当性基础。此种管辖权要件，一方面是指符合地域管辖、级别管辖、专属管辖等国内管辖权要求，另一方面由于国际民事诉讼管辖权冲突的广泛存在，因此对存在涉外因素的纠纷，也要求法院具备涉外管辖权。

3. 当事人确实存在且必须是诉讼法律关系的主体并能为有效诉讼行为

亦即，该当事人须有当事人能力与诉讼能力。当事人不具备诉讼能力的，应由法定代理人代为行使诉讼行为，如果是由诉讼代理人

---

① [日]兼子一、竹下守夫：《民事诉讼法》，白绿铉译，法律出版社1995年版，第50页。

起诉的话,那么代理权须无瑕疵。首先,当事人须有诉讼行为能力,是指能亲自实施诉讼行为以及接受对方诉讼行为的能力。诉讼行为能力是对应于民法上行为能力而在诉讼法上应具备的能力。针对当事人在起诉时不具备诉讼能力的情形,我国《行政诉讼法》第三十条规定:"没有诉讼行为能力的公民,由其法定代理人代为诉讼。法定代理人互相推诿代理责任的,由人民法院指定其中一人代为诉讼。"第三十一条也规定了"当事人、法定代理人,可以委托一至二人作为诉讼代理人"。其次,诉讼由代理人代为提起的,需其诉讼代理权无欠缺。诉讼中的代理,除了在当事人欠缺诉讼行为能力时的法定代理外,还可由当事人授权委托代理人进行诉讼。一般而言,代理人不是诉讼中的当事人,因此代理权的欠缺仅发生诉讼行为不生效力的问题,并不能导致诉讼程序本身存在瑕疵。但如果是由代理人代为起诉,而且其代理权也存在欠缺,则意味着起诉行为存在瑕疵,这就会引起诉讼程序的不合法。所以代理人的起诉行为需要完备的代理权,就成为诉讼要件的内容之一。

4. 起诉、诉讼中之诉(如追加新诉、合并他诉、反诉)或变更之诉须符合法定程式或其他要件

我国《行政诉讼法》第四十九条规定:"提起诉讼应当符合下列条件:(一)原告是符合本法第二十五条规定的公民、法人或者其他组织;(二)有明确的被告;(三)有具体的诉讼请求和事实根据;(四)属于人民法院受案范围和受诉人民法院管辖。"对于追加新诉,我国《行政诉讼法》第六十一条规定:"在涉及行政许可、登记、征收、征用和行政机关对民事争议所作的裁决的行政诉讼中,当事人申请一并解决相关民事争议的,人民法院可以一并审理。"

5. 须法未禁止起诉

当事人不得就已经起诉的事件再行起诉或者是法院对其已经作出裁判不得再行起诉,否则,以裁定驳回其诉。对同一诉讼不得向法院重复提起。禁止同一纠纷的重复起诉是一事不再理原则的体现,属于消极诉讼要件,其目的在于防止重复诉讼和矛盾判决。此种情

形若有发生，按我国《行政诉讼法》的规定，裁定驳回起诉。

6. 诉讼利益要件

所谓诉讼利益（广义诉之利益），亦称权利保护要件，系指法院为本案判决的必要性与实效性。当事人对诉讼标的具有诉的利益，而诉的利益是指为了考量具体请求的内容是否具有进行本案判决之必要性以及实际上的效果（实效性）而设置的一个要件①。可见，诉的利益是关系到当事人有无利用行政诉讼制度解决纠纷正当性的问题，因此应作为诉讼上的程序问题来看待。当事人缺乏诉的利益，就应以诉不合法为由驳回当事人的诉，而不是以当事人的诉在实体上无理由驳回。在此需指出的是，将诉的利益作为诉讼程序上的事项看待，具有重要的理论意义：一方面，虽然诉的利益不同于当事人诉争的实体关系本身，但却蕴涵着当事人实体上权利获得救济的功能；另一方面，当事人基于此种实体上产生的利益而享有获得司法上救济的权利。因此，诉的利益作为当事人诉权的构成要件，通过回答"当事人为何可以进行诉讼"这一诉讼法上的问题，使诉讼获得了程序上的合法性，同时也由于具有实体上的关联而不致使诉讼法和实体法脱节。所以，诉的利益这一概念实际上体现了程序和实体的交错。按照三月章教授的看法，"诉的利益本质上属于诉讼法和私法的移行领域"，上北武男教授也认为诉的利益是介乎程序法与实体法之间的中间地带②。

（三）撤销诉讼之特别诉讼要件

1. 须存在行政行为

提起撤销诉讼，其请求撤销的对象客观上为行政行为，即行政机关的处分、裁决或其他相当于公权力行使的行为，至于原告或被告主观上认定如何，对撤销诉讼的合法性并无影响，且该行政行为的种类

---

① ［日］新堂幸司：《新民事诉讼法》，林剑锋译，法律出版社 2008 年版，第 172 页。

② ［日］三月章：《权利保护的资格合利益》，［日］上北武男：《关于诉的利益之考察——试论作为胜诉要件之诉的利益》，转引自［日］谷口安平：《程序的正义与诉讼》，王亚新、刘荣军译，中国政法大学出版社 2002 年版，第 187、188 页。

为不利处分还是授益处分，其性质是确认还是形成处分在所不问[1]。在日本的行政诉讼理论中，撤销诉讼的对象行政机关的处分以及其他相当于行使公权力的行为与行政机关对于审查请求、异议申诉和其他不服申诉所作出的裁决、决定及其他行为，这些行为的共同特点在于属于公权力行使的行为，被总称为行政处分，即具有处分性的行为[2]（我国台湾地区撤销诉讼的对象是行政处分，德国撤销诉讼的对象是具体行政行为）。行政行为是否具有外部效力，以是否经过通知为准，“是否经过通知”是区分行政行为与非行政行为的标准之一。因此，即使一个公行政行为，在尚未通知前，因为不具备一个行政行为的外观，仍然不是行政行为，反之，如果无效的行政行为已经被通知，虽然不具备内部效力，但其已经具备外部效力，故仍为一个行政行为[3]。

2. 原告须主张其权利或法律上利益因违法行政行为而受有损害

诉讼权能原告必须主张其自身权利受到了行政行为的侵害。据此，必须存在权利受损的可能性，才具有提起撤销诉讼的资格。本项要件我国台湾地区学者均以“原告须主张行政处分违法并损害其权利或法律上利益”为其要件。原告提起撤销诉讼是否具备诉讼权能，须主张以下三要件：① 原告主张所受到的损害是受公法保护的利益（公权存在）；② 该受公法保护之利益由原告享有，如果为诉讼担当情形则须为法所允许（公权之归属）；③ 受公法保护的利益受违法行政行为侵害的可能性（公法之受害可能性）。德国《行政法院法》第 42 条第 2 款对此项要件也作了具体规定。

3. 须经复议前置程序而无结果

在德国和我国台湾地区，提起撤销诉讼之前，必须已经经过了行政复议程序，但没有成功。其主要目的在于使行政机关在人民起诉

---

① 《德国行政法院法逐条释义》，内部资料，第 337 页。
② 江利红：《日本行政诉讼法》，知识产权出版社 2008 年版，第 211 页。
③ 陈敏：《行政法总论》，神州图书出版公司 2007 年版，第 363 页。

前，可以再一次审查行政行为的合法性与合理性，并且自行撤销不符合法定目的的或者违法的行政行为。我国台湾地区法律明确规定须经复查、异议、争议审议等程序[①]后始得提起诉愿，此类诉愿先行程序应于诉愿前用尽。“须经诉愿程序而无结果”，通常指诉愿经实体决定而未能满足原告（即诉愿人）的诉愿目的，通常就是诉愿以无理由驳回而言。德国《行政法院法》第 70 条第 1 款规定，行政相对人必须自被通知行政行为作出之日起 1 个月内，向作出行政行为的行政机关提起复议申请。只有当该行政行为包含了符合规定的法律救济之告知时，该期限才开始计算。在特定情况下，无须进行行政复议。比如德国《行政法院法》第 68 条第 1 款第 2 项规定，行政行为是由联邦最高行政机关或州最高行政机关作出的，就无须行政复议的审查。

4. 须遵守起诉期间

原告提起诉讼时需严格遵守起诉期间的规定，行政行为不仅仅涉及相对人的权利利益，而且关系到第三人的利益以及公共利益，将长期置于不确定的状态，有可能造成法律关系的不安定以及对其他利害关系或公共利益保障不充分的问题。因此，从调和对私人权利利益进行救济的要求与行政法律关系安定的要求出发，规定了撤销诉讼的起诉期间[②]。日本、德国和我国台湾地区的法律都规定了提起撤销诉讼须遵守的起诉期限。

（四）课予义务诉讼之特别诉讼要件

1. 须为依法申请的案件未获满足

所谓依法申请，通说与实务均指有“依法请求行政机关作为之权利”[③]或“依法律有向行政机关（请求）作出一定行为的权利”。因此，如法律未规定人民有申请权，或法律并没有规定人民得申请行政机

① 例如，我国台湾地区“税捐稽征法”之复查程序（第三十五、三十八条）；“海关缉私条例”（第四十七、四十八条）、“关税法”之声明异议程序（第二十三至二十五条）；“政府采购法”之异议程序（第七十五、七十六条）；“全民健康保险法”之争议审议程序等（第五条第三项）。

② 江利红：《日本行政诉讼法》，知识产权出版社 2008 年版，第 280 页。

③ 吴庚：《行政争讼法论（第三版）》，自刊 2008 年，第 117 页。

关对其作出一定的行政行为，均不是依法申请案件。所谓依法申请应指原告请求行政机关作成一定的行为，由原告依照行政程序向行政机关提出。所谓“依申请之案件未获满足”，则指行政机关对原告的申请在程序上或实体上予以全部或一部拒绝或不予理会。

2. 须请求行政机关作出行政行为或为特定内容的行政行为

原告提起课予义务诉讼，请求行政机关作出一定行为，至于原告请求行政机关作成行政行为的种类及性质为何，请求对自己或对第三人作成行政行为，原则上均不影响诉之合法性。至于原告提起之诉，客观上是否请求行政机关作成行政行为，须依具体个案情形认定①，此为行政实体法问题。如果原告并不清楚请求行政机关作出的行为是否为行政行为，法院应即加以阐明，以确定其是否提起课予义务诉讼。

3. 原告须主张其权利或法律上利益受到损害：诉讼权能

提起课予义务诉讼，原告须主张其权利或法律上利益因行政机关之驳回申请或不作为而受有损害，需具备诉讼权能，此与撤销诉讼相同。应该注意的是，提起课予义务诉讼的情形，原告是否具备诉讼权能，不适用相对人理论，于请求对第三人作成授益处分情形，如承揽工程之营造业者（承揽人），请求主管机关对定作人核发建筑执照，原则构成为他人诉讼，并无诉讼权能。

4. 复议前置与起诉期间

与撤销诉讼复议前置基本相同。

（五）确认诉讼之特别诉讼要件

确认诉讼指请求确认法律关系存在（积极确认）或不存在（消极确认）之诉讼。包括以下三种：

1. 无效确认诉讼的特别诉讼要件

（1）“确认对象须为无效之行政行为。”构成无效确认诉讼的确

① 实务案例，例如：“最高行政法院”2005 年判字第 1137 号判决；“台北高等行政法院”2002 年诉字第 3575 号判决；“台北高等行政法院”2002 年诉字第 3128 号裁定。

认对象的行政行为，通说实务认为系自始无效的行政行为①，如果是作出之后失去其行政行为的效力，除有符合违法确认诉讼的要件外，原则应依公法上法律关系是否是确认诉讼来处理。

(2)"须有确认利益。"原告在法律上的地位，因无效行政行为所导致的不明确的法律状态受到不利影响，而这种不利影响需要确认判决予以去除的必要性。因此，此一不明确法律状况通常必须现在已存在或即将到来，如果是过去或未来的侵害，原则上欠缺即受确认判决之法律上的利益。此项确认利益，必须于判决时仍存在。

(3)"须经无效确认先行程序。"行政行为的相对人或利害关系人有正当理由请求确认行政行为无效时，作出该行政行为的行政机关应确认为有效或者无效，请求原行政机关确认该处分无效而未被允许或逾期不答复的，才能提起。

2. 违法确认诉讼的特别诉讼要件

(1)"确认对象须为已消灭之违法行政行为。"对于效力尚未消灭的违法行政行为，应提起撤销之诉，对于自始无效的行政行为应提起无效确认诉讼，提起违法确认诉讼，限于事后发生效力消灭事由的违法行政行为。

(2) 须有确认利益。与无效确认诉讼相同。

(3) 须经违法确认先行程序。

(4) 须遵守确认诉讼之补充性。所谓确认诉讼之补充性，系指争议案件的解决，除确认诉讼外，如同时亦提起确认诉讼或给付诉讼时，不得提起确认诉讼，仅于无法以形成诉讼或给付诉讼提供适当切实的权利保护时，才能提起确认诉讼。德国《行政法院法》第 43 条第 2 款第 1 项规定，如果可以通过形成之诉或给付之诉使原告人的权利要求得到满足的话，就无需对法律关系作出确认。相对于这些诉讼类型，确认之诉就是补充的。除非当另一种类型的诉讼是合法的，但

① 林腾鹞：《行政诉讼法》，三民书局 2005 年版，第 117 页；陈计男：《"行政诉讼法"释论》，三民书局 2000 年版，第 183 页。

是其对于权利保护的程度弱于确认之诉，或者确认之诉系针对公权力主体提起的[①]。

3. 公法上法律关系存否确认诉讼的特别诉讼要件

(1) 确认对象须为公法上法律关系的存否。公法上法律关系是指具体生活事实之存在，因公法法规之规范效果是法律规定的主体间(通常为权利义务主体)或于人与物之间所产生的权利义务关系。行政法律关系的发生，有直接基于法规、因行政处分、行政契约等法律行为或事实行为而发生，无论法规、行政行为等法律行为或事实行为，都只是法律关系发生的原因，并不是法律关系本身，除非有其他规定(如撤销诉讼、无效确认诉讼等)外，原则上不得作为确认诉讼之确认对象[②]。

(2) 须有确认利益。与无效和违法确认诉讼相同。

(3) 须遵守确认诉讼之补充性。与违法确认诉讼相同。

(六) 一般给付诉讼之特别诉讼要件

1. 须为公法上原因所产生的行政行为以外的给付请求

主要是以原告的诉讼请求为标准，不仅请求财产上给付或行政行为以外的其他非财产给付的公法上的争议，应提起一般给付诉讼，如果请求不作成一定处分，也应该提起一般给付诉讼请求[③]。德国行政法的观点是，一般给付之诉的立案前提是原告请求实施一个不包括具体行政行为在内的行为，或者请求不作出某行为。这类诉讼通常是公民对国家提起的关于事实行为的诉讼。国家对公民提起的要求缴纳税款的诉讼，也属此类[④]。反之，原告如果请求行政机关作成行政行为，不管是请求对自己作成行政行为，还是请求对第三人作

① [德] 伯阳：《德国公法导论》，北京大学出版社 2008 年版，第 169 页。

② 吴庚：《行政争讼法论(第三版)》，自刊 2008 年，第 128 页。

③ 吴庚：《行政争讼法论(第三版)》，自刊 2008 年，第 135 页以下；林腾鹞：《行政诉讼法》，增订二版。三民书局 2005 年，第 141 页以下、第 147 页以下。

④ [德] 伯阳：《德国公法导论》，北京大学出版社 2008 年版，第 167 页。

成行政行为，均应依课予义务诉讼处理①。

2. 原告有诉讼权能且其诉讼有权利保护必要

一般给付诉讼之特别诉讼要件，要求原告必须指明其权利或请求权的依据或至少在理论上有可能存在，其往往不是原告所能具体主张的。原告提起一般给付诉讼情形，其特别诉讼要件与课予义务诉讼情形相同，以原告具备诉讼权能（主张其权利或法律上利益因公行政之作为或不作为而受有损害）为必要，且该诉讼须有权利保护必要（客观诉讼利益）。

第二节　预防性不作为诉讼的诉讼要件：域外法制之考察与比较

一、德国预防性不作为诉讼之诉讼要件

预防性不作为诉讼所应具备的一般实体判决要件如下：须属于德国法院的审判权、须属于行政法院的裁判权、须具有土地及事物管辖权、须具有关系人能力（德国《行政法院法》第 61 条）、需具备诉讼能力（包括法定代理权问题）（德国《行政法院法》第 62 条）、起诉符合程序（德国《行政法院法》第 81、82 条）、就同一案件未有确定裁判、同一诉未系属于其他法院。欠缺以上任何一项要件，法院应该认为该诉不合法，而以诉讼判决驳回②。

除了一般实体判决要件之外，就预防性不作为诉讼所必须具备的实体判决要件，如下所述：

① 林腾鹞：《行政诉讼法》，三民书局 2005 年版，第 145 页；陈清秀：《行政诉讼法》，自刊 2001 年，第 133 页。

② Ule.C.H.VerwaltungsprozeBrecht.9. Aufl.148ff.转引自朱建文：《论行政诉讼中之预防性权利保护》，辅仁大学法律学研究所 1995 年硕士论文，第 98 页。

(一)无须遵守起诉期间的规定

起诉期间的规定(参照德国《行政法院法》第74条)主要是针对撤销诉讼及拒绝处分的课予义务诉讼所设立的特别实体判决要件规定。对预防性不作为诉讼是否适用同条规定,必须看对该诉讼的定性而论,如果定性为先行的撤销诉讼或者是课予不作为义务诉讼,则肯定是适用该条规定的,反之,如果定性为消极给付之诉,则该条规定不能对其适用。学界通说将行政处分的预防性不作为诉讼定性为消极的给付诉讼,因此无须遵守起诉期间的相关规定。此外,亦不适用或类推适用同法第75条的规定。

(二)无前置程序规定的适用

对于预防性不作为诉讼的定性,主要的争论点即在于是否必须有前置程序相关规定是否适用,如采先行的撤销诉讼或者是课予不作为义务诉讼,则应该适用,反之,如果定性为消极的给付诉讼,则不能适用。本书主张消极给付诉讼说,因此原则上应无前置程序规定的适用,但是有例外,在公务员或士兵受惩戒措施威胁时,由于在惩戒法中预先规定了依申请对自己发动正式的或惩戒法院程序的可能性,借以洗刷违背职务的嫌疑,因此,无法对惩戒措施提起预防性不作为诉讼,尤其是指针对附带刑罚或秩序罚的行政处分所提起的预防性不作为诉讼①。

(三)特别的权利保护必要(诉讼利益)

由于预防性不作为诉讼是针对行政机关未来的行政行为,原告必须就此说明他有请求预防性权利保护的必要(诉讼利益)。由于行政法院以事后的权利保护为中心,如果要请求预防性不作为诉讼的权利保护必须具备(特别权利保护必要),依照联邦行政法院的一贯见解,以所谓期待可能性原则来解释特别权利保护,亦即无法期待原

---

① Ule. C. H, VorbeugenderRechtsschutzimVerwaltungsprozeB, VerwArch, 1974 (65), S.305.转引自朱建文:《论行政诉讼中之预防性权利保护》,辅仁大学法律学研究所1995年硕士学位论文,第98页。

告等候直到行政措施的作成[①]。一般而言,可期待原告等候行政行为的作成,再利用事后的或暂时性权利保护措施加以救济,但是对原告而言如果利用上述方式保护自己的权利,将会造成无法或难以排除或弥补的损害,或只能以金钱赔偿才能救济等情形,此处就是说无法做到恢复原状的情形,无法期待原告等候直到行政行为作成才加以保障,这就是此处的特别权利保护必要。

由于预防性不作为诉讼的确认利益(权利保护必要)要求较高,因此,可避免滥诉,即可避免诉讼泛滥的流弊。然而,门槛规定也不应定得太高,否则将会使预防性不作为诉讼名存实亡,以对行政行为之预防性不作为诉讼为例:① 即将发生附带刑罚、秩序罚的行政行为;② 短时间内终结的行政行为;③ 可能造成既成事实的行政行为;④ 遇到的行政行为皆为通说,实务所肯认具有特别权利保护必要的适例。欠缺特别的权利保护必要,法院可以不合法诉讼判决驳回。

(四) 诉讼权能(原告适格)

依照德国《行政法院法》第 42 条第 2 项的规定,原告在起诉请求撤销行政行为以及请求行政机关作成一定行政行为被拒绝或对该行政行为迟延不作为,必须主张因该行政行为或请求作出该行政行为被拒绝或搁置导致权利受到损害的时候才可以提起诉讼。由于预防性不作为诉讼的定性问题,对于上述规定能否适用、类推适用是有争议的。详言之,如果定性为先行撤销之诉或课予不作为义务诉讼则当然适用上述规定;如果采取消极给付诉讼的看法,则因为行政法院并无给付诉讼明文规定,只能以类推适用该规定,本书采取后者。换言之,依照德国通说、实务所采取的可能性理论,认为原则上原告就自己可能遭受的权利侵害为具体化的主张,就可以提起诉讼[②]。亦即原告必须向法院陈述事实关系,由此公示原告可能因行政行为的

① 朱建文:《论行政诉讼中之预防性权利保护》,辅仁大学法律学研究所 1995 年硕士学位论文,第 100 页。

② 陈清秀:《税务诉讼之理论与实务》,三民书局 1991 年版,第 87 页;黄绍文:《论行政诉讼之诉之利益》,台大法律学研究所 1988 年硕士学位论文,第 137 页。

作成致其权利有遭受侵害之虞，则诉讼应视为合法。

此外，乡镇及其他的公法团体无法经由事实行为，但可能经由即将产生的行政处分或行政计划侵害其自治行政权，则可用预防性不作为诉讼加以救济。

(五) 被告适格——消极的诉讼实施权

预防性不作为诉讼必须向正确的被告加以请求，利于审查实体上的请求权基础。在预防性不作为诉讼中的适格被告，是指即将作成行政措施的行政机关所属的行政主体，而非该机关。

二、日本禁止诉讼之诉讼要件

日本《行政事件诉讼法》第3条第7款规定，“禁止诉讼”是指在行政机关不应当作出一定的处分或裁决却准备作出的情况下，相对人请求法院命令行政机关不得作出该处分或裁决的诉讼。为了阻止行政行为的执行或程序的继续进行，可以提起有关该行政行为的撤销诉讼或无效等确认诉讼，在诉讼过程中申请停止执行，但也可以直接提起停止诉讼，而且，提起禁止诉讼比在撤销诉讼或无效等确认诉讼中申请停止执行更具有效性。在这种意义上，禁止诉讼又被称为预防性不作为诉讼①。《行政事件诉讼法》第37条第4款规定：“禁止诉讼仅限于由于作出一定的处分或裁决可能产生重大损害的情况下，才可以提起。但为了避免该损害，有其他适当的方法时除外。”

(一) 禁止的对象：处分或裁决

禁止诉讼所禁止的对象与撤销一样，均为处分或裁决。然而，禁止的对象不是处分或裁决时，该诉讼不合法而应裁定驳回。所谓处分，即《行政事件诉讼法》第3条第2款所规定的处分，亦即行政机关的处分或其他公权力行使的行为(第3条第3款所规定的裁决、决定或其他行为除外)，所谓裁决，亦即行政机关所为有关审查请求、异议或其他不服声明的裁决、决定或其他行为。禁止诉讼所禁止的对象

---

① 江利红：《日本行政诉讼法》，知识产权出版社2008版，第559页。

以承认处分性为前提。在这一点的关系下，所谓的权力性事实行为应如何处理则成了问题。依过去的理解，处分包括公权力行使的事实行为，人的收容、物的留置或其他内容具有继续的性质。禁止诉讼的对象，由于不限于以原告作为名义人的处分或裁决，因此关于以原告以外之第三人作为名义人的处分或裁决，只要能够承认原告适格，就有提起禁止诉讼的可能。

（二）请求的特定：一定的处分或裁决

在《行政事件诉讼法》中，诉讼中如果请求未特定时，法院将认定诉讼不合法而裁定驳回，此一情形即使在《行政事件诉讼法》也不例外。即便在有关预防性行政诉讼的过往判例，认为请求内容为特定，诉讼因而不合法的事例也是有的。禁止诉讼，由于是在具体的处分作成之前所提起的事前救济程序，所以与作为事后诉讼的撤销诉讼是不同的，在诉讼提起的阶段，也存在着难以特定处分为内容的情形。禁止诉讼要到什么样的程度将对象处分特定为必要条件，便成了问题所在。在事前救济程序的本质上，关于对象的特定，力求完全地排除抽象性、概括性一事极为困难，尽管如此，如果要求严格的特定的话，能够利用禁止诉讼的范围则极为有限。关于具体的特定程度，应依据构成问题的处分或裁决所根据法令的旨趣以及社会通念来判断①，超过此一特定的必要性限度而过度紧密的特定，应该是没有必要的。例如，将作出纠正措施的行为时，关于所应采取该行为的具体方法，根据法令规定多种可供选择的方案时，无论是哪一种方法，下令这样的纠正措施完全没有法令上的论据，原告以此作为理由，请求禁止下令纠正此一措施的情形，所请求禁止的处分依据此一根据法令等，法院关于禁止诉讼要件的判断，可以解释为在可能的程度内成为一定处分而特定时，则可以作为合法的禁止诉讼来加以承认②。也就是说，纠正该行为的措施即使没有法律依据，只要该措施

① ［日］小林久起：《司法制度改革概说行政事件诉讼法》，弘文堂 2004 年版，第 186 页。

② ［日］南博方、高桥滋：《条解行政事件诉讼法(第三版)》，弘文堂 2006 年版，第 93 页。

是特定的，符合社会通念，就可以认定为这是一个处分或裁决。

(三) 将作成处分或裁决

《行政事件诉讼法》第 3 条第 7 款为禁止诉讼之定义，其规定行政机关不应作出一定处分或裁决而仍将作成时，而要求以将作成处分或裁决之盖然性要件作为诉讼要件。在禁止对象被作成的可能性很低时，适合司法审查程度的纷争成熟性则是难以承认的，原告事前救济的必然性也是欠乏的。要到什么样的程度，处分才有被作成的可能性。满足本要件的典型事例，比如：同一处分反复被实行的情形，或法定之事前程序（听证会，说明理由）被履行的情形。但是，此种形式的、严格的限定承认本要件的范围是前面所讲的典型事例，此种解释是不应该采用的①。

行政机关将作成一定的处分或裁决，其对该行为的作出具有一定的盖然性或确定性。该要件在《行政事件诉讼法》第 37 条第 4 款规定中并没有作为诉讼要件要求，但是从禁止诉讼的定义来看是必要的②。该要件在与争讼的成熟性或具体的争讼性相关的意义上，属于有关救济必要性的要件，是“为了承认即时确定利益的要件”③。对于作出行政行为的盖然性或确定的程度，只是站在行政机关的角度来看，可以认为具备了作出行政行为的外形性标准即可，而不应当要求高度的盖然性④。与此相关的是对于经过事前程序进行的行政行为是否承认可以提起禁止诉讼的问题⑤。对于事前程序是属于事实问题还是法律问题存在争议时，在事前程序阶段很难确定行政机关作出一定行政行为的盖然性和确定性。但是在对事实问题不存在

---

① ［日］南博方、高桥滋：《条解行政事件诉讼法（第三版）》，弘文堂 2006 年版，第 634 页。

② ［日］盐野宏：《行政法　行政救济法（第三版）》，有斐阁 2004 年版，第 226 页。

③ ［日］小早川光郎、高桥滋：《详解改正行政事件诉讼法》，第一法规 2004 年版，第 79 页。

④ ［日］南博方、高桥滋：《条解行政事件诉讼法（第三版）》，弘文堂 2006 年版，第 633 页。

⑤ ［日］芝池义一：《行政救济法讲义》，有斐阁 2006 年版，第 157 页。

争议,而仅仅对适用法令的合宪性存在争议,如果认为行政机关应当适用该法令时,即使在事前程序阶段也可以确定作出一定行政行为的盖然性或确定性[①]。

(四) 法律上的利益要件

1. 原告适格

禁止诉讼,旨在请求命行政机关不得为一定处分或裁决,具有法律上利害关系的人才能提起。禁止诉讼,是以事前诉讼或者事后诉讼这一点来构成与撤销诉讼的不同,两者在排除不利益处分这一点上,可以说是具有共通的性质,所以可以请求禁止处分的范围,该处分假使作成的话,是处于得请求者撤销的范围,可以同样的考量[②]。然而在不认可此一法律上利益的原告,其所提起的禁止诉讼,法院将以欠缺原告适格裁定驳回。关于法律上利益有无之判断,准用《行政事件诉讼法》第 9 条第 2 款规定之撤销诉讼原告适格的判断基准。

以承认法律上利益者为限,即使是处分名义人以外的第三人,禁止诉讼的提起也是有可能的[③]。关于能够提起禁止诉讼的第三人的范围,援用有关撤销诉讼原告适格的议论也是妥当的。

2. 诉之利益

《行政事件诉讼法》第 37 条第 4 款第 3 项规定:"禁止诉讼仅限于由于请求命令行政机关必须作出一定的处分或裁决而具有法律上的利益者才能提起。"即禁止诉讼原告资格的标准是具有"法律上的利益",这与《行政事件诉讼法》第 9 条所规定的撤销诉讼、第 36 条所规定的"无效等确认诉讼"的原告资格标准相同。因此,第 37 条第 4 款第 4 项规定:"对欠款规定的法律上的利益有无的判断,准用第 9 条第 2 款的规定。"但由于在禁止诉讼中已经规定了"损害的重大性

① [日] 小早川光郎、高桥滋:《详解改正行政事件诉讼法》,第一法规 2004 年版,第 86 页。

② [日] 小林久起:《司法制度改革概说(3)·行政事件诉讼法》,弘文堂 2004 年版,第 188 页。

③ [日] 芝池义一:《行政救济法讲义》,有斐阁 2006 年版,第 151 页。

要件”，因此，只要原告能够证明该重大损害与自己相关，就可以认为具备法律上的利益要件了。

（五）发生重大损害

禁止诉讼仅限于如果行政机关作出一定的行政行为后可能给原告造成重大损害时才可提起。至于何为“重大损害”，《行政事件诉讼法》第 37 条第 4 款第 2 项规定：“法院在判断是否产生前款规定的重大损害时，应当考虑损害恢复的困难程度，也应当考虑损害的性质、程度以及处分或裁决的内容、性质。”如上所述，在以往的法院判决中，“难以恢复的损害”是提起禁止诉讼的要件，但在修改后的《行政事件诉讼法》中，“损害恢复的困难程度”只是判断是否属于“重大损害”的重要考虑因素，而非停止诉讼的诉讼要件。但也有学者认为，由于禁止诉讼是在通过撤销诉讼与停止执行手段不能充分救济的情形下而设置的诉讼类型，因此，通过这些手段可以充分救济的损害不属于“重大的损害”①。

设立了“损害的重大性要件”是为了对禁止诉讼的提起加以限定。但是，如果过于严格地解释“损害的重大性要件”，则有可能造成禁止诉讼的范围过于狭窄。立法时正是基于这种考虑，设置了第 37 条第 4 款第 2 项的规定，以防止过度严格地解释“损害的重大性要件”。

（六）消极诉讼要件：有其他适当方法

《行政事件诉讼法》第 37 条第 4 款第 1 项但书规定：“但为了避免该损害有其他适当的方法时除外。”意思就是说当存在其他救济途径时，不得提起禁止诉讼，所以禁止诉讼是作为补充性要件的地位存在的。“其他的救济方法”包括行政裁决、行政不服审查、其他抗告诉讼、民事诉讼等，该要件的设定是采用停止诉讼补充说的结果。在抗告诉讼中以撤销诉讼为中心，其他抗告诉讼处于补充地位，因此，禁

---

① ［日］小林久起：《司法制度改革概说(3)·行政事件诉讼法》，弘文堂 2004 年版，第 189 页。

止诉讼也仅仅是补充性的诉讼形式。

三、我国台湾地区预防性不作为诉讼之诉讼要件

预防性不作为诉讼具备的诉讼要件，除具备各种诉讼类型所应具备的一般要件之外，就本诉讼所应具备的要件分述如下：

（一）无须遵守起诉期间的规定（消极要件）

起诉期间之规定，主要针对撤销诉讼所设的特别要件，由于主流学说对预防性不作为诉讼采消极给付诉讼说，因此认为无须设此限制。至于在个别法规，通常认为，亦不能像美国的（执行前预先审查）设置60天的起诉期间之限制。

（二）无诉愿前置的必要（消极要件）

诉愿制度是撤销诉讼及请求应为处分诉讼的特别要件，由于主流学说对预防性不作为诉讼采消极给付诉讼说，因此认为无须经过这一程序。

（三）原告适格

就原告适格而言，通说认为解释上应采取所谓可能性理论，即原告必须向法院陈述事实关系，由此明示原告可能因行政行为的作成导致权利遭受损失，则诉讼合法。

（四）被告适格

预防性不作为诉讼必须向正确的被告请求，适格的被告为即将进行行政措施机关所属的主体，原告向适格被告提起预防性不作为诉讼，能够尽快对该案件所发生的争议进行解决。

（五）特别的权利保护必要（诉讼利益）

就诉讼利益而言，预防性不作为诉讼要求特别的权利保护必要，并且以所谓的期待可能性原则来解释特别的权利保护，即无法期待原告等到行政行为作出之后再利用事后的或者暂时性权利保护加以救济。换言之，只有在例外情形，对于原告而言，求助上述权利保护措施，将会造成无法或难以排除或者弥补的损害，也即对原告而言是没有期待可能性的。预防性不作为诉讼才被允许。就此而言，预防

性不作为诉讼的诉讼要件利益比一般的诉讼利益要求高，以缓和的补充说加以理解较为妥当。

四、域外预防性不作为诉讼诉讼要件之比较

德国预防性不作为诉讼一共有五个诉讼要件，分别是无须遵守起诉期间的规定、无前置程序规定的适用、特别的权利保护必要（诉讼利益）、诉讼权能（原告资格）、被告适格。德国的《行政法院法》没有把预防性不作为诉讼这一诉讼类型独立出来，对预防性不作为诉讼到底是什么性质的诉讼，德国学界存在争议，Bettermann 认为应将其归属于先行的撤销之诉，Eyerman、Kopp 认为应将其归属课予不作为义务诉讼，通说认为归属于消极的给付诉讼。只有将其归属于消极的给付诉讼才有预防性不作为诉讼的诉讼要件：① 无须遵守起诉期间这一诉讼要件，法律虽然规定了起诉期间，但是如果要提起预防性不作为诉讼的话，不用遵守这个期间的规定，只要满足提起预防性不作为诉讼的条件就可以提起诉讼，不受时间的限制；② 无前置程序规定的适用，不需要进行行政复议就可直接提起预防性不作为诉讼，原因在于预防性不作为诉讼是请求行政机关不作成某行为，也就是说该行政行为还未作成，当然没有必要提起行政复议，因为行政复议的对象还未出现；③ 诉讼利益，行政机关未来作的某一行政行为，一旦作成，会对相对人产生无法弥补且无法恢复原状的损害，所以无法期待原告等候行政行为的作出，原告不能坐以待毙，只要符合该要件就可以提起预防性不作为诉讼，通常会把诉讼利益和损害的重大性要件联系在一起，日本预防性不作为诉讼的诉讼要件就有损害重大性这一要件；④ 就原告资格而言，只要有法律上的利害关系，就即将作成的行政行为遭受侵害，不要求只有行政相对人可以提起，有法律上利害关系的第三人也可以提起预防性不作为诉讼；⑤ 被告适格，即将作成该行政行为的行政机关所属的行政主体，要明白作出该行政行为的机关是否具有行政主体资格。

日本预防性不作为诉讼一共有六个诉讼要件，分别是禁止对象

(处分或裁决)、请求的特定(一定的处分或裁决)、将作成处分或裁决、法律上的利益要件、发生重大损害、有其他适当方法时。日本的《行政事件诉讼法》把预防性不作为诉讼作为一个独立的诉讼类型,又叫禁止诉讼,也叫停止诉讼:① 禁止诉讼禁止对象是一定处分或裁决,行政机关作出的行政行为须有处分性,也就是说该处分或裁决会产生法律上的利害关系,会影响到他人的利益,所以禁止诉讼的对象不仅包括对原告人名义作出的处分或裁决,也包括以利害关系第三人作为名义人的处分或裁决;② 请求的特定,预防性不作为诉讼是针对即将作出的处分或裁决,该处分或裁决还未作出,判断其特定性存在很大难度,如果严格要求其特定性,那么禁止诉讼可能会形同虚设,所以只要该处分或裁决符合法律目的和社会通念就可认为其具有特定性;③ 将作成处分或裁决,顾名思义将作出还未作出且对于该处分或裁决作出可能性很高(纷争成熟性),才会引起诉讼的发生;④ 法律上的利益要件,一个是原告资格,另一个是诉之利益,原告适格与德国规定的原告适格要件是一样的,诉之利益就是适格的原告证明即将作出的裁决或处分会对自己产生重大损害,或者说即将作出的裁决或处分会对某些人产生法律上的利害关系;⑤ 发生重大损害与前述德国的诉讼利益要件是相同的,在这里不加论述;⑥ 有其他适当方法时,也可以称为补充性原则,对于行政机关即将作成的处分或裁决,提起预防性不作为诉讼不是首选,必须穷尽其他方法不足以得到救济才能提起该诉讼,行政机关要对预防性不作为诉讼是补充性方法进行举证。

我国台湾地区预防性不作为诉讼有五个要件,分别是无须遵守起诉期间的规定、无诉愿前置的必要、原告适格、被告适格、诉讼利益。我国台湾地区的预防性不作为诉讼主要是参照德国的做法,也是将预防性不作为诉讼纳入到消极的给付诉讼,并没有将该诉讼独立出来,且诉讼要件和德国的一样。

其实德国对预防性不作为诉讼的性质存有争议,Bettermann 教授主张,预防性不作为诉讼是先行的撤销诉讼,换言之,是在行政行为发布之前提早进行的撤销诉讼程序[1]，除了在起诉的时间提早之外，其他属于撤销诉讼所规定的程序要件仍应适用，那么也会经过异议审查程序。但是异议审查的对象是已经作成的行政行为，而预防性不作为诉讼的提起是针对未作成的行政行为，所以认为预防性不作为诉讼是先行的撤销诉讼显然是说不通的。Eyerman、Kopp 等教授认为预防性不作为诉讼是课予不作为义务诉讼（消极的课予义务诉讼）[2]，德国通说将课予义务诉讼的对象限于行政处分，至于行政处分以外的其他职务行为，例如作为、容忍或不作为则由一般给付诉讼加以救济，这与预防性不作为诉讼的对象相矛盾，显然这一学说也是不适当的。德国通说认为预防性不作为诉讼是消极的给付诉讼，消极的给付诉讼就是请求行政机关不作出某行为，其与预防性不作为诉讼所针对的对象是相同的，且消极的给付诉讼无须经复议前置程序，不存在攻击客体的自相矛盾。

德国将原告适格又称为诉讼权能，对应日本原告适格这一诉讼要件，人们若欲提起预防性救济时，必须主张权利或法律上利益将会受到侵害，也就是说原告必须具备公法上给付请求权为前提。另外在判断第三人是否存在诉讼权能时，首先判断是否具有权利或法律上利益，我国台湾地区对第三人的诉讼权能采取保护规范理论[3]，此一理论与 2004 年日本新增订的《行政事件诉讼法》第 9 条第 2 款扩大原告适格的规定相同，这一理论对构建我国大陆地区原告适格这一诉讼要件具有借鉴意义。

对于行政行为的特定，也就是日本禁止诉讼所规定的处分或裁决特定，德国和我国台湾地区均未作规定。预防性不作为诉讼的本质是事前救济，关于对象的特定，力求完全排除抽象性、概括性事件

---

① Bettermann，a.a.O. ，S.791－793. 转自朱健文：《论行政诉讼中预防性权利保护》，辅仁大学法律学研究所 1995 年硕士论文，第 62 页。

② Kopp，F.O.. Verwaltungsgerichtsordnung.（VwGO）Kommentar. 7Aufl，1986，42，Rdnr.8. 转引自朱健文：《论行政诉讼中预防性权利保护》，辅仁大学法律学研究所 1995 年硕士学位论文，第 63 页。

③ 尤帝元：《预防性行政诉讼之研究》，中正大学法律学研究所 2007 年硕士学位论文，第 120 页。

是非常困难的，但是如果要求严格特定的话，反而将预防性不作为诉讼利用的可能性大大降低。关于预防性不作为诉讼的请求特定的问题上，依原告请求，关于诉讼要件判决的存在与否，在判断可能的程度里，如果能特定的话就足够了，不限与内容完全被特定的处分或裁决，诉讼要件与是否存在违法性，可以从整体出发来判断，包含概括性的特定的处分或裁决①，就这一诉讼要件，日本作了详尽的规定，对我国预防性不作为诉讼的构建具有借鉴意义。

诉讼利益可以说是在调整原则一例外关系的滑动尺度，当然前述必须对诉讼权能进行审查，而德国在具体个案中或有重叠的可能，不过就侵害法益的重大性、损害发生的急迫性而言，应为共同的特性。而在2004年日本新修正的《行政事件诉讼法》中增订禁止诉讼，相较之下，我国台湾地区学说有关不能期待人民等待行政处分作成后，再利用事后的或暂时的救济途径诉请法院排除行政的不法侵害理论所要求的特别权利保护必要，则相当于日本禁止诉讼所谓的将作成处分或裁决之必然性、其他适当方法之补充性以及发生损害的紧急性要件。由上可知，是否承认预防性不作为诉讼，与其说是诉讼类型上的争议，倒不如说是无权利保护必要之诉讼利益问题，而相关要件的解释、评价，日本法制提供了一个比较明确的标准可供参考。

第三节　预防性确认诉讼的诉讼要件：域外法制之考察与比较

一、德国预防性确认诉讼的诉讼要件

预防性确认诉讼与预防性不作为诉讼的一般实体判决要件是一

① ［日］芝池义一：《行政救济法讲义》，有斐阁2006年版，第153—154页。

样的。预防性确认诉讼的实体判决要件中“无起诉期间之限制”“无前置(异议审查)程序规定之适用”“被告适合”“诉讼利益”这四个要件与预防性不作为诉讼的规定大致相同,在这里不加论述。现就与预防性不作为诉讼不同的几个诉讼要件作如下论述:

(一) 诉讼权能——原告适格

依照德国《行政法院法》第 42 条第 2 款规定,原告在起诉请求撤销行政行为及请求判令行政机关作成经拒绝或迟延不作为之行政行为时,必须主张因该行政行为或请求作成一定行政行为被拒绝或搁置,致其权利受损。此要件是诉讼权能的规定,因此,提起确认诉讼时是否主张其权利受损容有争议,争论如下:

1. 否定说[①]

认为《行政法院法》第 42 条第 2 款“除非法律另有规定,原告人只有在认为其自身权利被一个行政行为、拒绝行政行为或不作为侵害时,方可以提起诉讼”,诉讼权能的规定不应类推适用确认诉讼,因为原告提起确认诉讼时,并不须为自己受有损害而主张权利,该项要件已由同法第 43 条所要求之确认利益所取代。但有学者进一步认为应该以原告对所诉请求确认的法律关系或无效之行政行为有特别之关系为前提,亦即必须具备主观、个人的要素。

2. 限制肯定说

有学者[②]原则上持反对类推适用的立场,但在有关地方之组织争讼及确认处分无效诉讼,则认为可以类推适用。还有学者[③]主张原告系诉请确认第三人间(即原告并非诉请法律关系的当事人)法律关系存否时,得类推适用。

---

① Kopp, VwGo, Rdnr, 21; Tschira/Schmitt。转引自朱健文:《论行政诉讼中预防性权利保护》,辅仁大学法律学研究所 1995 年硕士学位论文,第 108 页。

② 朱健文:《论行政诉讼中预防性权利保护》,辅仁大学法律学研究所 1995 年硕士学位论文,第109 页。

③ Stern, VerwaltungsprozessualeProblemein der ÖffentlichrechtlichenArbeit, 1987, S.162.转引自朱健文:《论行政诉讼中预防性权利保护》,辅仁大学法律学研究所 1995 年硕士学位论文,第 110 页。

就预防性确认诉讼而言,胡芬教授主张《行政法院法》第42条第1款之类推适用,亦即原告必须预防地主张,经由该公权力可能侵害他的权利。实务对于本问题多持肯定见解。

(二)补充性原则

预防性不作为诉讼是给付诉讼的下位类型,而根据《行政法院法》第43条第2款规定,确认诉讼与原告得依形成诉讼或给付诉讼保护其权利时不得提起,但请求确认行政处分无效者不在此限。这就是所谓确认诉讼给付及形成诉讼的补充性原则。有争议的是,是否因预防性不作为诉讼的提起,使得预防性确认诉讼的提起被法院以不合法驳回呢?换言之,两者间是否有补充性原则之适用?这个问题首先必须就补充性原则之规范意旨加以检讨,再对本问题的学说、实务意见加以检讨。

《行政法院法》第43条第2款前段规定,非得依形成诉讼或给付诉讼保护其权利,是提起议案确认诉讼时所应具备的消极特别实体判决要件。补充性原则的目的有二:其一,当原告另有其他更直接、更有效的诉讼类型可供诉请保护其权利时,防止原告提起不必要的确认诉讼[①];其二,旨在防止原告规避撤销诉讼或课予义务诉讼所应遵守的前置(异议审查)程序及起诉期间的规定。因此,如原告本得提起撤销或课予义务诉讼,以保护其权利,但因耽误了起诉期间,以致现在不得提起时,仍有补充性原则适用,亦即原告仍不得提起确认诉讼。此规定的目的也在于防止一般确认诉讼被滥用作为已被耽误之其他诉讼机会之替代品。

预防性不作为及预防性确认诉讼之间是否适用补充性原则?德国学界和实务上有肯定说和否定说两种不同的观点。

肯定说认为,预防性不作为诉讼与预防性确认诉讼之间,应有《行政法院法》第43条第2款的适用:“原告人的权利如可以通过形

① NJW1986, 1829; DVBl, 1987, 240. 转引自朱健文:《论行政诉讼中预防性权利保护》,辅仁大学法律学研究所1995年硕士学位论文,第113页。

成之诉或给付之诉得到满足的，无须作出该确认；但是，这点不适用涉及行政行为无效的确认。”理由有二：① 预防性不作为诉讼通说定性为给付诉讼的下位类型，而《行政法院法》第 43 条第 2 款规定：“确认诉讼于原告得依形成或给付诉讼保护其权利时，不得提起之。”因此，不得提起预防性确认诉讼。此外，即使定性为先行的撤销诉讼（形成诉讼）或课予不作为义务诉讼（给付诉讼）亦然。② 如果认为《行政法院法》第 43 条第 2 款的补充性原则不适用，将使得该项的意见丧失殆尽。部分学者将预防性不作为诉讼定性为课予不作为义务诉讼，例如：起诉期间、前置（异议审查）程序的规定仍应遵守，如果耽误起诉期间或未经前置（异议审查）程序，则将造成前置程序的规避，并使得预防性确认诉讼成为替代品，则完全破坏行政法院制定本规定的立法意旨。

否定说认为，首先，《行政法院法》第 43 条第 2 款的补充性原则的立法意旨是为防止原告规避撤销诉讼或课予义务诉讼所遵循的前置（异议审查）程序及起诉期间此项特别的实体判决要件。然而，这仅是撤销诉讼及课予义务诉讼的特别规定，一般给付诉讼则无须遵守上述规定。因此，通说将预防性不作为诉讼定性为给付诉讼，并不禁止预防性确认诉讼的提起，换言之，并不适用《行政法院法》第 43 条第 2 款的规定。其次，民事法院认为当确认诉讼的被告是国家或其他公法社团时，不适用《行政法院法》第 43 条第 2 款补充性原则①，而系受到民事诉讼实务所发展出来的意见所支配。详言之，德国最高普通法院针对《民事诉讼法》第 256 条所发展的基本原则，在民事诉讼原则上虽然亦不得提起确认诉讼代替给付诉讼，但在当确认诉讼以国家或其他公法上法团为被告时，原则上允许原告亦得选择提起确认诉讼，亦即补充性原则并不适用，理由是上述被告应受法律及法的拘束，即使该确认判决不得执行，也可期待被告会遵从法院

① BGHZ28，126；NJW1984，1118；NVwZ 1987，733，转引自朱健文：《论行政诉讼中预防性权利保护》，辅仁大学法律学研究所 1995 年硕士学位论文，第 114 页。

之确认判决，甚至原告仅能提起确认诉讼，而无选择给付诉讼以获得最大请求的权利。联邦行政法院以《行政法院法》第 173 条"只要本法未就涉讼程序作出特别规定的，准用法院组织法和民事诉讼法的规定，但这两者明文排除该适用的除外"之意旨认为，除了因为民事诉讼与行政诉讼两种程序具有原则上的显著差别而有必要者外，《行政法院法》不应与《民事诉讼法》作不同解释，认为上述民事诉讼法实务上对于确认诉讼补充性原则的限制于行政确认诉讼亦应有其适用。

对于上述争议，本书持否定立场，亦即预防性不作为诉讼与预防性确认诉讼，原告得就其权利可能的侵害状态选择或合并为预防性权利保护之诉讼类型，理由如下：

（1）预防性不作为诉讼和预防性确认诉讼都无须具备起诉期间与前置（异议审查）程序，这两个要件为撤销诉讼、课予义务诉讼所规定的特别实体判决要件。

（2）如果行政机关不履行判决，第一审法院得依当事人的申请作出对该机关罚款的裁定，并依职权执行法律的规定，行政法院的立法者国家和公权力机关会遵从行政法院的确认判决。

（3）即使承认不得援用民事诉讼法上原则并不意味《行政法院法》第 43 条第 2 款的补充性原则即应适用，对该条应作限缩解释，本项立法意旨，亦即如同前述否定说第一点所主张，一般应指防止规避撤销诉讼、课予义务诉讼的起诉期间、前置（异议审查）程序规定而设置，预防性不作为诉讼应定性为消极给付诉讼，无须具备此两种特别实体判决要件，自无所谓规避与否的问题。因此，应认为两种诉讼类型可由原告依据权利可能的侵害状态，就此两种竞合的诉讼类型择一或合并为之。

二、日本预防性确认诉讼的诉讼要件

日本将确认诉讼分为无效确认诉讼和不作为违法确认诉讼。无效确认诉讼是请求确认行政行为是否存在、有无效力的诉讼。无效确认诉讼具有排除由于行政行为的作出对原告的权利关系带来不安的功能。特别是以先行行政行为的有效性作为前提的、后续行政行为有可能作出时，对于先行行政行为的无效确认诉讼具有作为预防诉讼的性质①。例如，在作出课税处分时，有可能会在其后作出后续性的滞纳处分，此时对课税处分提起无效确认诉讼具有预防行政机关作出后续的滞纳处分的效果②。

（一）需存在确认利益

作为公法上当事人诉讼之确认诉讼，在什么样的情形下承认确认利益不太明确。民事诉讼上，为了承认确认利益，确认对象原则上必须是现在的法律关系，并且要求有即时确定利益，所以，为了解决纷争，确认判决是必要的，并且要求确认判决对纷争解决是切实的。如果不请求行政行为的存在与否，将会给原告带来损害。

（二）补充性原则

无效确认诉讼并不具有撤销诉讼的排他性，在当事人提起的诉讼中也可以主张作为前提问题的行政行为的无效，而且有时候当事人直接提起诉讼解决纠纷更为适当，不用再多此一举先确认该行政行为是否有效。例如，甲乙之间发生借贷纠纷，甲可直接起诉乙还钱，不用再多此一举地先请求法院确认该借贷关系的存在。在这种意义上，无效确认诉讼被定位于撤销诉讼、当事人诉讼、民事诉讼的补充地位，只有在必须通过无效确认诉讼才能得到救济的情况下才允许提起。

（三）瑕疵的重大且明白

无效行政行为的瑕疵重大且明白，“重大”是指违反重要法规，“明白”是指瑕疵的存在是明确的。关于明白性的程度，存在者几种学说，形式明白说、客观性明白说、调查义务违法说③等观点。但也

---

① 江利红：《日本行政诉讼法》，知识产权出版社 2008 年版，第 497 页。

② 日本最高裁判所 1976 年 4 月 27 日民集第 30 卷第 3 号，第 384 页。

③ 在行政机关如果履行调查义务就能够发现瑕疵时肯定明白性的学说，参见东京地方裁判所 1961 年 2 月 21 号日行集第 12 卷第 2 号，第 204 页。

有学者认为，明白性不一定是必要要件，从行政行为的性质上来看，在没有必要保护第三个的信赖，或者衡量行政秩序安定的要求与保护相对人权利利益的要求，在使相对人遭受损害被认为显著不当时，即使不具备明白性的要件也可以确认无效①。

三、我国台湾地区预防性确认诉讼的诉讼要件

预防性确认诉讼所应具备的诉讼要件，除具备各种诉讼类型所应具备的一般要件外，还应具备如下要件：

(一) 无须遵守起诉期间的规定(消极要件)

起诉期间的规定，主要针对撤销诉讼所设的特别要件，确认诉讼并不适用，预防性确认诉讼属于确认诉讼，无起诉期间的限制。

(二) 无起诉前置的必要(消极要件)

诉愿制度属于撤销诉讼及请求应为处分诉讼之特别要件，确认诉讼并不适用，预防性确认诉讼亦属确认诉讼，当然不适用。

(三) 法律关系

就此要件而言，法律关系指权利主体人相互间或权利主体与一物间，由于一具体的生活事实而适用一法规所产生的法律关系。此种法律关系并非欠缺具体性的未来法律关系，是指确认即将发生的行政行为为目的的现在法律关系，而可区分为权利及义务两重类型。

(四) 原告适格

原告主张经由高权行为可能侵害其权利，或者不负有如许可义务，不会因未经许可营业而遭受处罚缓或秩序罚，就具有预防性确认诉讼的原告适格。

(五) 被告适格

在预防性确认诉讼中的适格被告，是指即将进行行政行为的行政机关所属的行政主体，而在我国台湾地区可以行政机关为

---

① 日本最高裁判所 1973 年 4 月 26 日民集第 27 卷第 3 号，第 629 页。

被告。

（六）特别的权利保护必要

这一部分与预防性行政诉讼可作相同思考，亦即采取缓和补充说，不采取无法排除的损害的标准，而采取相当难以排除的损害，这是比较宽松的标准。

（七）补充性排除

对预防性不作为行政诉讼和预防性确认诉讼的关系，是否适用补充性原则，我国台湾地区的“行政诉讼法”明定确认诉讼对给付诉讼及撤销诉讼补充性原则，“司法院”所提的修正草案中，第四项指出，确认公法上法律关系成立或不成立之诉讼，乃撤销诉讼之补充制度①，就预防性不作为诉讼及预防性确认诉讼间，亦应设但书予以排除，亦即赋予当事人程序选择权，择一或合并提起之。

四、域外预防性确认诉讼诉讼要件之比较

德国、日本和我国台湾地区的预防性确认诉讼都规定了补充性原则，此处的补充性原则与预防性不作为诉讼的补充性原则有所不同。预防性不作为诉讼的补充性原则指的是当有其他适当方法可以解决该行政争议时不得提起预防性不作为诉讼，例如行政裁决、行政不服审查、其他抗告诉讼、民事诉讼等。日本的预防性确认诉讼的补充性原则仍然是这样规定的，但是德国和我国台湾地区就预防性确认诉讼的补充要件原则针对的是该要件是否适用在预防性不作为诉讼和预防性确认诉讼之间，德国学界是存在争议的，有两种学说：一种是否定说，另一种是限制肯定说。笔者的观点采否定说，与我国台湾地区的规定一致，这主要因为应该赋予当事人以选择权，哪一个诉讼能更好地解决问题就选择哪一个诉讼。

德国、日本和我国台湾地区都对确认利益作了详尽的规定。日

① 翁岳生：《行政诉讼法逐条释义》，五南图书出版公司2002年版，第103页。

本的确认利益,对应我国台湾地区的特别权利保护。特别权利保护对于原告而言,如果不提起预防性确认诉讼,将会造成无法或难以排除或者弥补的损害。我国台湾地区“行政诉讼法”上称为“即受确认判决之法律上利益”,是指原告目前所处的不确定法律状态,若不寻求判决确认即将受不利益的效果,所以这种不确定的法律状态是现在必须存在或者即将到来[①],如果是过去的损害则不允许,显然不符合预防性这一性质。德国《行政法院法》第 43 条第 1 款也对确认利益作了具体规定:“通过诉讼,可以要求确认一法律关系的存在或不存在,或一个行政行为的无效,只要原告人对及时确认拥有合法的利益。”依照德国实务见解,合法利益是指经由合理的考虑,包括法律、经济、名誉上甚至想象上的利益而言。

德国对于原告资格存在争议,有两种学说,即肯定说和否定说。德国实务界对原告资格采肯定说,与预防性不作为诉讼的原告适格要件大体相当,都认为不仅行政行为的处分名义人是适格原告,利害关系第三人也可以提起。所以,预防性确认诉讼的法律关系不以存在原告和被告之间为限,当事人与第三人之间的法律关系,如果有应该受到法律保护的利益的,也可以提起。日本《行政事件诉讼法》第 36 条关于原告资格规定:“凡有可能遭受该处分或裁决之后的处分的损害者,以及具有要求确认该处分裁决无效的法律上的利益者,依据关于以该处分或裁决的存否或效力有无为前提的现存法律关系的诉讼,尚不能达到目的的,可以提起无效确认诉讼。”我国台湾地区认为只要这个公权力侵害了自身的权利,便具备预防性确认诉讼的原告资格。所以德国、日本和我国台湾地区对原告适格这一要件认为,只要可能遭受该行政行为的损害就可具备原告资格,这对构建我国预防性确认诉讼具有借鉴意义。

---

① 吴庚:《行政争讼法论(修订版)》,三民书局 1999 年版,第 119 页。

第四节 我国预防性行政诉讼诉讼要件之构建

一、概论

伴随着政府信息公开诉讼的泛起，民众对信息公开的知情权也已从空洞的权利口号转化为现实的权利诉求。预防性诉讼在政府信息反公开诉讼中体现得最为明显。根据2008年施行的《中华人民共和国政府信息公开条例》第二十三条的规定，行政机关认为申请公开的政府信息涉及商业秘密、个人隐私，公开后可能损害第三方合法权益的，应当书面征求第三方的意见；第三方不同意公开的，不得公开。但是行政机关认为不公开可能对公共利益造成重大影响的，应当予以公开，并将决定公开的政府信息内容和理由书面通知第三方。这一规定一方面赋予了公民提起行政诉讼要求政府公开信息的权利，同时也赋予了第三方提起诉讼阻止行政机关公开信息的权利。尽管在条例中并没有体现对这种权利非常充分的保障，也没有给予明确的称谓，但与预防性诉讼相近的诉讼模式已露出头角。正如有学者所预言的，“反信息公开诉讼”可能是我国未来预防性不作为诉讼的典型代表。

随着公民主体意识的逐步增强，全面保障公民合法权益不受侵害成为社会发展的潮流和趋势。预防性诉讼法律制度的确立和发展，成为衡量现代法治国家的重要标准。预防性行政诉讼制度不是对传统行政诉讼制度的颠覆，而是在尊重世界范围内普遍采用并在实践中屡试不爽的预防性诉讼法律制度的基础上，客观总结、反思的结果。通过对境外国家和地区预防性诉讼法律制度的考察研究，我们可以获得更多法治建设的制度性资源，为我们进行法律制度的横向比较与借鉴和全面深刻的理解预防性行政诉讼法律制度的内涵提供了依据和可能。就我国成熟行政救济机制的缺乏与行政权还很强大的社会现实考虑,我们应该在遵循循序渐进规律的基础上,把预防性行政诉讼作为一项新制度引进到我国的行政诉讼救济机制之中。预防性行政诉讼作为事后型救济模式的例外,具有法定的补充性地位。与传统事后诉讼救济模式应是"原则与补充"关系,即原则上得提起事后型诉讼救济,只能在确有"预防性权利保护的特别需要"且无法通过事后型诉讼获得有效救济或事后救济已经没有意义时,才允许提起预防性行政诉讼。

二、我国预防性不作为诉讼诉讼要件之构建

以下将通过借鉴其他国家和地区的预防性不作为诉讼的诉讼要件构成,再结合我国的实际情况,总结出适合我国预防性不作为诉讼的诉讼构成要件:

(一) 受案范围

根据我国行政诉讼法文本以及随着行政诉讼实践的不断发展而出台的行政诉讼法司法解释,我国的行政诉讼受案范围的发展经历了数个阶段。《行政诉讼法》第十二条列举式地规定了12种可诉行政行为,并以最后一项作为兜底条款。不同的行政诉讼类型具有不同的制度功能,因而不同的诉讼类型在起诉条件、举证责任等具体的制度设计方面都会有很大区别。就预防性行政诉讼的案件的适用范围,很多学者也已作出论述。胡肖华认为预防性行政诉讼的受案范围分为以下几种情况:"行政拘留;劳动教养;可能造成既成事实的行政行为;迟延的行政行为;事实行为。"①解志勇认为适用案件的范围包括以下几种情形:"'有特别救济需要'的行政行为;行政行为的执行行为;其他不利事实行为。"②章志远认为可以适用于以下四种情

① 胡肖华:《论预防性行政诉讼》,载《法学评论》1999年第6期。
② 解志勇:《预防性行政诉讼》,载《法学研究》2001年第4期。

形："可能造成既成事实的行政行为；迟延的行政行为；反信息公开行为；信息披露的事实行为。"①还有学者认为，应当率先在民生领域构建预防性行政诉讼制度，着眼于对三部分特殊群体利益的保护。

以上的学者在论述预防性行政诉讼的适用范围时，都是根据不同的标准和方法来界定的，虽然层次和名称各有不同，但在很大程度上都有一定的重合性。概括而言，可将受案范围描述为：行政机关正在作出或者即将作出的对行政相对人产生不可挽回、无法弥补的损害的行政行为或事实行为。笔者赞同最为合理的适用范围应当具有确定性和可识别性。

因此，预防性行政诉讼的适用范围，可以具体分为两大类：具有"特别救济需要"的行政行为和其他不利的事实行为。具有"特别救济需要"的行政行为又包含了四种情形："第一种为正在或即将产生妨害的行政行为。"虽然此行政行为并非这对行政相对人作出，但却已经对其权利产生了的妨害。比如在相对人遇有政府颁布了与自己的住宅区相关的行政规划时，此时仅仅是行政规划的出台，尚未对当事人的住宅造成实际的影响，但在日后此行政规划会被作为拆迁许可的证据，如果行政相对人此规划将会损害自己的合法权益，便可以提起预防性行政诉讼。"第二种为将导致不可恢复、无法弥补的损害风险的行为。"如对于考试资格的审核，如果不在特定时间段内确认考试资格，则有可能使相对人丧失此次考试的机会。"第三种为将导致既成事实的行政行为。"如在政府信息公开的情形中，如果公民认为行政机关拟公开的相关信息涉及商业机密或个人隐私，可以在行政机关公布信息之前，提起预防性行政诉讼。"第四种为具有行政处罚、行政强制制裁威胁的行为。"此类行为主要是针对关系到人身自由、不动产权利的行为，如行政拘留、劳动教养、强制拆迁决定等。其他不利的事实行为依解志勇

① 章志远：《行政诉讼类型构造研究》，法律出版社 2007 年版，第 193 页。

所言，主要是指与行政相对人重大的、为基本生活提供保障的财产“遭遇查封、扣押、冻结、销毁、禁止销售、强制下架等事实行为的威胁”时的情形。事实上，想要明确地列举预防性行政诉讼适用的所有情形几乎是无法完成的事，笔者认为，此外还要注意的是，在以上所讨论的受案范围中，应当排除即时执行的行政行为或事实行为，因为在即时执行的情况下，行政机关作出的行为其作出与执行处在一个不可分割的过程中，行政相对人在客观上没有提出异议的时间，没有可能对其进行预防性的权利保护，因而无法适用预防性行政诉讼。

（二）原告资格

预防性行政诉讼的原告资格比照《行政诉讼法》第二条第一款、第二十五条的规定设置为：预见到自己的合法权益即将受到行政行为侵害的相对人或利害关系人，有权提起预防性行政诉讼。根据2000年司法解释，“合法权益受到行政行为侵害的相对人”应当理解为“与具体行政行为有法律上的利害关系”，如由相邻权或者公平竞争权所引起的法律上利害关系亦符合原告资格的规定。行政诉讼法规定，“认为其合法权益受到行政行为侵害的相对人，有权提起诉讼”。预防性行政诉讼启动始于行政相对人的诉讼请求，行政相对人要想获得进入审判程序的资格，首先就是要得到法院对该请求的初步认同。在一般情况下，行政诉讼的原告应当与被诉行为有法律上的利害关系。据此，提起预防性行政诉讼的原告也应当与被诉的行为存在法律上的利害关系。值得注意的是，这与传统行政诉讼的受案对象为已经作出的行政行为而言存在很大不同。在行政行为已经被作出的情况下，可以比较容易地判定这种利害关系；但是对于正在作出的甚至尚未作出的行政行为或事实行为而言，如何确定是否有利害关系却变得非常艰难。民众诉讼不能被一般的允许，所以在预防性行政诉讼中，即使比较艰难也需要强调原告必须处在某个具体的法律关系之中。法律关系毕竟是一种抽象的社会存在，应该以适当的方法对其进行划分，如此可以较为清晰明确的阐述法律关系的存在。也有学者尝试着对这种法律关系进行了具体的划分①。对于原告资格的认定,笔者建议可以这样来界定:“提起预防性行政诉讼的原告,是在法律规定情形下,认为行政机关即将作出或正在作出的行政行为或事实行为,一旦真正作出会给自身合法权益造成无法挽回的重大损失的当事人。”

(三)行政行为发生的盖然性

“如果在预防性不作为诉讼对象发生事实上的侵害的可能性很低时,司法审查的成熟性还不够,原告请求事前救济的必要性也就欠缺了。”②那么在预防性行政诉讼中,强调的是对预期利益的保护,因而此时就要求损害行为作出的盖然性很高,即这种会损害当事人合法权益的违法行政活动在日后被作出的可能性很高,不能是假想出来的、断然不会发生的。也就是说该损害行为的前期效力十分显著,已经不能期待原告再进行等待。当然,对于处于弱势地位的行政相对人而言,要想在行政机关正在作出甚至尚未作出行政行为之前提供确凿的证据,显然存在很大的困难,也是不现实的。因此,公民在提起预防性行政诉讼时,如没有证据能够证明行政机关将不会作出行政行为,此时就可以认定案件满足了该要件。

(四)损害的重大性

预防性行政诉讼的根本目的是防止行政机关的行政行为或事实行为一旦执行或实施,将对相对人可能造成的事后不可挽回的、无法弥补的损害。通过域外预防性行政诉讼损害性要件的考察也可以发现,尽管措辞不一定完全一致,比如日本用“重大的损害”来代替“难以恢复的损害”,但“损害恢复的困难程度”仍然是判断是否属于重大损害的重要条件,因而在预防性行政诉讼的损害性要件中,损害的不可弥补性是核心当毋庸置疑。所以在认定预防性行政诉讼的损害性要件时,就应当将着眼点置于损害的“不可弥补性”。也就是说,法院

---

① 阎巍:《行政诉讼禁止判决的理论基础与制度构建》,载《法律适用》2012 年第 3 期。

② 章志远、朱秋蓉:《预防性不作为诉讼研究》,载《学习论坛》2009 年第 8 期。

只应当受理相对人针对行政行为的执行或事实行为的实施将造成财产根本无法修复以及对人身自由被限制等情况而提出的请求。具体而言，不可弥补的损害通常包括财产上的损害和人身自由的限制。对于人身自由的限制较好理解，因为对人身自由的限制和剥夺造成的损害，具有时间上的不可逆性，是无法通过事后的金钱赔偿来挽回的，因而是不可弥补的。对于财产上不可弥补的损害，应作广义上的理解，一般包括以下几种情形：① 无法或难以排除或难以修复的损害，例如信息一经公开，则无法挽回对隐私权或名誉权的侵害，或房屋被非法拆迁后难以复原等。② 某些行政行为可能造成的既成事实，比如土地使用权的许可，当事人很可能立即在土地上进行开发利用，形成既成事实。总的来说，如果财产损害并非不可修复还原或不可逆转的，比如可以通过其他种类物来弥补的情形，则无须预防性行政诉讼来救济。

（五）补充性原则

出于对相对人权益的及时、高效保障考虑，预防性行政诉讼制度的设计弥补了《行政诉讼法》事后型救济的不足，并与之一起构筑起“权利有效且无漏洞保护”的公民权利救济体系，然而也不能完全排除相对人或利害关系人滥用预防性诉权的可能。因此，如何对预防性行政诉讼进行法律定位、设置合理有效的适用标准，对于有效规制预防性诉权的滥用、寻求两者之间的平衡就显得尤为重要。与现有行政诉讼程序的启动相比，预防性行政诉讼有着更为严格的适用要件。只有在即将或正在实施的具体行政行为或事实行为造成的损害明显影响到相对人或利害关系人的合法权益且一旦付诸实施将会造成难以恢复、无法挽回的损害性后果时，即相对人或利害关系人确有“预防性权利保护的需要”时，才得以提起预防性行政诉讼。如果相对人或利害关系人可以通过事后的撤销诉讼、确认诉讼或损害补偿达到权益有效救济的目的，那么预防性行政诉讼就不应当考虑在内。这种诉讼选择上的补充性，可以最高程度上降低相对人或利害关系人滥用预防性诉权的可能性，对于完善我国行政诉讼救济体制，早日实现“权利有效且无漏洞保障”的法治目标有着重要的现实意义和社会意义。

三、我国预防性确认诉讼诉讼要件之构建

我国《行政诉讼法》并未规定行政诉讼的种类，只是在第五十四条中规定了行政诉讼一审判决的种类，即维持判决、撤销判决、履行判决和变更判决。最高人民法院《关于执行〈中华人民共和国行政诉讼法〉若干问题的解释》（以下简称最新司法解释）又增加了驳回诉讼请求判决和确认判决两种判决形式。制定《行政诉讼法》时，我国的行政诉讼仅仅处在起步阶段，没有丰富的审判实践，对行政诉讼是否需要确认判决认识不足，所以我国的《行政诉讼法》没有关于确认诉讼的规定，随着行政审判的深入发展，特别是国家赔偿法颁布实施后，人们逐渐感到，仅靠维持、撤销、变更具体行政行为和令被告履行法定职责几种判决形式，已经难以适应对各种类型案件的处理。例如，最新司法解释颁布前，北京市宣武区法院审理的“洪全不服前门派出所实施的限制人身自由强制措施案”①。首先必须明确确认诉讼，否则何谈预防性确认诉讼。根据前面两部分列举的日本、德国以及我国台湾地区的预防性不作为诉讼与预防性确认诉讼的诉讼要件，通过比较，我们发现这两者之间大体是相同的，只有极个别规定的内容是存有争议的，所以在构建我国预防性确认诉讼的构成要件时就可以参照前述构建我国预防性不作为诉讼的诉讼要件。

（一）诉讼对象：行政法律关系存在或不存在

行政法律关系的成立有直接基于法律规定的，也有因具体行政行为、行政合同或事实行为而发生的，但法律、行政行为及事实行为均非法律关系本身。确认诉讼虽然以行政法律关系为确认客体，但并不以整体法律关系为限，在整个关系中发生的权利义务等，也可以

---

① 李丽艳：《论行政确认诉讼》，中国政法大学2004年硕士学位论文。

成为确认的标的[1]。例如，在公务员关系存续中，其居住的宿舍，因服务机关的要求迁移而产生不确定状况，也可以提起确认其有居住宿舍权利之诉，但构成法律关系要素的先决问题或非独立部分，则不得单独提起确认之诉，例如公法上的行为能力、行政处罚的责任能力或责任条件等，只能在整体法律关系中加以判断[2]。

（二）须有即受确认判决保护的法律上的利益

该要件的作用有两点：一是对提起确认诉讼有所限制，防止当事人滥诉，其理由是与民事诉讼上确认利益之诉相同；二是作为提起确认诉讼的人需要受判决保护的法律上的利益，如果不提起确认诉讼将会因为先行行政行为而受到无法弥补的损害。

所谓法律保护的利益，是指原告目前所处的不确定法律状态，若不寻求判决确认会受到不利的法律后果。所以这种不确定的法律状态是现已存在或即将到来的[3]。例如，认定原告所有房屋是违章建筑的行为，那么随即就有可能会拆除原告的房屋，原告需要提起确认诉讼确认该房屋是合法建筑，否则房屋拆除造成的损失将无法恢复原状。

（三）无须遵守补充性原则

这一要件是赋予提起确认诉讼的当事人享有更多的选择权，发生争议时不用再穷尽其他方法时，才能提起确认诉讼。具体表现为法律关系因具体行政行为而发生，当事人如有争议，可以撤销诉讼请求撤销原具体行政行为，那么该法律自然失去存在的依据，随之而变更或消灭。预防性确认诉讼的提起不受起诉期间的限制，在先行行政行为作出后，与该争议有利害关系人可以在任何时候提起确认诉讼，主张该具体行政行为产生的法律关系存在或不存在，使这种法律关系处于确定状态。前提条件是不管提起哪种方法最终极的目标就

① 吴华：《行政诉讼类型研究》，中国人民公安大学出版社 2006 年版，第 309 页。
② 吴华：《行政诉讼类型研究》，中国人民公安大学出版社 2006 年版，第 309 页。
③ 吴华：《行政诉讼类型研究》，中国人民公安大学出版社 2006 年版，第 307 页。

是有效解决争议，如果很明显地发现用撤销诉讼比用确认诉讼能更好地解决争议，那么就不得再适用确认诉讼。例如，因无法证明具有我国国籍而申请发给护照遭发照机关拒绝时，就诉讼技巧而言，应提起课予义务诉讼，请求判令发照机关发给普通护照，才能达到目的，而不是单纯就国籍关系提起确认诉讼，以免浪费不必要的司法资源。

第五章

预防性行政诉讼的胜诉要件

第一节　胜诉要件概述

一、胜诉要件的概念与法律效果

区别于诉讼要件，胜诉要件是指要使法院判决支持原告并判定其胜诉而必须满足实体法上的构成要件，也称为“权利保护要件”或“本案要件”。案件在具备了诉讼要件后，进入实体审理阶段，实体审理将判断是否认同原告的诉讼请求，以胜诉要件为判断的基准，经审理后若法官认为案件具体事实符合胜诉要件，则认同原告的诉讼请求，即原告胜诉；反之若具体事实不符合胜诉要件，则不认同原告的诉讼请求，即原告败诉。

原告的诉讼请求是实体审理的对象，由诉请和原因组成，包括权利主张和权利根据两方面。为了使原告的请求得到认可，首先必须认定具备权利根据，并且有必要通过判决来保护其权利主张的价值①。在最后一次言辞辩论终结时，只要原告的诉讼请求具备有关要件，即可由法院作出与其请求相适应的判决；如果法院认为欠缺这

① ［日］中村英郎：《新民事诉讼法讲义》，法律出版社 2001 年版，第 156 页。

些被认为属于合理请求的必备要件，法院便可以原告的请求不合理为由而作出驳回其请求的判决。与诉讼要件相对应，权利保护要件可被称为诉讼的实质要件①。

胜诉要件是从民事法律关系发生时起，民事权利主体就具备的。它先于诉讼要件而客观存在，但又要通过起诉，受到司法保护才能实现。原告的诉讼请求是否满足胜诉要件，只有通过程序上的起诉，由人民法院受理并经过调查、审理后才能决定。具备胜诉要件的即胜诉，实体权益就得到保护；不具备胜诉要件的即败诉，从实体上就驳回诉讼请求。就一般来说，具备胜诉要件的，就具备诉讼要件，具备诉讼要件的，不一定具备胜诉要件。

二、胜诉要件的审查

诉讼要件的审理和胜诉要件的审理应当按照怎样的顺序进行呢？日本现行法属于复式平行诉讼，因此审理顺序这一表述方法并不准确。正确的表达方式应该是，虽然得出本案结论的时机已经成熟，但对于诉讼要件的判断还未确定。但习惯的说法还是胜诉要件和诉讼要件之间的审理顺序问题②。

日本民事诉讼过程的阶段构造分为三个阶段，因起诉开始的诉讼是以法院对诉讼上的请求作出判决为目标的发展过程。其过程理论上分为三个阶段：即为了让法院就诉讼进行审理、判决，首先诉讼必须适法提起，这是第一个阶段，使诉讼适法提起的要件称为“起诉要件”；其次一旦具备这一要件，事件便系属于法院，其系属在程序上必须适法，这是第二个阶段，使诉讼适法系属所必须具备的要件称为“诉讼要件”；经过以上阶段，最后就原告的请求进行审理和判决，这是第三个阶段，也就是本章主要论述的内容。

---

① 毕玉谦：《民事诉讼起诉要件与诉讼系属之间关系的定位》，载《法学论坛》2006年第4期。

② ［日］高桥宏志：《重点讲义民事诉讼法》，张卫平、许可译，法律出版社2007年版，第10页。

要使法院裁判原告的请求有理，必须满足实体法上的构成要件，使其主张得到认可，这成为“权利保护要件”或“本案要件”。在理论中或者逻辑上理应如此，诉讼要件的审查必定是先于胜诉要件的，一个案件只有满足了诉讼要件才能进入对胜诉要件的审理。但是在司法实践中，一个案件的诉讼要件可能并不能够立刻审查清楚，比如在审理的过程中发现诉讼代理人的代理权有问题时，也可以对这一诉讼要件进行审查并作出驳回的判决，但是对起诉要件的基本审查都是在先进行的。

在日本民事诉讼法中，对两者的审理顺序并没有强制性规定，如果具备诉讼要件且不存在诉讼上的障碍时，其诉将适法系数于法院，进而进行审理、判决。但是诉讼法上并未规定必须确认具备诉讼要件之后才可进行本案的审理。在实际的诉讼里或者说在其司法实践中，诉讼要件和胜诉要件的审查未必遵循一定的顺序，只要案件具备了诉讼要件而且没有显而易见的问题，案件即进入对胜诉要件的审查，同时也并不终结对诉讼要件的审查，诉讼要件只不过是本案审理、本案判决的理论前提。因此日本有学者认为，如果对胜诉要件和诉讼要件同时进行审查，审查后法院可能会先做出结论，在这种情况下要作出认同其请求的判决，首先必须确认案件是否具备诉讼要件。当审查胜诉要件时发现原告请求理由不能够成立，法院不用判断其是否具备诉讼要件而立即作出驳回诉讼请求的本案判决。如此可以节约司法资源，减轻法院的负担。

另有观点反对这一做法，认为诉讼要件是实体审查的理论前提，为了维持诉讼的阶段构造，不支持这一做法①。也有观点认为，诉讼还要见的内容多种多样，其中审判权的权限、国际裁判管辖、职务管辖、诉讼能力、民事诉讼事项（非属行政案件和人事诉讼案件）等诉讼要件一旦欠缺，将导致判决无效或者成为再审事由，这涉及能否推进

① ［日］中村英郎：《新民事诉讼法讲义》，陈刚等译，法律出版社 2001 年版，第157 页。

诉讼的根本性问题，所以应当在确认该等诉讼要件是否存在之后再做出本案判决。学者铃木正裕认为，有些诉讼要件意在保护被告或者司法免予无谓的诉讼，为了作出驳回原告请求的判决先要对该等诉讼要件进行设立，这实际上是强迫法院进行毫无意义的审理，有些本末倒置。

代表性的例子是诉的利益。当诉的利益是否存在尚未明了时，虽然必须对之进行审理，但一旦查明原告的请求明显无理由就可以立即作出驳回诉讼请求的判决，此时不应当对诉之利益继续进行审理。所谓诉的利益，是考虑到被告的利益以及法院司法运营的基本情况，为了排除毫无意义的诉讼所设置的诉讼要件。因此当法院已经可以作出驳回原告诉讼请求判决的时候，反而要求法院继续审理该诉讼是否存在实际利益，这种做法与试图排除无益之诉的诉之利益的目的是自相矛盾的。就结论而言，即便某些诉讼要件之存否尚未明确，法院也可以做出驳回原告诉讼请求的本案判决①。

而在我国大陆地区，无论是理论界还是实务界中均认为，在案件审查起诉、决定是否受理时，胜诉要件只能作为一种假定或者可能性，而不能作为诉讼的前提条件，胜诉要件需要经过完整的诉讼审理程序才能判定，胜诉要件的审理结论不能先于胜诉要件的判决②。2015年我国将以往的立案审查制度改革为立案登记制度，即法院接到当事人提交的民事、行政起诉状时，对符合法定条件的起诉，应当登记立案；对当场不能判定是否符合起诉条件的，应当接收起诉材料，并出具注明收到日期的书面凭证。需要补充必要相关材料的，人民法院应当及时告知当事人。在补齐相关材料后，应当在7日内作出决定是否立案登记。其登记与否仅对当事人的起诉进行形式审查，符合形式要求的，予以登记。我国的诉讼要件是针对案件程序方

---

① ［日］高桥宏志：《重点讲义民事诉讼法》，张卫平、许可译，法律出版社2007年版，第12页。

② 杨富元、杨桂芳、宋太郎：《谈谈民事诉讼中的起诉权与胜诉权》，载《法学评论》1985年第3期。

面的相关要件，胜诉要件则是关于案件实体方面的要件。案件由法院受理之后，首先审理其诉讼要件，若其不符合诉讼要件，则驳回原告诉讼请求；若其符合相关案件的诉讼要件，案件则进入实体审理阶段，若案件具备胜诉要件，法院则判胜诉，反之则败诉。

三、胜诉要件与我国法上的胜诉权

相对应的，我国诉讼法理论中有“起诉权”和“胜诉权”的概念，主要出现在诉讼二元论与诉讼时效概念中。学界有这样一种观点，一旦诉讼时效完成，原告则丧失了胜诉权。根据《民法通则》第一百三十八条规定：“超过诉讼时效期间，当事人自愿履行的，不受诉讼时效限制。”这就证明了诉讼时效的完成，表明该项权利失去了国家强制力的保护，成为一种自然权利，而实体权利本身并未消灭。我国的诉权理论承继了苏联的诉讼二元论。

顾尔维奇在《诉权》一书中指出，诉权是表示多种不同概念的术语，具有不同的意义：一是程序意义上的诉权，主要是起诉权；二是实体意义上的诉权，即处于强制实现状态的民事权利；三是认定诉讼资格意义上的诉权，即获得正当当事人资格意义上的权利。苏联学者多勃罗沃里斯基等著的《苏维埃民事诉讼法》一书继承了顾尔维奇诉权论中诉权的前两种含义，并对其进行了修正，认为程序意义上的诉权是提起诉讼的权利；实体意义上的诉权则指原告对被告的实体法请求获得满足的权利，即满足诉的权利或胜诉权①。苏联的诉讼二元论产生与计划经济体制之下，认为集体利益高于一切个人利益，也导致诉讼二元论其实是以实体法为主，将国家利益凌驾于个人利益之上，忽视了个人的权利。

诉讼二元论被我国学者普遍接受，成了学界的通说。尽管学者们对诉权概念的表述略有差异，但一般认为诉权与诉一样具有双重含义，即程序意义上的诉权和实体意义上的诉权，诉权的两重性由诉

① 邵明：《民事诉讼法理研究》，中国人民大学出版社2004年版，第115页。

的两重性所决定。也有学者认为,从逻辑上来说,胜诉权应该在案件开始之前就已经存在,但实际上只有等到案件事实符合原告诉请之时始具备。在此意义上,胜诉不能称之为权利。程序意义上的诉权在原告方面为提起诉讼的权利,在被告方面表现为应诉的权利和在程序上进行答辩的权利;实体意义上的诉权在原告方面表现为期待胜诉的权利,在被告方面表现为对原告的诉讼请求进行实质性的答辩,以反驳原告的诉讼请求起诉权和胜诉权既有区别,又紧密相连。原告具备起诉权并提起诉讼,才能引起诉讼程序的发生,人民法院才能对具体案件进行审理。

民事诉讼概念中的起诉权是指程序意义上的诉权,即原告人(指公民、法人和非法人团体)因自己或依法由自己保护的人的合法权益受到侵害或发生争执时,有向人民法院请求司法保护的权利,是为了实现民事实体权利的权利;所谓的胜诉权是指实体意义上的诉权,从原告方面来说,即有请求法院通过诉讼程序强制被告履行义务的权利。它先于起诉权而客观起诉,但又要通过程序上的权利才能得到实现。原告人是否有胜诉权,只有通过程序上的起诉,由人民法院受理并经过调查、审理后才能决定。在诉讼中,若某一案件符合了具体案件的胜诉要件,则原告享有胜诉权,即有请求法院通过诉讼程序支持原告合法诉讼请求的权利。

第二节　预防性行政诉讼的胜诉要件:域外法制之考察与比较

一、德国预防性行政诉讼的胜诉要件

德国是预防性权利保护理论构造及实务运作最为成熟的国家。虽然其预防性诉讼制度尚未通过法律进行明文规定,但在理论界及

具体实务中的法院判例早已对预防性权利保护诉讼进行了认可。德国《基本法》规定，一旦公民的权利遭到公权力损害，便可申请法院提供救济。德国的《行政法院法》中对诉讼种类作出的规定是比较原则和概括的，法律的具体适用实际上主要取决于法院在个案中所作的解释。例如，在德国的《行政法院法》中并未明确对预防性权利保护的适用范围作出规定，而预防性行政诉讼的法律保护适用范围的确定都是在实践中借助司法判例的不断积累实现的。德国法院认为，如果不能苛求原告必须等待行政机关某一负担行为作出后才提起司法救济，就应该对其提供事前的救济途径，“法院必须预防性地禁止某一行为，或者至少要确认相应的法律系存在与否”①。为实现德国《基本法》第 19 条要求的有效且无漏洞的权利保护，德国行政诉讼制度确立了预防性不作为诉讼与预防性确认诉讼两大类预防性诉讼。

(一) 预防性不作为诉讼的胜诉要件

预防性不作为诉讼又称停止作为之诉，其中分为一般不作为诉讼与预防性不作为诉讼。一般不作为诉讼指行政机关作出的行政行为对相对人的利益产生损害时，相对人可向法院起诉该行政行为，请求法院判令行政机关将来不得再为此种行政行为。预防性不作为诉讼指行政机关若做出实施一切违法行为，作为受害人的原告，从最初就想要避免将要施行的，而且还将造成威胁之初次行政涉的行为，诉请法院判令有关行政机关不得为此项干预行为的行政诉讼。这样看来，一般不作为之诉已进入“形成过程之中”，对于原告来说更能够有理由和依据的预估行政机关作出行政行为的可能性，这也为相应的法院审理案件时判定行政机关的行为提供了客观依据。而预防性不作为之诉，当行政相对人提起行政诉讼时，行政机关尚未启动相关的行政程序，并不能判定其是否会作出或即将如何作出行政行为，这种

① ［德］弗里德赫尔穆·胡芬：《行政诉讼法》，莫光华译，法律出版社 2003 年版，第 322 页。

不确定性对法院的有效审查是不利的①。原则上预防性不作为诉讼的程序标的应包括所有的行政行为类型在内，包括：行政处分、事实行为、法规命令、规章、具体指令、行政规则、行政计划、行政契约等，此处只介绍行政处分与事实行为。

对于针对行政处分的预防性不作为诉讼的性质，德国学说界有先行的撤销诉讼说、课予不作为义务诉讼及消极的给付诉讼说三种学说。现行的撤销诉讼说由 Bettermann 教授所主张，他认为预防性不作为诉讼为先行的撤销诉讼，与传统的撤销诉讼相比，除起诉时间的提前外，其他适用于撤销诉讼的程序要件均可适用于预防性不作为诉讼，也需要事先经过异议审查请求的前置程序。异议审查制度建立于联邦德国成立之后，它是在废除旧德国的诉愿制度的基础上，把诉愿和声明异议结合起来。在该制度中，异议人对行政主体作出的行政处分不服时，可以先向原处分机关提出，请求审查，这称之为声明异议，即为我国的行政复议制度。但该观点明显不具说服力，撤销诉讼及异议审查程序是以已经作出的行政行为而前提，而预防性不作为诉讼的诉讼对象为尚未作出的行政行为，行政行为尚未作出，如何对其进行异议审查？

课予不作为义务诉讼又称消极的课予义务诉讼，该说以 Eyermann、Kopp 教授为代表，该说有观点认为，人民请求行政机关不为某种高权行为属于上下服从关系的给付请求，所以应当以课予义务诉讼来加以请求。还有观点认为，应将其作为课予义务诉讼处理外，该诉讼也需经过异议审查请求的前置程序。只要是上下服从关系内的给付请求，无论是行政处分、作为、容忍或者不作为，都可提起课予义务诉讼该观点不具说服力，因为德国通说将课予义务诉讼的对象仅限于行政处分，至于行政处分以外的职务行为如作为、容忍或不作为等则由一般肌肤诉讼加以救济。而预防性不作为诉讼的诉讼对象并非行

---

① 韦怡：《预防性行政诉讼制度建设研究》，广西师范大学 2015 年硕士学位论文，第 17 页。

政处分，而是不作为，因此其不属于课予义务诉讼。同样异议审查请求程序不适用于未作出的行政处分，因此将预防性不作为诉讼定义为课予不作为义务诉讼也不适当。

消极的给付诉讼说将预防不作为诉讼定性为消极的给付诉讼，该说认为由于撤销诉讼说与课予义务诉讼说均不能合理地给出有说服力的解释，因此不可将预防性不作为诉讼纳入其中，且德国法律虽未明文规定一般给付诉讼，但在《行政法院法》第 43 条第 2 款、第 111 条、第 113 条第 3 款、第 191 条第 1 款可以间接导出一般给付诉讼，而一般给付诉讼又可分为积极给付诉讼与消极给付诉讼，消极的给付诉讼中有两个主要的诉讼类型，一个是针对行政机关高权行为所造成的侵害，对其加以排除的诉讼，主要是指所谓的结果排除请求权，另一个则是前述的预防性不作为诉讼。且实务中也倾向于该说，判决也以一般给付诉讼的方式形成。

德国的预防性权利保护经常是针对事实行为，对于行政机关的事实行为人民并无其他的权利保护机制可适用，因此只能求助于预防性不作为诉讼。实务中主要有两种类型：一是资讯行为，二是公害。资讯行为主要体现为警告、评价，也包括资讯的提出、转交、报道及目录的出版，行政机关对于相关问题提供非正式的解释以取代正式的决定。公害主要是针对公共设施所形成的妨害，例如消防警铃、钟响、警犬窝传出的噪音等。

关于预防性不作为诉讼的胜诉要件，主要有三个：

(1) 原告具有公法上不作为请求权。一般来说，人民在下列情形拥有公法上不作为请求权，即公权力主体进行事实行为，违法地侵害公法上权利或法律上值得保护的利益或有继续妨害之虞时。

(2) 该权益可能有因为行政行为的作成而受侵害之虞。原告的权利或法律上所保护的利益可能有因为行政行为的作成而受侵害之虞，这种侵害必须重大，但是无须达到难以忍受的程度。并且，如果原告的权益受到违法侵害并且不须容忍，则无须特别审查权利侵害。

(3) 原告不具有容忍行政机关作成行政行为之义务。德国民法学家冯·图尔认为:“在概念上说,容忍义务是某人有义务不提反对或异议,而这种反对或异议是他本来有权提出的;如果对一个行为,本来就不能或不可阻止,就无所谓容忍了。”容忍义务一般给予公共利益的考量,是为调和利益冲突,保证社会秩序而设计的原则,一般直接由法律规定。德国《民法典》第906条对邻人权进行了相关规定,有观点认为,该规定仅适用于邻人使用土地而设,不限于公法上的设施,公法上的邻人权应根据公法规定,审查仅限于建筑、存续、利用设施的规定,因此对于适法性审查应由比例原则作为邻人容忍义务的界限。对此,以社会生活上应容忍者为容忍义务之基准,依照保护权益之性质分别加以具体化。

(二)预防性确认诉讼的胜诉要件

预防性确认诉讼,是指在当事人有着某种特殊的法律关系,需要进行确认的时候,可请求法院对是否存在即将会发生的法律关系,或者是在未来也不能作出的某种行政行为的诉讼进行确认。主要适用于下列几种类型:

(1)法律地位型。该类型的案例主要指的是法律上地位的存否,如国籍、公务员资格及选举权。对原告而言,可避免提起预防性不作为诉讼制止特定措施时,必须证明特定的不作为请求权存在的困难,而可经由确认广泛的法律上地位,提供人民与行政机关间一系列在未来可想象法律关系的预防性权利保护,这种权利保护形式对人民而言是有效并且符合诉讼经济原则的。

(2)义务类型。这种类型中,原告与行政机关间对于原告是否有义务或者必须服从特定的公法上法律制度发生争执。一般是原告主张不须履行许可、登记、容忍或给付义务,而行政机关则持相反意见。若原告不履行上述义务,则会受到刑罚或秩序罚的威胁,因此预先请求确认其不负上述义务。

预防性确认诉讼的胜诉要件如下:

(1)将被采取的措施的违法性。预防性确认诉讼是一种针对未来行为的防御之诉。如对法律关系的准备要作出的变更或即将作出的行为是违法的，而且原告的权利也将会因此而受到侵害，则预防性确认诉讼就具备了理由。在法院作出裁判的时刻，或者最迟在法院裁判的预期生效时刻，这种违法性必须已经存在①。

(2) 将被采取的措施依据的法律规范的违法性。一个法律规范是违法的，并因此也是自始无效的，如果它由无管辖权的机关颁布；由程序瑕疵；却反必要的授权基础，或者该基础不适用或本身就是违法的；违法了其他较高阶位的法律②。

(三) 胜诉要件的实体法基础

早期对于预防性不作为诉讼的否定见解之一是认为德国现行法中无法导出公法上不作为请求权，如果公法上请求权不存在，则不存在权利侵害可能性，该诉将因缺乏权利保护必要被驳回。因此如何导出公法上不作为请求权是关键。有观点认为可由下列三项导出：基本权、类推适用民事法、特别法。

1. 基本权

学者 Weyreuther 主张，只要是公法上的权利都能偶导出公法上不作为请求权，宪法对此有“人民有要求国家不得违法侵害其权利之公法上权利”的最低限度规定，因此可从宪法防御权导出人民有公法上不作为请求权，并可据此提起预防性诉讼救济。从基本权角度来看，最早基本权是一种作为人民请求国家不得侵害自身之权利，又称防御权。而预防性诉讼即为人民请求法院命行政机关不得为违法侵害之行为，正是人民行使防御权的表现，故可提起预防性诉讼。在德国，直接援引宪法防御权的案件有增多趋势，但在台湾，此说主张直接从宪法导出不作为请求权，有些许争议，由于宪法具有高度抽象性，原则上不得直接援引宪法规定为具体不作为请求；但在极特殊的情形下，例如涉及人性尊严时，则可例外承认人民可援引宪法主张公

① [德] 弗里德赫尔穆·胡芬：《行政诉讼法》，莫光华译，法律出版社 2003 年版，第 465 页。

② [德] 弗里德赫尔穆·胡芬：《行政诉讼法》，莫光华译，法律出版社 2003 年版，第 474 页。

法上不作为请求权。

2. 类推适用民事法

德国司法实务中对此说予以支持，Kassel 高等行政法院称：以下情形可能与公法对财产权的保护不能落在私法之后的原则不符，即：所有权人虽可依私法加以排除损害，然依照公法却负有容忍义务，原因仅因该损害系由公法组织所造成。换言之，德国法院认为，公法对人民财产权的保护不应低于私法中对人民的保护，如果发生公法上保护低于私法上保护的情形，则应该认可公法上不作为请求权，可由私法上的规定导出该请求权。

德国《民法典》第 1004 条规定："所有权人受到除剥夺或者扣留占有以外的其他方式的妨害时，可以要求妨害人排除妨害，所有权有继续受妨害之虞的，可以根据提起停止妨害之诉。所有权人负有容忍义务的，不享有上述请求权。"该条规定适用于私人之间的规定，但理论上可类推适用于公法。当然，完全依民事法规定处理行政案件并不完全何时，由于行政案件往往课予人民较重的容忍义务，因此民事法上的规定可能无法处理所有公法上的争议冲突。因此，有学者认为：总是公权力侵权案可类推适用私法规定，也应当由公法自行发展公法上的相邻关系，作为处理公权力侵权案件的标准较为适合。虽然类推适用民事法有所不足，但学者可以提出经由法官调整人民于行政机关之间的关系，援引比例原则等一般原理原则可改善该问题①。

3. 特别法

虽然由特别法导出一般的公法上不作为请求权比较不合适，Seiler 教授对于高权设施设立时所产生的公害，直接由《联邦公害防止法》第 22 条导出公法上不作为请求权。《联邦公害防治法》第 22 条规定："建立或运作不需许可的设施，防止有害于环境的影响，或者，如果在技术上无法避免，也必须将影响范围减至最小。"只要与噪

① 吴昭慧：《日本禁止诉讼之研究》，高雄大学 2012 年硕士学位论文，第 86—87 页。

声公害有关，由高权主体所建立或运作的设施，也适用该条规定。Seiler 教授以联邦行政法院对教堂钟声所引起噪声所作的判决为根据。在该判决中，认为原告所主张的不作为请求权的根据是依照《联邦公害防治法》第 22 条对不需要许可的设施提供邻人保护，即原告可以以邻人的地位对于噪声公害以本条规定为根据起诉。Seiler 教授认为高权设施经营者直接受该条法条的拘束，该高权设施经营者与司法上设施的经营者只对管辖机关负有义务不同，其也是公害防治法上诫命规范的直接相对人[①]。

二、日本禁止诉讼的胜诉要件

关于禁止诉讼的胜诉要件，即为作成处分之违法性，通常将其分为两个部分，羁束处分与裁量处分。根据《行政事件诉讼法》第 37 条第 4 款第 5 项规定："禁止诉讼在符合第 1 项及第 3 项规定要件的情况下，对有关该禁止诉讼的处分或裁决，认为行政机关不应当作出该处分或裁决是因为作为该处分或裁决根据的法令的明确规定，或者认为行政机关作出该处分或裁决超过或滥用裁量权的范围时，法院判决命令行政机关不得作出该处分或裁决。"其中的"在符合从第 1 项及第 3 项规定的要件的情况"是满足诉讼要件的情况；其中的"行政机关不应当作出该处分在作为该处分根据的法令中明确规定"是指法令的规定中明确否定效果裁量的羁束行政行为，即与该禁止诉讼相关联的行政行为必须要在法令中具有一义明白性的羁束行政行为，对于裁量性行政行为，只要当存在裁量逾越或滥用时才可作出停止判决。以上本案胜诉要件与撤销诉讼的规定基本相同[②]。在该法法制化之前，此要件是禁止诉讼之明白性要件。该法条前段规定技术处分是否被违法作成，以处分所根据的法令判断，若行政机关受法律技术而完全无裁量余地时，行政机关不得作成一定处分或裁决，在

① 朱健文：《论新政诉讼中之预防性权利保护》，辅仁大学法律学研究所 1995 年硕士学位论文，第 82 页。

② 江利红：《日本行政诉讼法》，知识产权出版社 2008 年版，第 567 页。

该处分即将被作成时,本案请求即有理由;该法条后段规定裁量处分情形,如行政机关作成系争处分构成裁量权之逾越或滥用者,法院应即判命禁止行政机关为一定内容之处分或裁决,而为原告胜诉之判决。然而羁束处分与裁量处分之却比存有若干灰色地带,例如课予义务诉讼情形,其请求之对象难为裁量处分,但若法律已事先就其中某种裁量处分之作成予以明定,则应将之解释为羁束处分。同理,于禁止诉讼情形,若请求禁止之处分,其不作为在法律上已臻于明确,则系争处分纵为裁量处分,原则上亦应适用本想前段关于羁束处分之规定,但也不排除有适用本想后段之可能。关于禁止诉讼本案判断基准时点,由于禁止诉讼系请求命令行政机关不作成一定处分或裁决之诉讼,其禁止事由为禁止判决之主要考量要素,故其违法判断基准时原则为判决时,即口头言辞辩论终结时,其本案胜诉要件是否具备,亦以判决时为其基准时①。

因此日本禁止诉讼的胜诉要件有二:一为无权处分要件,二为越权处分要件。在法律对禁止诉讼进行规定以前,大多数学者认为无权处分要件及越权处分要件为诉讼要件而不是胜诉要件。但根据日本行政事件诉讼法规定,该要件被设定为胜诉要件。立法者解释如下:裁判所认为“行政机关不应作出与该禁止之诉相关的处分或裁决,并且该行政行为或裁决所依据的法令规定明确”,应当在行政机关根据法律明文规定及事实不得作出某行政行为并对涉诉处分没有裁量权的情形适用,也即是行政机关根据法律规定不得作出某羁束行政行为;裁判所认为“行政机关作出该行政行为或裁决超越裁量权范围或者滥用裁量权的”,应当在行政机关根据相关法律对涉诉行政行为具有裁量权,但在涉案事实中,处分超越其应有的裁量权或滥用裁量权的情况下适用。

有关日本禁止诉讼的宪法或法理基础,主要讨论有关日本公法上不作为请求权。主张禁止诉讼是给付诉讼的学者认为,人民有排

---

① 吴昭慧:《日本禁止诉讼之研究》,高雄大学 2012 年硕士学位论文,第 54 页。

除侵害的请求权，是宪法防御权的衍生。原告提起禁止诉讼时，虽然不须主张其依据何种请求权，但原告请求权的主张，仍然是实务法上法官审理本案有无理由的考量事项。日本司法实务中，人民直接援引宪法防御权的案件有很多，例如，在唱国歌义务不存在确认诉讼中，原告主张学校发布的职务命令违反日本宪法第 19 条良心自由且侵害人性尊严，因而请求法院判令行政机关不得作出惩戒处分。本案原告援引宪法主张任性尊严受侵害，也就是对防御权的形式，构成本案有无理由的考量事项。从本案来看，该惩戒处分是否违法及本案有无理由的考量关键在于法院对唱国歌等行为是否侵害了原告的人性尊严。照此看来，在日本，公法上不作为请求权不属于禁止诉讼的诉讼要件，而是本案有无理由的事项①，亦即胜诉要件。

三、美国预防性令状诉讼的胜诉要件

（一）由司法审查导出美国预防性令状之胜诉要件

英美国家的行政诉讼虽对预防性诉讼和行政事后救济未做法律上的明确划分，但其设置了具有事前救济功能的预防性权利保护制度。英国历史特有的令状制度，为它的行政诉讼建设与完善，打下一定基础，即没有令状制度，就没有权利的行使和保护。英国的行政诉讼，按照诉讼程序的性质，分为普通救济诉讼和特别救济诉讼。其中特别救济诉讼，可分为人身保护之诉、强制令之诉、禁止令之诉②。

美国的行政法体系源于英国，两国在令状制度上有较大的相似性，美国的令状制度是司法审查中的非法定审查，美国法院的非法定司法审查主要来源于英国普通法和衡平法中的救济形式，但其传统在美国联邦，一些转化成成文法并加以改造，还有一些则已被摒弃。预防性行政诉讼在美国主要体现为制止状和禁止状。制止状是法院为了避免损害的发生或继续，命令行政机关或其工作人员停止执行

① 吴昭慧：《日本禁止诉讼之研究》，高雄大学 2012 年硕士学位论文，第 86 页。

② ［英］韦德：《行政法》，徐炳等译，中国大百科全书出版社 1997 年版，第 201—272 页。

特定的不合法行为，或者命令其执行特定的行为。前者为禁止性质的制止状，即预防性不作为诉讼。后者为命令性质的制止状，即课予义务诉讼。

制止状的理论基础与美国非法定审查中的侵权行为赔偿之诉的赔偿责任相同，即官员执行职位的行为如果违法侵害了私人的权利，必须像一般私人一样负侵权行为的赔偿责任，除非制止官员违法的行为，否则不能避免私人利益损害的发生。特权状来源于英国普通法的传统，是英国王座法院以英王名义发布的命令，用以审查下级法院和官员的行为是否合法，并约束他们按照法律的规定执行职务。主要的特权状又提审状、禁止状、执行状、人身保护状、追问权力状。这些是英国司法审查中主要的诉讼形式。

美国称特权状为非常的法律救济手段，禁止状作为美国非法定审查中的特权状之一，是法院根据当事人的申请，命令下级法院、行政机关或官员不执行或停止执行违法的决定①。由于禁止状与制止状两种预防性令状属于事前的一种救济途径，在适用要件上严格区分与事后的救济途径。预防性令状适用要件的发展经历了一个反复而曲折的过程，从一开始的不承认到尽可能的承认，再到采取谨慎严格的态度予以认可的过程。最初禁令适用只要原告的利益被被告侵害有使违法行为继续的可能时大都可以发出禁令，后来预防性令状的适用要件逐渐严格，要求在满足三个要件的情况下才可以发出禁令，即：① 损害发生的重大性；② 损害发生的高度盖然性；③ 损害发生的紧迫性。在这三要件的要求下，预防性令状在实践中可适用的范围是极其狭窄的，但总的来说无论抽象行政行为还是行政机关其他的行政行为，只要符合适用要件都可提起。

由于美国法律并未对预防性令状诉讼的胜诉要件进行规定，只能从法律对司法审查的审查标准着手，从中找出适用于预防性令状诉讼的司法审查标准。且行政机关的行政行为种类繁多，司法审查

① 王名扬：《美国行政法》，中国法制出版社 1999 年版，第 578 页。

的范围并不是一成不变的，其依据被审查行为性质不同而不同。为了确定审查范围需要采取不同的审查标准，而司法审查中最基本的问题是确定事实及适用法律的问题。任何行政行为都建筑在行政机关对该行为的法律结论和事实裁定的基础之上，所以法院主要针对这两个问题进行审查。区别事实问题和法律问题，对其适用不同的审查标准，这是美国司法审查的主要原则。

有关司法审查的法律基本上都由判例形成，后将其进行法典化，《联邦行政程序法》第 706 节规定：对当事人所提出的主张，在判所必要的范围内，审查法院应决定全部有关的法律问题，解释宪法和法律条文的规定，并且决定行政行为表示的意义或适用。审查法院应：(1) 强迫执行不合法拒绝的或不合理迟延的行政行为，并且(2) 认为出现下列情况的行政机关的行为、裁定和结论不合法并撤销之：(A) 专横、任性、滥用自由裁量权或其他的不合法行为；(B) 违反宪法的权利、权力、特权或特免；(C) 超越法定的管辖权、权力或限制，或者没有法定的权利；(D) 没有遵守法律规定的程序；(E) 适用本篇第 556 节和第 557 节规定的案件，或者法律规定的其他行政机关的听证记录而审查的案件，没有实质性的证据支持；或者(F) 没有事实的根据，达到事实必须由法院重新审理的程度。在作上述决定时，法院应当审查全部记录，或记录中为一方当事人所应用的部分；并且应当充分注意法律对产生不正确的错误所作的规定。

法律使用专横、任性、滥用自由裁量权三个词称呼这个标准，这三个词的意义在本质上并无区别。滥用自由裁量权即是专横和任性，自由裁量权并不是我国的行政裁量行为的概念，而是一种根据具体情况明辨是非、辨别真伪、最好地为公共利益服务的权力，是一种符合理知和正义的权力，不是按照私人意见行事的权力。个人的判断也许偶尔会有错误，但如果未达到专横、任性的标准，则还不算滥用自由裁量权。滥用自由裁量权的具体表现主要有行政机关为追求不正当目的而滥用自由裁量权力；行政机关在进行事实裁定时忽视相关因素；行政机关显示公平的严厉制裁以及行政行为不合理的延迟。此处的滥用自由裁量权范围较广,包含了作为日本禁止诉讼中的胜诉要件之一的越权处分要件,更甚之。

违宪的行政行为不仅包括具体行政行为,还包括抽象行政行为。行政机关无权行使行政行为亦是日本禁止诉讼的胜诉要件之一。行政行为未遵守法律要求的程序意为瑕疵行政行为。没有事实的根据,达到事实必须由法院重新审理的程度意为由于行政机关作出的行政行为毫无事实根据,因此法院可完全不顾行政机关意见,由法院独立地对事实问题作出裁定。对于事实裁定,法院一般尊重行政机关的意见,自己不作决定。重新审理则是例外,其适用情况也十分有限,一般适用于以下三种情况:① 行政机关的行为属于司法性质的裁判,行政机关对事实裁定的程序不适当。② 在非司法性行为的执行程序中,出现行政程序中没有遇到的问题。法院为了决定是否强制执行,可以裁定该事实问题。③ 法律规定的重新审理,对于影响个人重大利益的行政行为,法律可能允许法院重新审理行政机关关于事实问题的裁定。例如驱逐外国人出境,对于被驱逐人的国际认定,法院可重新审理。涉及宪法中人身自由的保障事实,法院也可进行重新审理。

综上可知,预防性令状诉讼的胜诉要件为:专横、任性、滥用自由裁量权、行政行为违宪、行政机关无权行使行政行为、行政行为未遵守法律要求的程序及行政行为无事实根据达到重新审理的程度。

(二) 宪法或法理基础

关于美国预防性权利保护的宪法及法理基础,主要表现为穷尽行政救济原则及成熟原则。若能论述这两个原则与预防性令状诉讼的冲突,则预防性令状诉讼有宪法及法理基础,有据可依。

1. 穷尽行政救济原则

1946 年颁布实施的《联邦行政程序法》是美国行政法穷尽行政救济原则最重要的成文法依据,该法第 704 节规定:“法律规定可以复审的行政行为和在法律中没有其他适合补救方法的最终行政行为应接受司法审查。在对最终完成的行政行为进行审查时,那些不应只接受司法审查的预备性，程序性或中期性行政行为或裁定也应当成为审查对象。除非法律另有明确规定，或者除非行政机关的规章另有明确的规定，行政相对人向本行政机关(或其上级行政机关)提起行政复议期间争议的行政行为不发生法律效力，否则，依据该条款的目的，认定行政行为最终完成。”

穷尽行政救济原则是指当事人没有利用一切可能的行政救济以前，不能申请法院裁决对他不利的行政决定。当事人在寻求救济时，首先必须利用行政内部存在的、最近的和简便的救济手段，然后才能请求法院救济。行政内部的救济可能处于法律的规定，可能由行政机关制定的法规所规定。不论处于哪种情况，法院由于谨慎起见，要求当事人首先利用行政救济手段。

穷尽行政救济存在的理由，主要在避免司法程序不必要的和不合时宜的干预行政程序，保障行政机关的自助、司法职务的有效执行，避免法院和行政机关间可能产生的矛盾。特别使行政机关能利用其专门知识和行使法律所授予的自由裁量权，若不穷尽该原则，司法审查可能受到妨碍，因为这时行政机关还没有搜集和分析有关的事实，说明采取行政的理由，作为司法审查的根据，亦会浪费法院有限的人力和财力，减少行政效率，鼓励当事人超越行政程序，增加行政机关工作的困难和经费。

而预防性令状制度看似违背了穷尽行政救济原则，但其实不然。穷尽行政救济原则不是一个教条，在任何情况下都能使用或者都应当适用。从美国法院的实际情况来看，这个原则是一个指导性的原则。在法律没有硬性的强制规定时，法院是否使用这个原则有很大的自由裁量权。正是由于这个缘故，不适用这个原则的例外情况很多。如果该原则的理由不存在，法院会拒绝适用这个原则。在某一特定情况下，法院根据公平考虑，平衡各方面利益的结果，认为当事人由于这个原则受到的损害，远远超过政府由于适用这个原则得到的利益时，也不会适用这个原则。在当事人没有穷尽行政救济而提起诉讼，行政机关不反对时，法院可以认为行政机关放弃要求适用该原则。因为行政机关有时愿意问题由法院解决，故意不在法庭上主张适用该原则。美国没有一个概括性的理论，说明在什么情况下不适用穷尽行政救济原则。法院具体考察案件的情况，具体问题具体分析，考虑行政救济原则的目的，关于这方面的判例没有统一的标准，甚至很不一致，互相冲突。美国对于穷尽行政救济原则没有日本的行政机关第一判断权严格，适用该原则的例外情况较多，法院适用该原则的自由裁量权较大。因此预防性令状的适用即属于例外情况之一，对于穷尽行政救济原则的障碍可消解。

2. 成熟原则

成熟原则是指行政程序必须发展到适宜法院进行司法审查的阶段，才可进行处理。成熟原则和上述穷尽行政救济原则均有重合之处并且互相补充，两者都限制提起诉讼的时间，成熟原则从私法职务的性质出发，着重行政程序的发展是否达到法院可受理案件的阶段。而穷尽行政救济原则，着重当事人在司法救济前，在多大程度上必须事先穷尽行政救济。

如何判断案件是否已经成熟到可以进行司法审查的阶段，或者说如何判断案件已经成熟到可以颁发预防性令状？当代成熟原则的标准是由最高法院 1967 年的艾博特制药厂诉加德纳案件的判决所决定。

1962 年，美国食品和药物管理局制定了一项法规，要求一切必须有医师处方才能购买的药物的制造者，在药物的标签、广告和其他文字记载及宣传品上，每次使用药物的商业名称时必须同时使用该药物的正式名称，否则将受到法律规定的处罚。这个规定的目的在于提醒医生和病人注意，很多商业名称的药物，实际就是价钱便宜很多的正式药物。这一规定出台以后，意味着制药厂商过去的全部印刷品将不能使用，且都多高价的药物以后将难以销售。

于是，37 名药物制造商组成小组联合配药制造商协会提起诉讼，主张食品和药物管理局无权作出这项规定，请求法院确认这项命令违法，并制止其执行。被告食品和药物管理局则称，这项法规尚未执行，没有任何厂商由于法规的存在而受到处罚，因此其行为还只是处于抽象阶段，没有发展到提起诉讼所要求的成熟阶段，法院应当不予受理。

法院声称："法院传统上对行政决定不愿给予确认判决和制止令的救济手段，除非这个决定已经成熟到可以作出司法解决的程度……成熟问题应从两方面来看，即：问题是否适宜于司法裁判，以及推迟法院审查对当事人造成的困难。"法院在此采取一种着重实际的标准判断案件是否达到成熟阶段，这两个标准就是问题是否适宜于由法院裁判，以及推迟审查对当事人造成的苦难。从第一个标准而言，该案双方当事人争论的问题是一个法律问题（食品和药物管理局制定的法规是否在国会法律的授权范围以内，国会是否有意要求制药商每次使用商业名称时必须同时使用正式名称），这个问题的解决不需要食品和药物管理局采取任何执行行为，法院已可审查。法院在衡量问题是否适宜于司法审查时，除考虑当事人是否提出一个法律问题以外，还需考察行政机关的行为是否符合行政程序法中最后决定的意义。而且争议的法规符合行政程序法第 10 节规定，即美国法典第五编第 704 节规定的、通过判例解释的行政机关最后决定的意义。因为根据行政程序法的规定，只有行政机关最后确定的行为才适宜于法院审查；其次，从推迟审查对当事人造成的困难这个标准来看，法院认为药物制造厂商因该尚未执行的法规处于非常不利的地位，也就是当事人可能付出很大的牺牲遵守这个他们认为违宪的法规或冒着承担刑事及行政责任的危险选择不遵守该法规，当事人陷入进退两难的境地，只有通过法院对其进行司法审查，才能够解除这个困难①。

依此判例可得出，尽管行政行为尚未作出，并不代表案件尚未成熟到可以进行诉讼的阶段，只要该尚未作出的行为确实影响了相对人，且迫使其处于非常不利的地位，则该案已经符合了成熟原则中的成熟程度。

---

①　王名扬：《美国行政法》，中国法制出版社 1999 年版，第 653—659 页。

第三节　我国预防性行政诉讼胜诉要件之构建

随着世界各国行政法治的发展，公民保护自身权益意识不断觉醒，预防性行政诉讼制度越来越受到人们的关注。无论是大陆法系或是英美法系，行政诉讼立法中对权利人的保护都分为三个阶段：预防性权利保护、暂时性权利保护和事后权利保护，以此达到权利有效且无漏洞的保护。我国目前实体法也就是行政诉讼制度以事后的司法救济为中心，辅之以执行停止制度，但并未设置预防性行政诉讼，甚至理论界对其关注甚少，导致行政相对人或利害关系人的合法权益无法得到充分、合理的救济。特别是在政府信息公开及政府拆迁案中，无法有效且无漏洞地对权利进行保护。一项诉讼制度的构建需要理论研究达到一定水准，前文对德国、日本、美国的预防性行政诉讼的胜诉要件分别进行了介绍，现取其精华、去其糟粕，针对我国的国情，结合我国《行政诉讼法》初步构建适合中国特色社会主义的预防性行政诉讼的胜诉要件。

一、撤销诉讼胜诉要件之援用

行政行为无效理论是大陆法系国家行政法学理和立法上的重要概念，有着深刻的内涵。一般认为，若行政行为在作出之时，欠缺了法定的实质要件，则其行为在作出之时，欠缺法定的实质要件，则其行为自始全然不发生法律效力。这样一种状态即为行政行为的无效，它是对已成立但有重大瑕疵的行政行为的一种效力上的评价制度。由于其已经实际作出，故就其性质而言仍属于行政行为的范畴。只是由于其重大而明显的瑕疵，使得其在法律上不被承认、不受保护且不得实现，如同什么事也没有发生一样。故而任何行政相对人都可以无视其存在并有权进行合法的抵抗。有权利必有救济，救济胜于权利本身。行政行为无效的法律制度正是行政救济法律制度中不可或缺的重要组成部分①。

我国《行政诉讼法》第七十条规定："具体行政行为有下列情形之一的，人民法院判决撤销或者部分撤销，并可以判决被告重新作出具体行政行为：（一）主要证据不足的；（二）适用法律、法规错误的；（三）违反法定程序，不能补正且可能对原告权利产生实际影响的；（四）超越职权的；（五）滥用职权的；（六）明显不当的。"预防性行政诉讼的胜诉要件可借鉴此项规定。由于预防性行政诉讼的审理对象为未作出的行政行为，因此对于第三项违反法定程序，无法对其进行借鉴适用。

二、区别不同的审查对象

对于我国预防性行政诉讼胜诉要件之构建，首先要考虑的问题是我国预防性行政诉讼审查的对象，我国行政诉讼的对象即是行政行为。行政行为分为具体行政行为和抽象行政行为，对具体行政行为的审查毋庸置疑，关于预防性行政诉讼是否可以审查抽象行政行为还有待讨论。对于该问题，可以借鉴国外经验及我国现行法的规定得出相应的结论。

德国《基本法》第19条第4款所规范的权利保护除了有效性的要求之外，更要求必须是无漏洞的权利保护。因此，原则上，预防性诉讼的程序标的，也应该包括所有行政行为类型在内，行政行为类型依照德国学说之意见，约可归约为以下数个类型：行政处分、事实行为、法规命令、规章、具体指令、行政规划、行政计划、事实行为、行政契约等。我国行政诉讼制度与美国的司法审查制度不同，不可对抽象行政行为直接提起审查，《行政诉讼法》第五十三条规定："公民、法

① 岳琨：《论预防性行政诉讼的法律建构——以被拆迁人的救济渠道缺乏为视角》，载《广西社会主义学院学报》第4期。

人或者其他组织认为行政行为所依据的国务院部门和地方人民政府及其部门制定的规范性文件不合法，在对行政行为提起诉讼时，可以一并请求对该规范性文件进行审查。”行政诉讼可对规范性文件提起附带审查。同样的，预防性行政诉讼的审查对象是即将作出的行政行为，而即将作出的行政行为依据的规范性文件法院同样可对其进行审查。

因此我国预防性行政诉讼的胜诉要件分为两种情况：其一，若是审查对象为规范性文件的违法与否，则胜诉要件为即将作出的行政行为所依据的规范性文件违法；其二，若审查对象为行政行为，则借鉴我国无效行政行为的法律规定：即将作出的行政行为所依据的证据不足；即将作出的行政行为适用法律法规错误；根据法律的规定，行政机关不得作成一定行政行为；行政机关做成行政行为将逾越或滥用行政权；即将作出的行政行为明显不当的。

第六章 预防性行政诉讼的判决

第一节 行政判决及其效力概述

一、行政判决的概念及类型

公民、法人或其他组织向法院提起行政诉讼，是希望法院能够对有关的行政行为或行政不作为之合法性进行审查并作出有法律效力的判定和相应处理，从而为自己的权益提供救济。因此，行政诉讼在经历了起诉、受理、审理等阶段后，为实现其目的和功能，法院需要在审理的基础上，依据经审理认定的事实和自身对法律的理解，就当事人争议的问题或原告的诉讼请求，作出一个最终的处理结论。法院就行政诉讼案件作出的此种最终的处理结论便是行政判决。其与行政诉讼过程中法院就程序性问题所作的裁定和就其他特殊问题所作的决定一起，统称为行政裁判。

行政判决作为行政审判权的集中且典型的体现，根据诉讼的基本构造和诉讼制度的具体设计，需要回应诸多不同的情形，因此也就可以有多种不同的分类。如根据是原告胜诉还是被告胜诉，行政判决可以区分为，原告胜诉判决和被告胜诉判决。以我国《行政诉讼法》的规定为例，除第六十九条规定的驳回诉讼请求判决为被告胜诉判决外，第七十条规定的撤销判决（含重作判决）①、第七十二条规定的履行判决、第七十四条和第七十五条规定的确认违法和无效判决（含责令采取补救措施和承担赔偿责任判决）、第七十七条规定的变更判决、第七十三条和第七十八条规定（特别适用于行政协议案件）的给付判决，都可以说是原告胜诉判决。再如，因为我国诉讼制度在审级上都区分为一审、二审和再审，因此，行政判决相应地也可以分为一审判决、二审判决和再审判决。由于我国无论是民事诉讼、刑事诉讼，还是行政诉讼，原则上都实行的是两审终审制，因此，一审行政判决在上诉期间内就还不是生效判决，二审判决则自作出时起当然生效。再者，因为再审在我国并非是必经审级，而且再审程序要依原审判决的审级而定，所以再审判决可能是不得上诉的终审判决，但也可能是还可以上诉的一审判决。

不过，无论是民事诉讼上，还是行政诉讼上，对于判决的划分，最主要的一个标准还是根据当事人的诉讼请求或者说当事人所提的诉的不同。因为诉通常有三种，即形成之诉、给付之诉和确认之诉，据此，行政判决相应地就可以区分为形成判决、确认判决和给付判决。所谓形成判决，即能够直接引起法律关系或权利义务积极变动的判决，如我国《行政诉讼法》第七十条规定的撤销判决和第 77 条规定的变更判决；所谓给付判决，即要求被告履行某种义务的判决，如《行政诉讼法》第七十二条规定的履行判决、第七十三条和第七十八条规定的给付判决；所谓确认判决，即既无意要求当事人履行某种义务，同时也不会导致某种法律关系或权利义务的变动，而仅仅旨在对争议的法律关系或权利义务之现状作出一个权威的确认和宣告，如《行政诉讼法》第七十四条规定确认违法判决和第七十五条规定确认无效判决。

二、行政判决的效力

所谓行政判决的效力，即生效的行政判决所具有的法律效力。

① 重作判决从实质上看应属于给付判决，不过由于其不能独立适用，所以最好理解为附属于撤销判决的一项子判决。

法院就一个行政案件所作的判决，只有在生效后，通过发生各种各样的效力，其使命才能得到真正的和最终的完成。问题是，行政判决在生效后到底将发生哪些效力？对此，我国《行政诉讼法》除第七十一条对法院撤销并责令重作判决的拘束力、第九十四条和九十五条对履行判决和给付判决的拘束力、执行力作出了少量规定外，并无系统、全面的规定。理论研究对此也殊少关注。鉴于此，以下拟参考《民事诉讼法》的规定以及民事诉讼法学上相关研究，对行政判决的效力问题作一基本概述。

(一) 拘束力

所谓行政判决的拘束力，是指生效的行政判决所具有的拘束一定主体的行为的效力。生效行政判决的拘束力可以从以下三个方面来理解：

1. 当事人

对当事人而言，行政判决一经发生法律效力，当事人就需要据此行事而不得有任何违背。所谓当事人必须据此行事，首先当然是指行政判决要求当事人履行某种义务的情况，即履行判决和给付判决。此时，当事人就需要根据判决的要求和指示来履行相应的义务。我国《行政诉讼法》第九十四条规定，当事人必须履行人民法院发生法律效力的判决、裁定、调解书，体现的正是此种意义上的拘束力。然而，行政判决中并非仅有履行判决和给付判决才具有此种意义的拘束力，毋宁所有的行政判决都在某种程度上具有拘束当事人行为的效力。如我国《行政诉讼法》第七十一条规定，人民法院判决被告重新作出行政行为的，被告不得以同一事实和理由作出与原行政行为基本相同的行政行为，这便是关于撤销判决(含重作判决)拘束力的规定[①]。从理论上说，确认判决同样也具有拘束当事人的效力。如行政行为被法院判决确认违法或无效，行政机关同样不能以同一事

① 从撤销判决拘束力的本意来说，应是所有撤销判决都应有此拘束力。因此，《行政诉讼法》第71条的仅仅规定法院同时判决重作时才有拘束力，值得商榷！

实理由作出与原行政行为基本相同的行政行为,换言之,《行政诉讼法》第七十一条的规定在此种情况下同样适用。

2. 法院

对于法院来说,行政判决一经发生法律效力,便不得任意变更或撤销。换言之,行政判决生效后,即便是作出该判决的法院自身,其行为也要受到判决的拘束,应当承认和尊重其存在,不得朝令夕改,不得出尔反尔。当然,如果判决确实违法或存在其他问题,是可以通过审判监督程序加以纠正的。但在该判决被撤销或改变之前,其对作出判决的法院仍有拘束力。

3. 其他社会主体

对于其他社会主体来说,行政判决的拘束力意味着,行政判决一经生效,其他社会主体,包括除本案当事人和作出本案判决的法院以外的任何单位和个人,都不得无视其存在而作出有违其意旨的行为。

(二) 确定力

所谓生效行政判决的确定力可以有广义和狭义两者理解。狭义的确定力仅指判决在程序法上的效力,即受该项判决拘束的当事人不得以上诉的方式要求法院将该判决加以变更或撤销。因为当事人再也无法通过正常的法律途径来加以改变,该判决至少在程序上、形式上已告确定,所以此项效力也被称为不可争力和形式确定力。

(三) 既判力

1. 既判力的概念和意义

形式上、程序上确定并非意味着其内容在实质上已最终确定,行政判决在内容上的强制性效力,涉及的是另外一种效力,即既判力或实质确定力。所谓行政判决的既判力,简单地说,是指生效的行政判决的诉讼标的对当事人和法院所具有的强制性通用力。在行政诉讼中,法院所作的判决发生法律效力后,即成为最终解决纠纷的结论性判定,具有不容置疑的权威。不仅双方当事人要受生效判决的约束,不得再以该判决已判定的行政行为或不作为作为诉讼标的提起新的诉讼,在其后的诉讼中进行辩论时,也不得提出与此前业已生效的行政判决内容相反的主张；而且作为行使国家审判权的法院也必须尊重其以国家名义作出的判决，即使同一事项再次在诉讼中被提出，也应当以该项生效判决为基础来约束双方当事人之间的关系①。

既判力的意义主要体现在两个方面：其一，既判力具有禁止重复起诉和“一事不再理”的效力，也就是说，在诉讼标的未作变更的情况下，前诉判决对后诉的开启具有程序上的排斥力。如果后诉诉讼标的仍为此前生效判决所确定的诉讼标的，法院就应以其抵触既判力为由对后诉作不予受理的处置；其二，既判力终局地确定了双方当事人之间的实体权利义务关系，对于这种实质的确定力，双方当事人和法院都必须严格遵守。即使判决有误，但在依再审改判之前，原生效判决对当事人之间实体权利义务的判定仍然具有权威性。同时，禁止当事人或法院就生效判决的既判事项为相异主张或作出矛盾判决，即在诉讼标的不同的后诉中，如果前诉的既判事项成为先决问题，则后诉法院应以前诉判决为基础来处理该诉，而不得作出与其相异的认定和矛盾判决②。

2. 既判力的客观范围

所谓既判力的客观范围，是指生效判决中哪些判定事项产生既判力的问题。既判力的产生，原则上以载于判决书正文中的判定事项为限，具体判定时，需要注意以下几个方面的问题：其一，既判力的客观范围与诉讼标的的识别有直接关系，原则上限于已裁判的诉讼标的，因而对诉讼标的的界定不同，既判力的客观范围也就不同；其二，既判力只及于事实审言词辩论终结前当事人所主张或否认且被其后的生效判决所认定的法律关系，在事实审言词辩论终结后所产生的新的事实，则为该项判决之既判力所不及；其三，对可分的权利义务关系之特定部分提起诉讼时，不论胜诉还是败诉，既判力只及于该特定部分而不及于其他部分；其四，判决理由中的判断一般没有

---

① ［日］兼子一、竹下守夫：《民事诉讼法》(新版)，白绿铉译，法律出版社 1995 年版，第 156 页。

② 江伟：《中国民事诉讼法专论》，中国政法大学 1998 年版，第 173 页。

既判力。判决理由是指对判决正文进行论证的事实认定和法律解释,是对判决所要解决的前提问题的判断,并不是判决正文本身,因此不属于既判力的范围;其五,既判力及于对抵销抗辩的判断。既判力原则上虽不及于判决理由,但如果判决理由部分有对抵销抗辩成立与否的判断,则作为例外产生既判力①。

3. 既判力的主观范围

所谓既判力的主观范围,即既判力对什么人发生的问题。一般而言,行政判决对下列主体有既判力:

(1) 当事人。既判力原则上仅仅及于当事人,因为判决的目的在于解决当事人之间的法律争议,且判决的作出是建立在当事人之间的辩论的基础上。如果判决可以任意约束当事人以外的人,这不仅没有实际意义,而且侵犯了后者所享有诉讼程序保障权。

(2) 脱离诉讼系属后当事人的继受人。作为当事人的公民死亡、法人消灭,会导致当事人的实体权利义务转移给其他人,此种承担当事人实体地位的人即当事人的继受人,他们也应受既判力的拘束。

(3) 为当事人或其继受人之利益而占有诉讼标的物的人,如保管人、受托人等。若为自己的利益占有标的物,同时又是当事人或其继受人的占有代理人,如租借人、质权人,则不受既判力的拘束。

(4) 以自己的名义为他人权益而进行诉讼的人。在行政诉讼上,这一点尤其体现在利他的团体诉讼这种公益诉讼上。如在德国,环保团体可以为了团体会员的利益而以自己的名义就某个行政行为提起诉讼②。此时,该团体同样受判决既判力的拘束。

(5) 形成判决对于一般第三人有既判力。由于形成判决具有对世的效力,因此,对当事人以外的一般第三人亦有既判力。行政诉讼

---

① 江伟:《民事诉讼法》,高等教育出版社、北京大学出版社 2000 年版,第 277—278 页。

② 彭凤至:《德国行政诉讼制度及诉讼实务研究》,内部资料,1998 年,第 435—436 页。

上典型的形成判决是撤销判决和变更判决。

（四）给付判决的执行力

根据一般的诉讼法理，唯有给付判决才有执行力，因为只有给付判决课予了当事人一定的给付义务，所以如遇当事人不履行的情况，就有强制执行的必要。因此，所谓给付判决的执行力，即给付判决的强制执行的法律效力。

以我国《行政诉讼法》的规定为例，行政诉讼上的给付判决主要包括第七十二条规定的责令被告履行法定职责的判决、第七十三条规定的要求被告履行给付义务的判决和第七十八条规定的要求被告继续履行行政协议、采取补救措施、赔偿损失或给予补偿的判决。《行政诉讼法》第九十五、九十六条便是关于行政诉讼上给付判决执行力以及强制执行措施的具体规定。

第二节　预防性行政诉讼判决的效力

预防性行政诉讼的判决类型取决于预防性行政诉讼的类型。如前所述，不同国家的选择是不一样的。比如，德国行政法院实务上既承认预防性不作为诉讼，也承认预防性确认诉讼，而日本《行政案件诉讼法》仅仅将预防性不作为诉讼加（禁止诉讼）以法定化，实务上对预防性确认诉讼也持较为消极的态度①。不过，从理论上说，预防性不作为诉讼和预防性确认诉讼仍不失为两者独立的诉讼类型。鉴于之，预防性行政诉讼的判决便可以大别为预防性不作为判决和预防性确认判决。前文关于行政判决效力的论述原则上也适用于预防性行政诉讼判决，因此，以下仅就预防性确认诉讼判决在效力上存在的

① 东京地方裁判所，昭和 38 年 7 月 29 日（1963 年），行政事件裁判例集第 14 卷 7 号，第 1316 页。

一些特殊问题作进一步探讨。此外，因为我国大陆地区学界对此缺乏研究，而日本和我国台湾地区学界已有不少讨论，所以以下论述将主要结合日本和我国台湾地区学界的有关讨论来进行。

一、预防性行政诉讼判决的拘束力

在日本，根据《行政案件诉讼法》第 33 条第 1 款之规定，对于一个诉讼作出撤销处分或裁决之判决，原处分机关或裁决机关以及其他行政机关都要受到该判决的约束，简言之，该判决对其产生效力。通常认为，此即是关于撤销判决拘束力之规定。

根据《行政案件诉讼法》第 38 条第 1 款的规定，《行政案件诉讼法》第 33 条有关撤销判决拘束力的规定，对于禁止判决也有适用的可能。不过在此存在理论上的疑义。禁止判决一旦确定的话，行政机关受到不得为禁止对象之限制，对于此一限制的根据，有求诸既判力的见解[①]。不过，既然既判力是对于后诉法院的通用力，在进行不准为该处分的诉讼后，既判力无法说明在此诉讼以外的行政机关行为义务，将前述限制的根据，求诸禁止判决拘束力的见解，似乎更为可行。关于禁止判决的此种限制行政机关行动的特殊效力之拘束力，有无将其观念化的必要？此种观念化工作又是否可行？却是问题所在。

从理论上说，撤销判决的拘束力，是为了期待经由撤销诉讼的权利救济之实效性，被理解为是实定法上特别承认的特殊效力。亦即经由撤销判决，尽管处分被撤销，若允许行政机关在同一事件下、基于同一理由、反复为同一处分等等的话，将因为经由撤销诉讼的权利救济之实效性难以期待，所以对于行政机关，课予遵循判决意志来行动的特别义务。就此而言，撤销判决拘束力，仅由判决理由中法院所表示的判断而产生[②]。因此，将禁止判决的此种特殊拘束力加以观

---

① 盐野宏：《行政法Ⅱ(第四版)，行政救济法》，2005 年 11 月，第 227 页。

② 尤帝元：《预防性行政诉讼之研究》，中正大学法律学研究所 1996 年硕士学位论文，第 100 页。

念化是可行的。问题是，将其特别地观念化的必要性何在？以及如何地整合理解禁止判决的拘束力与《行政案件诉讼法》第 33 条第 1 款的拘束力？

我国台湾地区“行政诉讼法”关于判决之拘束力规定在第二百一十六条中。其第一款规定，撤销或变更原处分或决定之判决，就其事件有拘束各关系机关之效力；其第二款规定，原处分或决定经判决撤销后，机关须重为处分或决定者，应依判决意旨为之；其第三款规定，前两项之规定，于其他诉讼准用之。就前两项规定，学界普遍认为，根据其第 3 款规定，预防性不作为诉讼及预防性确认诉讼自有准用。其中，对于预防性确认诉讼更具意义，理由是确认判决并不具备执行力，因此，原则上仅能要求行政机关的尊重使然。

二、预防性行政诉讼判决的既判力

如前所述，所谓既判力指确定判决在实体上对于当事人和法院所具有的强制性通用力，表现为判决确定后，当事人不得就判决确定的法律关系另行起诉，也不得在其他诉讼中就同一法律关系提出与本案诉讼相矛盾的判决；同时，法院亦不得作出与该判决所确定的内容相矛盾的判断。

（一）日本学界的讨论

在日本，关于禁止诉讼判决的既判力，首先被强调的是其基准时点，一般认为，应被理解为在事实审言词辩论终结时。因此，禁止诉讼的请求被法院驳回后，请求被禁止的处分若最终被作成，事后原告因同一理由提起撤销诉讼，是否有效取决于相关事实的发生是在前禁止诉讼事实审言词辩论终结前还是终结后。如果是发生前，则受禁止判决既判力拘束，不得再行起诉，若是在之后发生的，并不因为前诉禁止判决的既判力而无效①。

① 小林久起：《司法制度改革概说（3）・行政事件诉讼法》，2004 年 12 月，第 193—194 页。

此外，对于禁止判决的既判力而言，最为突出的问题是客观范围。如前所述，本案判决既判力的客观范围，系依当事人提出审判的事项，亦即依据诉讼标的来断定。关于禁止判决的诉讼标的，就存在一个是否需要区分禁止诉讼与撤销诉讼的问题。如果不区分，禁止诉讼的诉讼标的被视为与撤销诉讼一样，是被诉行政行为的违法性整体，而非各个违法事由，那么，禁止诉讼中的本案判决既判力之范围就及于该当处分之违法性整体。在这种情况下，请求禁止诉讼的驳回判决确定后，被请求禁止的处分若事后被作成，同一原告提起诉讼撤销该处分的情形下，不论是否在前述的判决理由中作出判断，有关该处分的一切违法事由，均因前诉判决的既判力而遮断。

这在通常情况下并不会引发问题，但禁止诉讼实际上是在处分未被真正实行的阶段就对其进行合法性审查，而且起因于允许总括的特定该处分内容，亦即提起以总括性处分为对象的禁止诉讼。按照上述见解，在此一请求被判决驳回确定后，总括性处分所包含的个别处分事后被正式作出，在同一原告提起该个别处分之撤销诉讼的情况下，有关该个别处分任何的违法事由，都将因前诉判决既判力而被遮断。另一方面，除非是禁止诉讼言词辩论终结以后所发生的事由，否则不但禁止判决的既判力不仅将遮断总括性处分共通的违法事由，而且也将遮断每一个别处分固有的一切违法事由。无论如何，这对于原告而言都显得过于严苛，而且很有可能产生抑制利用禁止诉讼的效果①。

对此，在前诉之禁止诉讼中，无法总括地判断每一个处分固有的违法性，应认其并非前诉的判断对象，而系在前诉判决既判力的客观范围外，这种想法也是能够行得通的。就结论上而言，虽然这种想法是妥当的，但是，就理论上而言，存在着应该检讨的问题点。例如，若以此想法作为前提的话，禁止诉讼的对象，并非进行具体处分的特

---

① 尤帝元：《预防性行政诉讼之研究》，中正大学法律学研究所 1996 年硕士学位论文，第 98 页。

定，而是仅止于总括性的特定，如此将有可能限缩禁止诉讼判决既判力的范围。关于这一点，若将禁止诉讼的诉讼标的，以处分违法性整体作为理解的话，对此一诉讼标的的理解与前述想法的整合性，于是乎成了问题。同时，在禁止诉讼中，法院的判断是否该当无法判断之个别处分的固有违法事由，实际上大概是不容易的。例如，在惩戒处分整体为对象的禁止诉讼中，若以惩戒事由的内容明确性作为前提的话，则被惩戒处分所包含的每一个别处分的制裁手段之相当性，关于此一相当性的判断，尚且都是不可能的。另一方面，以此一事由作为理由所提起的撤销诉讼，若不被法院允许的话，相对于原告而言，也将造成严苛的结果①。

（二）我国台湾地区的相关研究

我国台湾地区学者首先是就一般情况下行政判决既判力的客观范围和主观范围进行讨论，在此基础上就预防性行政诉讼存在的特殊问题作了探讨。

在客观范围方面，我国台湾地区“行政诉讼法”第 213 条规定，诉讼标的于确定之终局判决中经裁判者，有确定力。由此可知，既判力之客观范围，以诉讼标的于确定之终局判决中经裁判者为限。而在行政诉讼中，法院就诉讼标的所为之裁判范围，与个案之裁判基准时点息息相关，且行政诉讼中裁判基准时点，可能因个案而不同。因此，法院判决之既判力，必然有一定的时间范围，而其范围如何，应以法院为个案判决时所依据的事实及法律状态为基础，分别认定之。在裁判基准时点之后，为判决基础之事实及法律状态如有变更，该变更后之事实及法律状态，已非原确定判决中经裁判之事项，即为原确定判决既判力所不及。就预防性不作为诉讼而言，其诉讼标的系指原告对被告国家之公法上不作为请求权是否存在，至于预防性确认诉讼则为公法上之法律关系的存在与否，预防性行政诉讼的判决是

① 尤帝元：《预防性行政诉讼之研究》，中正大学法律学研究所 1996 年硕士学位论文，第 99 页。

否有既判力，取决于法院为本案判决的基准时点之后作为其基础的事实及法律状况是否发生了变化。

就主观范围而言，我国台湾地区“行政诉讼法”第 214 条规定，判决之确定力原则上仅及于诉讼之当事人，对于诉讼终局后为当事人之继承人者及为当事人或其继受人占有请求之标的物者，亦有效力。由此规定来看，实质确定力之主观范围原则上仅及于当事人之间，例外扩及于：① 对于诉讼终局后为当事人之继承者；② 为当事人或其继受人占有请求表地位；③ 对于为他人而为原告或被告者，此规定亦有适用。而依第 23 条的规定，原告、被告及依法参加诉讼的人为诉讼之当事人。第 24 条规定，对于经诉愿程序之行政诉讼，乃直接以为行政处分或怠为行政处分机关，而非以其所属之公法人为被告。因此，“行政法院”对于经诉愿程序之行政诉讼所为判决确定力之主观范围，原则上应仅及于被告机关，既不及于其所属之公法人，尤不及于该公法人所属之其他机关，此项基本原则与德国不同。德国《行政法院法》第 78 条规定，因不服联邦、各邦或其他公法人所设之机关所为之行政处分或怠为行政处分而提起行政诉讼者，原则上以各该联邦、邦或其他公法人为被告。因此，德国行政法院相关判决对被告所发生之既判力，当然及于被告所属之所有机关，而不以为行政处分或怠为行政处分之机关为限。

然而，预防性不作为诉讼作为一般给付诉讼中的消极给付诉讼，其不同于撤销诉讼与课以义务诉讼，它系请求行政机关作成行政处分以外行为之诉讼。行政处分以外的行为包括作为、不作为或忍受，此种作为、不作为或忍受的请求所波及的范围往往不仅仅局限于被告机关，虽然原告只请求被告行政机关作为、不作为或忍受，但被告所属的公法人权力高于被告，如若确定力的主观范围不及被告所属的公法人，那么原告的合法权益将得不到实质性的保障，此为其一。预防性不作为诉讼中，行政机关尚未作出行政处分，其无法经复议前置，对于经诉愿程序之行政诉讼所为判决确定力主观范围，原则上应仅仅及于被告机关这一说法也无从适应，此为其二。因此，仅仅是将被告机关，即为行政处分或怠为行政处分机关纳入为预防性不作为诉讼确定力得主观范围，有所不妥。在此种情况下，应当参照德国法，行政法院相关判决对被告所发生之既判力，及于被告所属之所有机关①。

就预防性确认诉讼而言，作为确认对象之公法上法律关系，不以存在与原、被两造当事人间之法律关系为限，对存于他造当事人与第三人间之法律关系，也可为确认之对象，因此，预防性确认诉讼判决既判力的主观范围应以不同案件所涉及的当事人而定，其不仅仅包括被告行政机关，也可能涉及第三人②。

三、预防性行政诉讼判决的执行力

关于预防性行政诉讼判决的执行力，在日本，首先碰到的问题就是禁止诉讼的性质问题。因为，从诉讼法理论上说，仅仅给付判决才有执行力，所以禁止诉讼的判决有无执行力取决于禁止诉讼到底是给付诉讼还是确认诉讼。如将禁止诉讼定位于给付诉讼，在现行行政诉讼上，并未建置有关公权力行使的强制执行制度，倘若仅以现行政法为前提，以禁止判决作为执行名义的强制执行，则被理解为是不可能的。从而，关于实现禁止判决的判决内容，不得不基于行政机关应该尊重司法的判断此一前提。倘若在行政机关违反禁止判决的情形，也只有谋求依撤销诉讼等事后救济③。

然而，日本学界往往又是在相互关联的情况下来讨论这个问题，即有无执行力(或者更准确地说是有无执行手段)反过来又成了禁止诉讼到底是给付诉讼还是确认诉讼的主要依据。如主流观点便认为，由于欠缺对于给付判决的强制执行方法，所以一般认为实际上即便将禁止诉讼视为给付诉讼之一种，其与确认诉讼亦无不同。即使

① 翁岳生：《“行政诉讼法”逐条释义》，五南图书出版公司 2003 年版，第 559 页。

② 翁岳生：《“行政诉讼法”逐条释义》，五南图书出版公司 2003 年版，第 560 页。

③ 尤帝元：《预防性行政诉讼之研究》，中正大学法律学研究所 1996 年硕士学位论文，第 101 页。

是裁判例，也有认为主文表现的形式是确认或是给付，只不过是便宜问题或司法权对于行政权用语上的礼让问题①。

不过，相对于上述见解，亦有学者在坚持禁止诉讼给付诉讼性质之观点的基础上，认为现行法上虽无关于确保禁止判决实效性的手段之规定，或许可以援用民事诉讼之例而进行的强制执行。在这个情形中，禁止判决的强制执行，乃基于日本民法第 414 条第 3 款规定，透过违反措施的除去决定或间接强制来执行②。

四、预防性行政诉讼判决的第三人效力

预防性行政诉讼的判决对第三人又是否有效？根据日本《行政案件诉讼法》第 32 条第 1 款的规定，撤销判决即使对于第三人，也具有效力。但关于禁止诉讼，由于并无同样的规定，同时，根据《行政案件诉讼法》第 38 条第 1 款的规定，亦不能准用第 32 条第 1 款的规定。因此，通常认为，禁止诉讼的判决一般不具有第三人效力。尤其是对禁止诉讼的原告败诉判决，否认第三人效力更是当然的。从而，即使原告败诉判决确定，也不妨碍原告以外的第三人，对于以同一处分为对象提起禁止诉讼③。

然而，预防性行政诉讼进行过程中有无第三人参加的必要与可能？其判决对参加人又是否有效？在日本，根据《行政案件诉讼法》38 条第 1 款的规定，禁止诉讼也准用《行政案件诉讼法》第 22 条关于第三人诉讼参加之规定，第三人参加禁止诉讼同样以“因诉讼之结果而有权利受害之第三人时”为要件。具体而言，对相对人而言的授益行政行为，在原告提起禁止诉讼的情形，该行政行为的相对人符合这里所谓的第三人要件，可以参加诉讼。

---

① 东京地方裁判所，昭和 38 年 7 月 29 日（1963），行政事件裁判例集第 14 卷第 7 号，第 1316 页。

② 室井力等编：《行政事件诉讼法 · 国家赔偿法》，2006 年 11 月，第 417—418 页。

③ 尤帝元：《预防性行政诉讼之研究》，中正大学法律学研究所 1996 年硕士学位论文，第 102 页。

在禁止诉讼的第三人诉讼参加中，最主要的问题在于本案判决对参加人有无效力的问题。对此，日本《民事诉讼法》第46条规定判决效力亦及于辅助参加人，但在《行政案件诉讼法》第22条的诉讼参加中，并无与《民事诉讼法》第46条相对应的规定，也没有准用同条的规定。在撤销诉讼中，根据《行政案件诉讼法》第32条第1款的规定，对撤销判决一般都承认第三人效力，此未产生特别的问题。然而在禁止诉讼中，由于对禁止判决不承认第三人效力，因此对于参加人效力的有无，于是乎成了问题所在。通常认为，禁止判决对于参加禁止诉讼的第三人有效，否则对于当事人以外的第三人，仍然具有效力。例如，处分名义人以外的第三人提起该当处分的禁止诉讼，即使在被容忍的情形下，除非处分的名义人参与禁止诉讼，否则处分的名义人有可能提起以该处分为对象之课予义务诉讼[①]。

五、情况判决与预防性行政诉讼

所谓情况判决，即在撤销诉讼的情况下，法院虽然认为被诉行政行为违法，但若将其撤销或变更，会导致公共利益受到重大损害，在充分权衡原告个人利益和公共利益的基础上作出的驳回原告诉讼请求的判决。此种制度原本是日本行政诉讼上特有的制度，因其涉及的是撤销诉讼中普遍存在的一个利益冲突的问题，所以后来被韩国和我国台湾地区借鉴。事实上，在德国、法国，虽然并无完全相同的情况判决，但也存在具有类似功能的机制。如德国行政法学上虽然有“结果除去请求权”之原则，但在恢复原状已经不可能或不合法、或者超过了期待可能性的情况下，法院同样可以免去行政机关恢复原状之义务。而在法国，法院也有基于事实上的考量，虽然判决撤销被诉行政行为，但并不命令行政机关恢复原状的事例[②]。

① ［日］小林久起：《司法制度改革概说（3）·行政事件诉讼法》，2004年12月，第182—183页。

② 翁岳生：《“行政诉讼法”逐条释义》，五南图书出版公司2003年版，第561—562页。

日本多数学者认为，情况判决存在的意义，在于对既成事实的尊重。详言之，在依法行政原则及行政行为撤销诉讼下，行政行为一旦为法院认定违法，通常情况下就不免于被撤销的命运。但基于该行政行为，可能已衍生出许多复杂的法律及事实关系，若将该行政行为撤销，将使该大量既成的法律、事实关系丧失依据。而原告方面，并非除撤销行政行为之外没有其他救济途径，从而比较衡量行政行为撤销所造成社会多数人之损害，及不撤销行政行为时原告所受之损失，若后者显然轻于前者时，在价值取舍上，就不得不尊重既成之事实而以情况判决代替撤销行政行为的判决。

我国台湾地区在 1999 年修改“行政诉讼法”时，通过第一百九十八条和第一百九十九条两个条文，对该制度予以引进。其理由主要有：① 行政程序不完备；② 人民权利暂时性保护机制不足；③ 行政处分之效力；④ 专业计划策定阶段处分性不明确，以致无法以撤销诉讼请求救济。不过，有学者对此提出了严厉的批评，其理由如下：

(1) 从“无漏洞且有效的权利保护”的立场来说，自然应以避免既成事实的产生为目的，断无理由在制度设计上保障因行政机关违法行使公权力行为，而设计诉讼制度以保全既成事实，坐视违法状态之理。

(2) 由于行政行为皆以公益追求为目的，行政机关行使公权力行为时，自可扬起公益之旗帜，径行违法行为，因为即使违法，亦可经由情况判决予以正当化，并透过补偿的方式进行变相征收，亦即先下手为强形成既成事实之后，再支付补偿金(额度或较一般征收补偿金为少)。如此一来，除依法行政原则将破坏殆尽之外，司法制度之威信受戕害亦难以避免。民众也难免因补偿金过低而争执，进而寻求自力救济，如此，以行政诉讼制度作为避免民众自力救济所肩负之司法任务也无法达成。

(3) 情况判决的制度实质源于警察国家下之“先忍受，再请求赔偿”的法理，于今日之法治社会，不应作相同的立法，而以公益戕害私益，造成以众暴寡之效果。

(4) 此种情况下正确的处理方式，除了设计法律制度以充实事前行政程序法制、导入暂时性权利保护制度(执行停止制度、假处分)、健全计划程序及救济法制之外，更应透过“行政诉讼中预防性权利保护”之建立以避免行政行为(尤其是行政处分)造成违法之既成事实，使人民之权利保护得以周全，并促使行政机关负起依法行政之任务①。

我国大陆地区 1989 年的《行政诉讼法》上原本并无类似制度设计，后来最高人民法院在《关于执行〈行政诉讼法〉若干问题的解释》补充规定，行政行为依法应当撤销，但撤销会给国家利益、社会公共利益造成重大损害的，法院应判决确认违法，同时责令被告采取相应的补救措施或对原告所受损害予以赔偿。2014 年修改的《行政诉讼法》第七十四条第一款第一项和第七十六条将上述内容正式纳入法律中，这可以说是我国行政诉讼上的情况判决。我们同意上述台湾学者的观点，认为情况判决制度所拟解决的问题恰恰是可以通过预防性行政诉讼来解决，而且后者在权利救济的实效性和与依法行政原则的协调方面更优，因此，就算从制度设计的周全方面进行考虑从而引进该制度，但实践中对于既成事实之避免还是应优先考虑预防性行政诉讼。

第三节　预防性不作为诉讼判决的执行

行政纠纷经过法院裁判后，当事人在行政法上的权利义务得到确定，并受其拘束。负有义务的一方当事人拒绝履行的，案件将进入执行程序，法院有可能实施强制执行，以确保行政义务的履行。

---

① 朱健文：《论行政诉讼中之预防性权利保护》，辅仁大学法律学研究所 1995 年硕士学位论文，第 361—362 页。

预防性确认诉讼性质上,属于确认诉讼,因此,并不具备执行力,故无执行的问题。预防性不作为诉讼性质上属于给付诉讼,既是给付诉讼,则其判决(给付判决)就会发生强制执行的问题。

在我国台湾地区,就"行政诉讼法"的规定而言,唯一可能适用者,只有第三百零八条。第三百零八条第一款规定:"行政诉讼之裁判命债务人为一定之给付,经裁判确定后,债务人不为给付者,债权人得以之为执行名义,声请地区行政法法院执行。"依本条立法理由说明,本条之规定系参考德国《行政法院法》第 170 条第 2 款规定,而德国《行政法院法》第 170 条第 2 款即系针对给付诉讼所设规定,预防性不作为诉讼属于给付诉讼自应适用。该第 2 款规定:"地区行政法院应先定相当期间通知债务人履行。逾期不旅行者,强制执行。债务人为中央或地方机关或其他公法人者,应通知其上级机关督促其如期履行。"依本项规定判决之执行,地区行政法院应先定期命被告机关履行,并应同时通知其上级机关,此为强制执行的第一步。如被告机关逾期仍不履行,依"行政诉讼法"第 309 条规定,则应备用强制执行法之规定。但由于预防性不作为诉讼系针对公权力之行使,具有不可替代性,且性质上不可能如金钱债权之执行,可以加以查封、拍卖。较可行的方式即使准用强制执行法第 128 条关系不可替代行为请求权的执行方法,由法院定履行期间,并处一定金额之怠金。

唯如立法上,有学者指出行政诉讼之强制执行,原则上仍应与行政诉讼法中明确较妥,即采取德国《行政法院法》第 172 条强制金制度,应于第 2 款明文规定:"地区行政法院以裁定对该机关为如未与指定期间内履行义务者,法院得确定所警告之罚款金额,并依职权行之,罚款之警告、确定及执行得反复为之",并将第 2 款后段移至第 3 款:"债务人为中央或地方机关或其他公法人者,应通知其上级机关督促其如期履行",其他项以此顺序延后。

在我国大陆地区,《行政诉讼法》虽然就预防性行政诉讼没有作出明确的规定,但公民提起预防性不作为诉讼,并取得胜诉后,在行政机关拒不履行生效法律文书的,当事人申请法院强制执行是有法可依的。《行政诉讼法》第九十六条规定，行政机关拒绝履行判决、裁定的，一审法院可以采取以下措施：① 对应当归还的罚款或者应当给付的款额，通知银行从该行政机关的账户内划拨；② 在规定期限内不履行的，从期满之日起，对该行政机关负责人按日处 50 元至 100 元的罚款；③ 将行政机关拒绝履行的情况予以公告；④ 向监察机关或者该行政机关的上一级行政机关提出司法建议；⑤ 拒不履行判决、裁定、调解书，社会影响恶劣的，可以对该行政机关直接负责的主管人员和其他直接负责任人员予以拘留；情节严重，构成犯罪的，依法追究刑事责任。以此为依据，预防性不作为诉讼中，原告胜诉的情况下，行政机关不依判决书，仍旧作出相关行政行为的，法院可以对行政机关进行罚款、公告、提出司法建议等强制执行措施。

第七章 我国预防性行政诉讼的实践：反信息公开诉讼

第一节 反信息公开诉讼的概念和法理基础

一、反信息公开诉讼的概念

“概念是解决法律问题所必需的和必不可少的工具，没有限定严格的专门的概念，我们便不能清楚地和理性地思考法律问题。”①在论述反信息公开行政诉讼特别是谈及其存在的必要性之前，本书有必要先就何为“反信息公开诉讼”进行简要的阐述，意在消除隔阂之见，为“反公开”一词在文意上正名。

目前，诸多国家(地区)已然建立了完善的反信息公开诉讼制度。其中，在美国，因为《情报自由法》旨在公开行政机关的信息的规定与反信息公开诉讼相背，故后者被称为“反情报自由法诉讼”。美国反情报自由法的诉讼是通过联邦法院 1979 年“克莱斯勒诉布朗案”判

① [美]E·博登海默：《法理学——法律哲学与法律方法》，邓正来译，中国政法大学出版社 1999 年版，第 486 页。

例确定下来的，允许“资讯原始提供者”依据《联邦行政程序法》第706节之规定，在认为行政机关信息公开之决定系违反法律的行为时提起诉讼；王名扬教授在《美国行政法》中认为：“反情报自由法的诉讼(reverse FOIA action)是指向行政机关提出信息的人，提起诉讼禁止行政机关向第三者提供他向行政机关提供的秘密信息。”①在日本，出现“被申请人公开的信息中包含第三人的信息时，该第三人可以向法院提起公开决定的撤销诉讼，进而根据状况的不同，有时也可以提起与公开决定相关的中止诉讼”②(《行政案件诉讼法》第37条第4款)。在韩国，如若决定被公开的信息与第三人存在关联，“公共机关应及时通知第三人，第三人可以请求不公开，若公共机关坚持决定公开，第三人可以书面形式提出异议申请，或者提起行政裁决或行政诉讼”③。我国大陆地区早有一些学者意识到反信息公开诉讼制度存在的重要性(反信息公开诉讼有着不同于普通行政诉讼的显著特性，这主要在于有赖其保护的，是涉及第三方的商业秘密或个人隐私，一旦为行政机关所公开，行政行为将会对权利人造成难以恢复的损害)，并进一步探讨构建我国的反信息公开诉讼制度。基于此，有学者提出：仅仅将“反公开诉讼”定义为阻止信息公开之诉存在一定的局限性，反公开诉讼的功能除了阻却功能外，还包括消除违法行为功能、确认违法功能以及赔偿功能。因此，将该诉讼定义为信息原始提供人反对行政机关的信息公开决定而提起的诉讼④。李广宇法官则将类诉讼类型称之为“反信息公开行政诉讼”⑤。我国台湾地区学者汤宗德教授则认为，反信息公开诉讼是指“资讯原始提供人阻止行政机关依申请而为公开资讯之诉讼也”⑥。

我国大陆地区目前专门讨论反信息公开诉讼的著作甚少，寥寥

---

① 王名扬：《美国行政法》，中国法制出版社2005年版，第1006—1007页。
② [日]盐野宏：《行政法总论》，杨建顺译，北京大学出版社2008年版，第229—230页。
③ 周汉华：《外国政府信息公开制度比较》，中国法制出版社2003年版，第361—364页。
④ 伏创宇：《反公开诉讼中的保护机制探析》，载《时代法学》2009年第2期。
⑤ 李广宇：《反信息公开行政诉讼问题研究》，载《法律适用》2007年第8期。
⑥ 汤宗德：《政府资讯公开法之比较评析》，载《台湾大学法学论丛》2006年第6期。

几篇论著在对该类诉讼的名称使用上尚且不一，诸如"反情报自由法诉讼""反公开诉讼""信息公开反向诉讼"以及"反信息公开行政诉讼"等称谓。笔者参照王名扬教授的观点，将其称为"反信息公开诉讼"，进而将"反信息公开诉讼"定义为，在行政机关公开政府信息行为作出前，信息利害关系人旨在反对行政机关信息公开决定而提起的行政诉讼。与旨在保护知情权的信息公开诉讼在目的层面恰好相反，反信息公开诉讼的提出是以保护个人隐私或商业秘密为目的。然而殊途同归，该两种诉讼在信息公开与信息保护的博弈中，最终在不侵害他人隐私权或商业秘密等合法权益的同时，实现知情权的落地。

二、反信息公开诉讼的法理基础：个人隐私与公众知情权的均衡

在信息公开与否的博弈中，行政机关往往擎起涉及"知情权"或"公共利益"的利器，而"商业秘密"或"个人隐私"系信息利害关系人保护自身合法权益的盾牌。《政府信息公开条例》(以下简称《条例》)的颁行，对于公民知情权的保护具有划时代的意义，但是，在大力促进阳光政府、透明政府建设的同时，我们也应当在信息公开工作过程中，充分关注信息利害关系方的合法权益，知情权的实现不应当以损害他人的个人隐私或商业秘密为前提。法治政府下的信息公开工作应当依据《条例》而展开，以公开为原则，以不公开为例外。对于涉及国家秘密、商业秘密、个人隐私的政府信息，在不公开不会对公共利益造成重大影响时，不予公开。"国家秘密"的认定可依照《保守国家秘密法》等法律、法规和国家有关规定。何为"商业秘密"，根据《反不正当竞争法》等法律、法规和国家有关规定，涉及不为公众所知悉、能给权利人带来经济利益、具有实用性并经权利人采取保密措施的技术信息和经营信息是商业秘密。对于国家秘密的保护不能依赖于行政诉讼程序，商业秘密在诸多现有的法律规范中能够获得较为充分的保护，且本书多有涉及个人信息保护的问题，故有关反信息公开的

理论基础问题，文章将单从个人隐私的角度展开。首当其冲需要解决的是对“个人隐私”及“公共利益”法律概念加以界定的问题，尔后方能处理好隐私权与公共利益及其背后的知情权之间的平衡问题，这些都直接决定了政府信息的公开与否。

（一）信息公开制度中个人隐私的保护

“隐私权”在法权思维下长期处在公众视野当中，却直到《侵权责任法》出台才将其纳入法律文本，成为受保护的民事权益之一，即使如此，现有的法律仍旧没有就什么是隐私权作出具体的界定。有学者认为，“在信息公开和个人保护的语境下，隐私权与个人信息保护概念可以互换使用”①。故此，栖息于个人信息之中的个人隐私，对于后者的保护与信息公开制度中的隐私权具有共通的内涵。根据通常的解释，“个人隐私是指关系个人财产、名誉或者其他利益的不宜对外公开的情况。个人姓名、肖像、住宅、地址、电话号码等个人信息是隐私权首当其冲予以保护的内容。与此同时，个人隐私包括个人经历隐私，是个人对其以往的生活经历和过去的言行所享有的隐私权，包括婚史性史、恋爱经历、社会交往经历、工作履历，甚至包括违法经历和犯罪记录等”②。应当指出，该定义只是学者在梳理现有法律文本及司法经验的基础上所进行的不完全概括，具体到是否涉及个人隐私的裁判，还有赖于法律的具体规定和个案中的具体情况而论。

2009 年全国高考后，因群众举报使得重庆高考学生涉嫌民族身份造假事件见诸报端。6 月 22 日，重庆市政府召开新闻发布会，公布了 2009 年重庆高考招生涉嫌变更民族身份取得加分问题的调查结果，指出，“重庆市查明，31 名高考考生通过将考生户籍改迁少数民族聚居地的方法，违规变更民族身份，获得高考加分”③。7 月 7 日，

① 周汉华：《中华人民共和国个人信息保护法（专家建议稿）及立法研究报告》，法律出版社 2006 年版，第 29—30 页。

② 王利明：《人格权法研究》，中国人民大学出版社 2005 版，第 595—603 页。

③ 侯露露：《重庆取消 31 名考生少数民族加分资格》，载《人民日报》2009 年 6 月 23 日。

重庆市招生自考办公室发布了《关于对2009年高考招生中少数民族加分问题处理情况的通告》，明确表示“取消31名违规更改民族成分的考生的2009年全国普通高校招生录取资格，鉴于31名考生系青年学生，其中大多数系未成年人，出于青年学生健康成长的考虑及本着‘教育和保护相结合’的原则，故不对外公布这31名考生姓名及相关信息”①。7月8日，教育部对于重庆未公开造假考生信息的处理措施作出表态，认为其体现了对于未成年学生的关爱。然而此举并未压住舆论的热潮，反而再次将“加分门”事件推向风口浪尖。新华网等主流媒体一致地表现出抨击姿态，认为“通告中有关拒不公开学生名单的决定严重违反了《政府信息公开条例》，并强烈要求信息公开”②。

是否有人向重庆市政府提出行政信息公开申请书，笔者不得而知，可以肯定的是，31名考生对其“姓名及相关信息”应该享有隐私权。尽管此处存在“相关信息”的内容不能确定的问题，但是应该注意到的是，行政执法信息是否公开，在目前的《条例》中没有明确的答案，学术界和实务界也众说纷纭。作为隐私权的具体内容，个人隐私特别是未成年人的个人隐私应当不为公开的对象。特别需要注意的是，高考生身份造假多不是考生所为，中国式的家长实为违法行为的幕后推手，在涉假考生受到“取消录取资格”的行政处罚之后，如若继续将其身份信息恣意公开，悉知其中还不乏大量的未成年人的个人信息，将会对他们的升学、工作之路蒙上阴影，难以体现整个社会的人文关怀。殊不知，一味抛弃感性的思考实为理性的悲剧。

（二）个人隐私与公众知情权的均衡

行政机关依申请公开政府信息或者主动公开政府信息的行为，系对公众知情权的尊重和维护，也是对于公共利益的考虑。依据《条

---

① 《重庆对09高招中少数民族加分问题处理情况通告》，来源于中国教育新闻网，http://gaokao.jyb.cn/gksx/200907/t20090708_289250.html，2015年1月12日最后访问。

② 详见《重庆不公开31造假考生名单　疑借未成年人糊弄公众》，载《法制日报》2009年7月9日。

例》的规定，“对于涉及个人隐私的政府信息，行政机关认为不公开可能对公共利益造成重大影响，可以予以公开”[①]。“公共利益”与“可能”“重大影响”皆是相当模糊的概念，相较于知情权，公共利益的衡量则显得更加抽象。一方面，由于法律条文中有关信息公开与否的裁量有基于公共利益的衡量，另一方面，在信息公开的行政及司法程序中，公开利益的衡量代表着对于知情权的维护，其与公众知情权本身在某种程度上具有共通性，故而有关个人隐私与公众知情权的衡量，笔者从公共利益的角度展开。

如何理解模糊的“公共利益”的概念，英国学者哈耶克将其视为一种抽象的秩序。“自由社会的共同福利或公共利益的概念，决不可定义为所要达至的已知的特定结果的总和，而只能定义为一种抽象的秩序。作为一个整体，它不指向任何特定的具体目标，而是仅仅提供最佳渠道，使无论哪个成员都可以将自己的知识用于自己的目的。”[②]诸如重庆考生身份造假事件，很难发现考生的“姓名及相关信息”与“公共利益”之间的紧密联系，所谓公开能揭开吏治和官员的腐败的报道是有待证实的，更何况不公开或区分公开同样可以追究有关人员的法律责任，事实上重庆市纪委、重庆市监察局随后即对违规变更高考考生民族身份的责任人进行了处理[③]，应当指出，可能存在的、有待证实的、间接的公共利益不能使个人隐私沦为刻意追求公开的牺牲品。

德国学者胡泊曼认为，“各种价值不仅有不同的‘高低阶层’，其

---

① 《政府信息公开条例》第十四条第四款规定：“行政机关不得公开涉及国家秘密、商业秘密、个人隐私的政府信息。但是，经权利人同意公开或者行政机关认为不公开可能对公共利益造成重大影响的涉及商业秘密、个人隐私的政府信息，可以予以公开。”

② ［英］哈耶克：《经济、科学与政治——哈耶克思想精粹》，冯克利译，江苏人民出版社2000年版，第393页。

③ 详见《中共重庆市纪委重庆市监察局严肃处理违规变更高考考生民族身份的责任人》，来源于中国教育新闻网，http：//gaokao.jyb.cn/gksx/200907/t20090708_289250.html，2015年1月12日最后访问。

于个案中是否应被优先考量，亦完全视具体情况而定”①。如何实现个人隐私与公众知情权的均衡，考虑到政府在作出信息公开决定时往往汲取了对于公共利益的考虑，此举也充分体现了对知情权的维护，而有关隐私权的顾虑当然更多的是涉及个人利益的考量，该两种利益向来都不完全是相符合的，而无论是个人隐私与公共利益的冲突，还是言及隐私权与知情权的博弈，都应该将冲突放到个案中进行具体的衡量。德国学者拉仑兹指出，“之所以必须采取‘在个案中之法益衡量’的方法，如前所述，正因为缺乏一个由所有法益及法价值构成的确定阶层秩序，由此可以像读图表一样获得结论”②。但是，拉仑兹也同时为我们构建了一个冲突化解的阶梯法则：“首先采取一种法益价值的衡量，这主要依靠基本法规定的‘价值秩序’，如人身性的权利较财产性的权益具有更高的价值位阶；其次，当价值位阶同等，出现无法进行抽象比较的情形时，需要从以下两方面展开度量，即受保护法益被影响程度的深浅与采取取舍后受侵害程度的大小；最后，适用行政法中的比例原则，将侵害尽可能降到最小程度。”③

三、反信息公开诉讼建立的必要

在重庆考生民族身份造假事件中，31 名考生对其“姓名及相关信息”应当享有隐私权，不公开造假考生“姓名及相关信息”也并不会对公共利益造成重大影响。尽管如此，《条例》第十四条四款规定：“行政机关不得公开涉及国家秘密、商业秘密、个人隐私的政府信息。但是，经权利人同意公开或者行政机关认为不公开可能对公共利益造成重大影响的涉及商业秘密、个人隐私的政府信息，可以予以公开。”上述规定的法律用语“可以”赋予了行政机关自由裁量权，重庆

① Hubmann, Wertung and Abwägung im Recht，1977，S.20f. 转引自[德]卡尔·拉仑兹：《法学方法论》，陈爱娥译，台湾五南图书出版公司 1996 年版，第 9 页。

② [德]卡尔·拉仑兹：《法学方法论》，陈爱娥译，台湾五南图书出版公司 1996 年版，第 313 页。

③ [德]卡尔·拉仑兹：《法学方法论》，陈爱娥译，台湾五南图书出版公司 1996 年版，第 319—320 页。

市政府可以公开该31名考生的“姓名及相关信息”，也可以不公开“姓名及相关信息”，更可以分割出“姓名及相关信息”中涉及隐私权部分以公开。重庆市政府若主动或依申请公开“姓名及相关信息”，该31名考生作为信息利害关系人如何救济自身权利的问题，走进了信息公开与反信息公开交锋的前沿。可见，探讨反信息公开诉讼实属必要。

（一）完善信息公开制度的需要

保护信息利害关系人的个人隐私或商业秘密是构建反信息公开诉讼的初衷，对于该项权利的保护与信息公开制度的发展并不违背。研究反信息公开诉讼，一方面能够更好地保护信息利害关系人的秘密信息，另一方面也能够对行政机关的自由裁量权加以制度约束，从而更好地发展信息公开制度。

从权利保护的角度出发，知情权的维护要求行政机关应当向民众公开其依法收集、制作的政府信息。根据《条例》第一条规定：“为了保障公民、法人和其他组织依法获取政府信息，提高政府工作的透明度，促进依法行政，充分发挥政府信息对人民群众生产、生活和经济社会活动的服务作用，制定本条例。”信息公开制度的建立初衷即在于保障公民、法人或其他组织的权益，建设透明政府、服务政府，满足群众需要。与此同时，行政机关掌握的信息中会涉及不宜公开的隐私内容，如个人的身份信息、婚姻状况、信贷记录等，又如企业的客户信息、财会记录、员工档案等，这些涉及不宜公开的内容关系到个人及企业的隐私权及经济利益，如果欠缺合理地区分，其公开行为将背离《条例》制定的初衷。近年来，利用个人信息谋取利益甚至是进行犯罪活动的案例频繁走入公众的视野。“现有法律只赋予了信息利害关系人在信息侵权行为发生之后采取司法救济的权利，事后补救式的权利救济体系针对那些不可恢复的被侵害的权益之保护却显得苍白无力，与‘有效且无漏洞’的权利保护之国际标准尚有一段距离。”①完善

① 胡肖华：《论预防性行政诉讼》，载《法学评论》1999年第6期。

信息公开中信息利害关系人权利保护机制刻不容缓。反信息公开诉讼制度的设立,将司法救济的底线向前推进,让法院提前介入对信息公开决定的合法性审查,可以有效地减少行政机关公开失误的现象发生,从而实现对于信息利害关系人的个人隐私或商业秘密的防护。

从权力制约的角度出发,行政机关被《条例》第二十三条赋予了自由裁量是否公开政府信息的权力。《条例》第二十三条规定:"行政机关认为申请公开的政府信息涉及商业秘密、个人隐私,公开后可能损害第三方合法权益的,应当书面征求第三方的意见;第三方不同意公开的,不得公开。但是,行政机关认为不公开可能对公共利益造成重大影响的,应当予以公开,并将决定公开的政府信息内容和理由书面通知第三方。"可见,涉及信息利害关系人的信息,行政机关拥有是否公开的最终裁断权,即使信息利害关系人作出了反对公开的意见,其仍然可以基于公共利益的考虑将不公开的意见予以舍弃。对于这种缺乏制约机制的自由裁量权,通过反信息公开诉讼的设立,在信息公开行为实施之前即给予信息利害关系人提请司法审查的机会,通过中立的第三方对行政机关的裁量进行审查以保证其合法和适当,对于不可恢复的个人隐私及商业秘密等信息,这种制约制度显得尤为必要。

(二)信息利害关系人的权利救济的需要

信息利害关系人权利救济的重要性及迫切性无可置疑,但是,就权利的救济径路、程序规则等问题并没有在《条例》中得到具体的规定,尽管信息利害关系人可以不同意公开,但是这种意见性的表达在行政机关倾向于公开的情形下就显得无足轻重了。尽管《关于审理政府信息公开行政案件若干问题的规定》(以下简称《规定》)的第一条规定了行政机关主动公开或者依他人申请定向公开政府信息侵犯公民、法人或其他组织商业秘密、个人隐私的,后者可以依法提起行政诉讼,法院应当受理,但依据现有法律规定的救济径路仍不能满足信息利害关心人的需求。以重庆考生身份造假事件为例:重庆市政府做出不予公开的决定后,若存在他人提出信息公开的申请,在遭到拒绝公开后或就此罢休，或提起信息公开行政诉讼，此时，涉事考生作为信息公开案件中的第三人参与诉讼，要求司法机关依法做出不予公开的裁定，该种救济径路虽然存在，但显然非本书研究所在；除此之外，重庆市政府若依申请或主动做出公开的决定，依据现有法律规定，考生作为信息利害关系人在等待公开决定成为公开实践之后，还可以选择采取事后的司法救济，然而，不同于面对一般的行政行为，信息公开的不可恢复性决定着公民应当获有及时且高效的预防公开之措施，防止公开行为既成事实，突显预防性也为反信息公开诉讼之意义所在；相比之下，涉事考生若在政府公开决定做出之后，即刻提起预防性的不作为之诉，让法院提前介入对行政信息公开决定的合法性审查，将能够全面地保护信息利害关系人的秘密信息不被公开。《规定》第十一条即区分公开与否的不同情形，分别作出规定："被告公开政府信息涉及原告商业秘密、个人隐私且不存在公共利益等法定事由的，人民法院应当判决确认公开政府信息的行为违法，并可以责令被告采取相应的补救措施；造成损害的，根据原告请求依法判决被告承担赔偿责任。政府信息尚未公开的，应当判决行政机关不得公开。"可见，在通常的事后救济的径路之前，明确构建事前预防性的反信息公开诉讼，不仅使现有的散布于各法规之间的规定得以综合性运用，而且使信息利害关系人的救济渠道显得更加清晰，亦能实现对于信息利害关系人利益之维护。

（三）行政诉讼制度发展的需要

由于2008年实施的《条例》并未规定信息利害关系人诉权，寄希望于现有法律实现权利救济难免不足，围绕着我国反信息公开诉讼的构建，国内一批学者就此展开了前期的探索，如较早地提出了反信息公开诉讼的李广宇法官，2007年其在《法律适用》上发表的文章围绕着诉讼程序、司法审查等对反信息公开诉讼问题进行了前沿性的研究。尔后，学者们都对上述问题做了类似的介绍，学者伏创宇(2009)在审查标准及判决种类上进一步耕耘，吴宏文法官(2010)以司法裁判者的身份在《人民司法》上发表的《政府信息公开申请权及反信息公开权》直言反信息公开权的行使缺乏事实和法律的依据。直到 2011 年，最高人民法院院于《规定》第一条明确了“公民、法人或其他组织在认为行政机关主动公开或者依他人申请定向公开政府信息侵犯其商业秘密、个人隐私时，可以依法提起行政诉讼，法院应当受理”。该条文实际上为反信息公开诉讼的提起提供了明确的法律依据。学者郝静(2012)在《反信息公开诉讼规则探析——兼析〈最高院关于审理政府信息公开行政案件若干问题的规定〉之相关规定》一文中将此视为“开创先河之举”。其中第 11 条对于“政府信息尚未公开的，应当判决行政机关不得公开”的规定，实际上突破了现有的事后性的司法救济体系，《规定》的出台不仅确定了信息利害关系人的诉权，更是开创性地规定了预防性的反信息公开诉讼这一特殊的诉讼类型。

一部《规定》的出台，尚不能结束反信息公开诉讼的所有争议，更多的是提供了一次制度创新的契机，目前关于反信息公开诉讼的研究多依靠事后救济的手段且囿于行政诉讼受案范围的困扰，未能立足于预防性行政诉讼的视角。由于我国的预防性行政诉讼理论亦不成熟，同时作为区分诉讼类型标准的适用对象(主要是行政行为)在行政程序法中处于浑然而未作区分的状态，面对敞开的司法救济之大门，反信息公开诉讼如何提起、如何审理、如何判决等细节方面问题，现有的行政程序法及相关法规亟待完善。

以提起诉讼于损害实际发生的前后为标准，可以对行政诉讼类型做出事前预防型与事后补救型的划分，我国现行的《行政诉讼法》及其司法解释采取的是以事后救济为中心的权利救济体系，并辅之以暂时停止执行的事中救济措施①，并无涉及预防性的事前救济。在信息公开争议案件中，“亡羊补牢”式的权利保护体系对于信息利害关系人隐私权的维护显得苍白无力，其与有效且无漏洞的权利保护标准尚有距离。试想一下，一个违法的行政信息公开决定如果不

① 《行政诉讼法》第二条、第四十四条。

能在付诸执行之前加以否定，而非要等到信息利害关系人的隐私被公开后，方能采取司法救济，无论法官作出何种裁判，都将于信息利害关系人所受到的侵害无益。当前，“行政诉讼制度的发展面临行政诉讼类型数量过少的现状，不利于行政相对人合法权益的全面保护”[①]，2011 年施行的《规定》已经对反信息公开诉讼作出了明确的规定，以此为契机效仿其他国家（地区）建立专门的“预防性行政诉讼”之类型，反信息公开诉讼作为新型的预防性行政诉讼，在满足行政相对人寻求切实可行的司法救济的同时，推动行政诉讼类型多样化的建设，为行政诉讼制度发展所需要。

第二节　反信息公开诉讼的性质

反信息公开诉讼属于行政诉讼的一种，却不同于传统类型的行政诉讼，在阐明反信息公开诉讼及其发展的必要性之后，我们需要对反信息公开诉讼的性质进行进一步的理论分析。以原告差异性的诉求为划分，反信息公开诉讼应属于行政给付诉讼的一种，以不同的诉讼救济方式为视角，反信息公开诉讼属于预防性行政诉讼的一种。

一、行政诉讼的分类

“行政诉讼上的诉讼类型一词应是源于大陆法系民事诉讼上的诉的种类，且无论是其具体类型还是所涉及的基本问题，与民事诉讼上的诉的种类并无不同。”[②]后者早在 19 世纪就已然形成了相对稳定的以“形成诉讼”“给付诉讼”和“确认诉讼”为枝干的三大诉讼类型体系，依据原告诉求之内容为标准，行政诉讼同样可以做相类似的划

① 周佑勇：《行政法专论》，中国人民大学出版社 2010 年版，第 300—301 页。
② 赵清林：《行政诉讼类型研究》，法律出版社 2008 年版，第 16 页。

分。有学者即认为:“将该三种诉讼取广义上理解,一切行政诉讼皆可归入这三类之中。形成之诉是以原告请求法院发生、变更或撤销一定法律关系为目的的诉讼,最为典型的形成之诉即为撤销之诉;给付诉讼,是指原告请求法院判决被告为或不为一定行为的诉讼;确认诉讼,是指原告请求法院确认行政法律关系成立与否及行政行为效力的诉讼。”[①]诸如此类,上文已有论述,将不再作过多赘述。

长期以来,由于我国行政诉讼法学和行政法学研究的封闭和滞后性,在上述三大类行政诉讼中,撤销诉讼使用频率最高,纵观我国行政诉讼法以及《若干问题解释》,在诉讼类型方面已呈现出了“撤销诉讼一体主义”的现状,难以实现权利救济“有效且无漏洞”的理想目标。随着行政理念的进步,服务行政、给付行政开始走向国家行政活动的前台,给付诉讼也在行政诉讼制度发展中呈现出后来居上的趋势。根据德国《行政法院法》的有关规定和德国行政法院的实务见解,该国在行政诉讼上根据当事人提起诉讼请求的内容不同,又将给付诉讼区分为义务之诉和一般的给付之诉。“所谓义务之诉是指原告请求法院判决行政机关做出被拒绝的或者停止作为的行政行为,而一般给付之诉则是请求法院要求行政主体作出除行政行为以外的其他所有行为。”[②]

有鉴于德国行政诉讼类型的讨论,国内学者在从事行政诉讼类型化研究时,依据单一的诉讼请求,将行政诉讼的基本诉讼类型确立为:“撤销诉讼、课予义务诉讼、一般给付诉讼和确认诉讼。”之所以对给付诉讼采二分处理,主要原因在于“课予义务诉讼与一般给付诉讼因为涉及的实体法律关系性质不一,在诉讼构造和审理程序上势必应有所区分”[③]。与撤销诉讼属于形成之诉,能直接导致实体法律关系的变更不同,在性质上课予义务诉讼应属于给付诉讼的特殊类型,除此之外,一般给付诉讼亦是如此,两者共同构成给付诉讼。

---

① 吴华:《行政诉讼类型研究》,中国人民公安大学出版社 2006 年版,第 14 页。

② [德] 弗里德赫尔穆·胡芬:《行政诉讼法》,莫光华译,法律出版社 2003 年版,第 282、305 页。

③ 赵清林:《行政诉讼类型研究》,法律出版社 2008 年版,第 192、229—230 页。

二、反信息公开诉讼属于一般给付之诉

反信息公开诉讼属于信息利害关系人请求法院判决行政机关不予公开相关信息的诉讼，属于给付诉讼的一种。然而，其属于给付诉讼中的课予义务诉讼还是一般给付诉讼，将取决于信息利害关系人所要求的行政机关豁免公开信息的行为之性质如何。为了将一般给付诉讼区别与课予义务诉讼，台湾地区行政诉讼法在诉讼原理上将一般给付诉讼确定为："人民与中央或地方行政机关之间，因公法上原因发生财产上之给付或请求作成行政处分以外之其他非财产上之给付，得提起给付诉讼。"[①]详而言之，一般性给付诉讼应当满足，以公法上的原因为给付发生之事由，主张违反给付义务损害原告的权利；且诉讼标的应限定于财产上的给付或请求为行政处分以外的其他非财产上的给付；此外，一般给付之请求不得发生于撤销诉讼当中。

我国现行行政诉讼法仅有统一的"履行之诉"，综合现有的法律法规来看，诸如《行政诉讼法》第十一条及《行政复议法》第六条有关抚恤金、社会保险金或最低生活保障费用发放、有关行政赔偿及有关行政机关保护人身及财产权益的给付诉讼都应当属于行政给付诉讼的范围。其中请求行政机关做出某个许可应属于课予义务诉讼；请求行政机关依法发给抚恤金应属于一般给付诉讼；在反信息公开诉讼中，对于隐私权、商业秘密的保护请求，可以参照适用对于人身权的保护，请求行政机关豁免公开有关利害关系人的信息，也属于一般给付诉讼。

三、反信息公开诉讼属于预防性不作为之诉

"如果原告希望停止作出或者中止一个对他不利的权力行为，为此就要考虑采用作为一般给付之诉之亚类的停止作为之诉(不作为之诉)。"[②]前文已经论述了反信息公开诉讼属于一般给付之诉，在反

① 吴庚：《行政法的理论与实用》，中国人民大学出版社 2005 年版，第 410 页。

② [德] 弗里德赫尔穆·胡芬：《行政诉讼法》，莫光华译，法律出版社 2003 年版，第 295 页。

信息公开诉讼中，信息利害关系人提出的旨在请求行政机关豁免公开信息之诉讼，应当理解为原告请求被告不为某种给付，因此反信息公开诉讼系消极的一般给付诉讼——不作为之诉。又根据不作为给付诉讼的特征，旨在请求行政机关停止公开的诉讼应当发生于公开行为之前，故保有事前的预防性，且《规定》第十一条实际上已经以司法解释的形式引入了事前的预防性行政诉讼，即反信息公开诉讼具有预防性行政诉讼的性质。综上，笔者认为反信息公开诉讼属于一种预防性的不作为之诉。

预防性不作为之诉的性质，使得反信息公开诉讼确立及完善具有重要意义。首先，“如果不能苛求原告必须等到某一负担实际出现才采取行动，就应当考虑采用预防性法律保护”①。我国行政程序法采取的是事后救济的模式，并不涉及预防性的事前救济。预防性的反信息公开诉讼实际上填补了“以事后救济为中心，兼诉讼停止执行”的漏洞，预防性的不作为之诉，与事后救济型的行政诉讼不同，其也相应地拥有如下特征：一是预防性，信息利害关系人可以在损害发生之前就提起诉讼，以“反对”行政决定的执行，避免给当事人造成“不可弥补”的权益损害②；二是执行停止性，与民事行为不同，行政行为具有公定力、确定力、拘束力和执行力的效力，其中公定力即要求行政行为已经作出，在未被撤销之前，一切机关、组织或个人对行政主体所作的行政行为应表示尊重，不能任意予以否定③。“预防性行政诉讼程序的启动，虽然不能消灭行政行为的公定力、确定力、拘束力和执行力，但其只有赋予其暂时性停止执行的效力，才能避免行

① ［德］弗里德赫尔穆·胡芬：《行政诉讼法》，莫光华译，法律出版社2003年版，第321页。

② 胡肖华在《论预防性行政诉讼》一文认为：“预防性行政诉讼具有预防性的特征，能够阻止行政决定之执行，以避免不可弥补的损害发生。”其实预防性行政诉讼的功能远非如此，除阻止行政决定执行之外，还有消除违法行政行为、确认行为违法，甚至对于信息收集整理过程本身存在违法可能时具有赔偿的功能。与此同时，“不可弥补”的损害也难免有夸大之嫌。

③ 姜明安：《行政法与行政诉讼法》，北京大学出版社、高等教育出版社2011年版，第205—206页。

政行为给相对人造成难以弥补的损害，这正是预防性行政诉讼的目的所在。”①其次，完善反信息公开诉讼，借助司法能动作用的发挥并继续发挥司法解释的灵活性，可以促进新诉讼类型的产生，并以此为契机在我国建立起预防性的行政诉讼机制，推动行政诉讼类型化发展。

第三节　反信息公开诉讼的发展现状

出于反思与借鉴的需要，笔者将关注其他国家(地区)信息利害关系人权利保护制度的发展现状，对于先进的反信息公开诉讼制度作全面、系统的介绍，再比较研究我国的反信息公开诉讼，以期为我国反信息公开诉讼的发展提供借鉴。

一、域外信息利害关系人权益保护与反信息公开诉讼的现状

“有效且无漏洞权利保障”理念要求各个国家(地区)不仅通过立法赋予信息利害第三方诉权，构建了反信息公开诉讼，而且尽可能全面的，在行政程序阶段提供诸如下述等防微杜渐的保障。

(一) 域外信息利害关系人的权益保护

最大限度的公开政府信息是知情权应有之意，但其行使也应最大程度的尊重他人的隐私及商业秘密。各国信息公开、行政程序等立法都为知情权的保障提供了切实的途径，也普遍重视对信息利害关系人的权益保护。反信息公开行政程序是对于信息利害关系人的第一道保障，综合有关从实体法领域对该种程序问题所进行的研究以及个人信息保护立法的侧重，不但有效实现能反信息公开诉讼程序的启动，也能为我国反信息公开制度的发展与完善提供借鉴。考

① 胡肖华：《论预防性行政诉讼》，载《法学评论》1999 年第 6 期。

察各国立法例，与反信息公开诉讼具有共通目的的行政程序，笔者做如下介绍：

1. 立法将信息利害关系人的秘密信息明确规定为公开的例外

“最大限度的公开原则”即要求，除非有法律的特殊规定，普通民众对于所有的政府信息都可以通过合法途径获取。行政信息公开工作以公开为原则，不公开为例外，即涉及第三方的个人隐私、商业秘密。坚持信息公开是为了满足民众知情权的需要，知情权应该是有界限的，需要法律予以明确的事先界定，将涉及信息利害关系人利益的信息规定在公开之外无疑是非常重要的。比如英国，就直接将个人隐私作为禁止公开的对象。在德国，个人享有信息自决权，即自由的决定对于自身相关的信息如何进行处理的权利，但这种权利不是无限制的，该国立法同样有着类同与我国行政信息公开程序的规定，即行政信息公开与否，需要征询信息利害关系人之意见，并将公共利益作为利益衡量的一个重要方面。

2. 信息利害关系人对于信息公开与否拥有提出意见的权利

我们提出信息利害关系人的界定主要考虑相关主体在反信息公开诉讼与信息公开诉讼中有着不同的地位。信息利害关系人虽非为信息公开程序的相对人，但由于信息公开与否或直接涉及的该信息利害关系人的合法权益，行政机关应当将信息公开决定以书面形式通知信息利害关系人并为其提供陈述意见的机会。如日本《行政信息公开法》则依据情形的不同对于行政机关是否需要将公开决定通知信息利害关系人作出了区分处理，包括行政机关可自由选择通知与必须通知的两种径路，前者是行政机关对于信息涉及利害关系人时的一般处理措施，后者则适用于即将被公开的信息与信息利害关系人存在人身性关联的情形，以及行政机关之首长认为信息公开涉及公共利益的衡量的情形。

3. 在公开决定与公开行为间保有“间隔期限”

当前主流的事后救济途径怠于发挥司法救济的及时性功效，在权益受到侵害后，司法救济出现对损害无补的无奈。为了实现有效且无漏洞的救济手段，一些国家纷纷避开了行政成熟原则的桎梏，设定预防性的事前救济径路，主要措施即包括在信息公开决定与信息公开行为作出之间，设定适合信息利害关系人采取救济的间隔期，以允许信息利害关系人提出预防性不作为之诉，有关此种期限存在的是反信息公开诉讼得以发挥功效的一大前提。在日本，根据《行政机关拥有信息公开法》第 13 条的规定，"被给予提出意见书机会的第三人提出反对公开该行政文件的意见书的，行政机关的首长（仍然决定公开）在作出公开决定之日与实施公开决定之日之间至少应设置两周的间隔时间"①，以便给予信息利害关系人采取法定对抗措施的空间。

4. 即使必须公开也尽可能对敏感信息予以分割、删除

涉及信息利害关系人的利益的信息，以不公开为原则，公开为例外，即信息利害关系人同意公开或因公共利益需要公开。尽管信息自决权因受公共利益得到限制，但受行政比例原则影响，追求对知情权的保障的同时应当兼顾对信息利害关系人的保护，将这种限制应当最轻化，即对个人信息自决权应当采取最轻微的限制手段。

5. 就公开决定之内容和理由向信息利害关系人予以告知

对于信息利害关系人发出该项告知，一方面系处于对于信息利害关系人信息自决权的尊重，与此同时，通知及说明理由的行为，也是为了保障信息利害关系人的知情权，确保其及时知晓公开行为并及时决定是否采取事后救济措施。

6. 完善个人信息保护法

当前的信息公开法制先行，无论在逻辑上还是在实践中，都不具有必然性。个人信息保护的必要性，伴随着社会的信息化而推进，同样存在公共部门和民间部门。在德国，制定共通的《联邦数据保护

---

① 参见日本《行政机关拥有信息公开法》，转引自朱芒：《功能视角中的行政法》，北京大学出版社 2004 年版，第 141 页。

法》是 1977 年，而一般性信息公开法至今尚未制定。英国数据保护法是 1984 年制定的，先行于 2000 年《信息公开法》的制定①。在韩国，尽管制定信息公开法的活动从 20 世纪 70 年代后期就开始相当活跃，但仍然决定暂时停止信息公开立法工作，进而将目光转向信息保护之立法，有关信息公开的立法工作一直到 1996 年末才得以落实②。我国当前的现状是，一方面信息公开制度的日趋完善，另一方面个人信息保护制度的建立才刚刚被提上立法的日程，应然意义上的要求是对于个人信息保护与信息公开法制具有同等的重要性甚至较后者优先。在追求信息公开以保障知情权的同时，建立并完善个人信息保护制度，对于反信息公开制度的推进具有不可或缺的意义。

（二）域外反信息公开诉讼的依据

最大限度地公开政府信息应当是信息公开制度的核心要义，但本着对于信息利害关系人的隐私权和商业秘密的保护，反信息公开同样是信息公开制度的重要组成。有关反信息公开诉讼的法律依据如表 7－1 所示。

表 7－1　域外有关反信息公开诉讼的法律依据

国别	相关依据	类型
德国	行政诉讼实践中存在作为一般给付诉讼子类型的不作为之诉，其在行政法院法中虽然没有明文规定，但在若干规定中得到了认可，或者被作为前提③。	法律没有明文规定相对人提起诉讼的权利，而是通过司法实践，以迂回的方式找到救济的依据
美国	《禁止公开贸易秘密法》及《联邦行政程序法》	

① ［日］盐野宏：《行政法总论》，杨建顺译，北京大学出版社 2008 年版，第 231 页。
② ［韩］金东熙：《行政法》，赵峰译，中国人民公安大学出版社 2008 年版，第 300 页。
③ ［德］弗里德赫尔穆.胡芬：《行政诉讼法》，莫光华译，法律出版社 2003 年版，第 295—296 页。

续　表

国别	相关依据	类型
日本	《行政案件诉讼法》第37条规定："在信息公开的过程中，信息利害关系人可以提起撤销信息公开决定的诉讼，进而，根据具体情形的不同，也可以提起与公开决定相关的中止诉讼。"①	在有关行政程序的、信息公开的法律条文中明文规定信息利害关系人有权提起反信息公开诉讼
韩国	《公共机关信息公开法》第19条规定："信息利害关系人可以于收到公开通知书后7日内申请书面异议，或者提起行政裁决或行政诉讼。"②	
英国	《信息自由法》规定，寻求保护的径路应当严格遵守如下程序，首先是行政内部救济的途径，只有在权利得不到相应救济时，才可以申请由信息专员对信息公开决定进行审查。	
加拿大	《获取信息法》第28条和第44条规定："行政机关作出公开或部分公开的决定后，应当以书面形式通知第三人；第三人可以在收到该决定20日内，向联邦法院提起诉讼。"③	

不难发现，出于兼顾维护信息利害关系人的隐私权及商业秘密与保障行政相对人的知情权，大多数建立信息公开制度的国家都赋予了信息利害关系人提起反信息公开诉讼的权利，但在制定反信息公开诉讼的法律依据时，选择了是否由有关行政程序的或有关信息公开的法律予以明文规定诉权的两条径路，为信息利害关系人的权

① ［日］盐野宏：《行政法总论》，杨建顺译，北京大学出版社2008年版，第229—230页。

② ［韩］金东熙：《行政法》，赵峰译，中国人民公安大学出版社2009年版，第305页。

③ 《Access to Information Act》，来源于加拿大法律信息研究所官方网站，http://www.canlii.org/en/ca/laws/stat/rsc-1985-c-a-1/latest/rsc-1985-c-a-1.html，2017年2月1日最后访问。

利保护提供了可能的司法救济。需要说明的是，尽管表7-1中列举的有关反信息公开诉权之法律依据，多是规定于信息公开法律之中，但笔者仍坚持认为：有关信息公开的法律，应当是以实现知情权为主要目的，对于赋予信息利害关系人诉权来反对信息公开，应坚持以行政程序法为提起诉讼的依据。

（三）域外的反信息公开诉讼审理规则

1. 德国预防性的反信息公开诉讼

上文有关德国预防性的停止作为之诉（即不作为之诉）的论述，可知道反信息公开诉讼在实践中属于一般给付诉讼子类型，《行政法院法》第42、43条虽然无明文规定，但它在若干规定中得到了认可。无疑，对于停止作为之诉的承认以及停止作为之诉对诉讼实践的重要意义，是不言而喻的，据此而形成的判例，针对一个国家权力决定之主体的确认（违法）之诉，也是适当的。

针对自身权利即将受到，或者正在受到公权力行为的侵害，原告可以提起停止作为之诉，前者所提起的正是预防性的停止作为之诉，其所提起诉讼之缘由，皆因出于对商业秘密及个人隐私的维护。德国裁判编撰集《新法学周刊》（NJW）1995年收集了地方行政法院涉及审理停止扩散信息的诉讼。值得关注的是，德国行政诉讼法教材通过列举的方式明确了若干适用停止作为之诉的范围，首先即是诸如声发布一份报告或声明类的"信息行为"①。由此可见，德国的停止作为之诉往往系涉及信息活动，特别是对于信息自决权之争议的解决。

2. 美国反情报自由法诉讼

当今世界，美国拥有着最为发达的信息公开制度，其《情报自由法》被视为信息公开立法的样板，为各国纷纷效仿，作为实现知情权的法律，其尚未赋予信息利害关系人诉权。与该法的目的相反，出于

---

① ［德］弗里德赫尔穆·胡芬：《行政诉讼法》，莫光华译，法律出版社2003年版，第296—297页。

对信息利害关系第三人隐私权或商业秘密的维护，独创性地设计了特殊的救济制度——"反情报自由法"诉讼，依据《行政程序法》及美国法典中有关禁止公开贸易秘密的规定①，对于一个尚未终结的行政程序予以司法的干预，打破了行政成熟原则的桎梏，属于典型的预防性行政诉讼。此外，通过向法院预先提出类似于暂时性权利保护的申请，可以有效阻止行政机关不正当的信息公开行为，保护第三方合法的个人隐私或商业秘密不受。

3. 日本反信息公开诉讼

相对于其他国家（地区）信息公开制度的快速发展，以及反信息公开诉讼的热潮，日本信息公开制度的进程稍显迟缓，虽然如此，但诸如《行政不服审查法》《行政机关拥有信息公开法》等法律的出台都使得日本反信息公开制度迈出了重要的步伐。一方面，针对公开请求的不公开决定，请求者具有行政上的不服申诉适格、原告适格。另一方面，《行政机关拥有信息公开法》出于维护第三方利益的设计，也使得信息利害关系人在公开决定撤销诉讼中具有原告适格。通常说来，信息利害关系人可以采取行政上的不服申诉制度与行政诉讼制度两种救济径路。

(1) 采取行政不服申诉与向"信息公开、个人信息保护审查会"咨询。根据《行政不服审查法》的规定，申请公开信息的行政相对人可以对公开请求的拒绝决定，不服信息公开的信息利害关系人可以对公开决定，向处分厅进行异议申诉，或者请求其直接上级行政厅进行审查。同时，对于其收到的信息公开决定不服的，信息利害关系人还可以依据上述法规，向作出该决定的行政机关首长提起行政不服审查，接受了该种申诉的行政首长，必须向一个由 15 名委员组成的信息公开、个人信息保护审查会征询意见。其中，审查委员的组成须经参众两院同意，并最终由内阁总理大臣任命。审查会对作出了不公开决定的文件，可以要求其提出，并予以审查。审查的结果，用于

① 王名扬：《美国行政法（下）》，中国法制出版社 2005 年版，第 1008 页。

对咨询厅的答复,答复书的复印件要送付不服申诉人或者参加人。审查会的答复,不具有拘束咨询厅的法律效力。审查会对公开请求信息进行非公开审查,可以对公开、不公开的适当与否作出判断①。

(2) 行政诉讼制度。日本行政诉讼制度认为,信息公开决定、信息公开请求的拒绝决定、信息不存在决定是行政处分,围绕这些纷争的解决,法律并没有规定采取不服申诉前置主义,可提起《行政案件诉讼法》上的抗告诉讼。对与公开决定等相关的不服申诉的裁决、决定不服的,也可以提起撤销这些决定的诉讼。"当依申请公开的行政信息涉及信息利害关系人诸如隐私性的权益时,该信息利害关系人可以对公开决定提起撤销诉讼或中止诉讼。"②此外,"在《行政机关个人信息保护法》中,有关行政机关对其保存、持有的个人信息存在违法事由时,信息利害关系人享有利用停止请求权,具体说来,即信息利害关系人提出利用的停止或者撤销、提供的停止的请求"③。该权利作为个人信息保护所特有的制度值得关注。

二、我国反信息公开诉讼的法律依据与发展现状

(一) 我国反信息公开诉讼的法律依据

1.《政府信息公开条例》的规定

我国《政府信息公开条例》(以下简称《条例》)中并没有就反信息公开诉讼作出明确规定,探寻有关反信息公开诉讼的依据,需要将视角转向有关政府豁免公开的规定当中。例如,《条例》第十四、二十三条分别就公开信息与否的利益衡量标准以及行政机关在作出利益衡量前的行政程序问题作出规定。对于包含有个人隐私或商业秘密的信息内容,尽管不宜公开,但基于公共利益与隐私利益的衡量,行政

---

① [日]南博方:《行政法》,杨建顺译,中国人民大学出版社 2009 年版,第 115 页。

② [日]盐野宏:《行政法总论》,杨建顺译,北京大学出版社 2008 年版,第 229—230 页。

③ [日]盐野宏:《行政法总论》,杨建顺译,北京大学出版社 2008 年版,第 237 页。

机关仍可以作出公开的决定。其中，行政程序法要求行政机关必须书面征求信息利害关系人的意见，对于最终的信息公开之决定，同样需要以书面形式将公开之内容及理由告知信息利害关系人。由此可知，此时信息利害关系人的意见并不具有完全的约束效力，行政机关拥有最终决定权，其将基于"公共利益"的考虑来决定公开信息与否，具有相对较大的自由裁量权。与此同时，针对公开的决定，《条例》并未开辟信息利害关系人即时寻求司法救济的径路。尽管《条例》第三十三条赋予了信息利害关系人依法申请行政复议或者提起行政诉讼的权利，但这些救济方式都系事后的救济途径，只有对信息利害关系人的权益侵害既成事实，有关司法救济的措施才能发起。

2.《行政诉讼法》的规定

《条例》没有明确信息利害关系人的诉权，但并不意味着否定信息利害关系人通过其他法律途径采取行政诉讼的方式以寻求对自己合法权益的救济。我国《行政诉讼法》在受案范围问题上以开放式的设计方式，为找寻反信息公开诉之讼依据提供了可能存在的方向，《行政诉讼法》列举的主要系行政行为侵犯行政相对人人身权或财产权的类型，相比之下，形成行政信息公开的过程中行为所侵犯的法意已然超出了有关人身权或财产权的内涵，而主要系对于信息公开申请人的知情权与信息利害关系人隐私权或商业秘密，皆非属于行政诉讼法列举的 8 类典型的行政诉讼类型。除此之外，该条法规在第二款则采取了兜底性的规定，即当具体行政行为所侵犯的对象属于行政相对人人身权或财产权之外的权益，在法律、法规已有作出特别规定的情形下，法院应当受理该类行政诉讼。这种开放式的范围设计，也是立法前瞻性的体现，从而与不断出现的新的行政纠纷类型相适应。但反信息公开诉讼的法律依据并非仅限于此，有待于司法干预的是行政信息公开行为，而这些行政信息公开行为未必都是"具体行政行为"，这其中还包含相当部分的"行政事实行为"，有基于此，上述法条中有关具体行政行为的规定将束缚《行政诉讼法》的适用，寄希望于行政程序法提供发信息公开诉讼之依据，则需要着眼于《最高人民法院关于执行〈行政诉讼法〉若干问题的解释》，其中有关“行政行为可诉”的规定，实现了将行政事实行为纳入行政诉讼受案范围的渴求。

需要指出的是，当前法律条文中有关行政诉讼受案范围的规定存在些许瑕疵，而现实中不断涌现的行政纠纷类型急切需要解决，尽管《行政诉讼法》对有关诉讼范围的规定采取了开放性的设计，2014年11月1日第十二届全国人大常委会第十一次会议审议通过的《全国人民代表大会常务委员会关于修改〈行政诉讼法〉的决定》也总体上以“行政行为”的概念替代了“具体行政行为”的概念，相应的司法解释也给予了补充性的规定，但这些都不足以从根本上解决有关行政诉讼受案范围的问题，且难免在这些规定本身有自相矛盾之嫌，未来《行政诉讼法》的修改工作中，无论是概括式的规定，还是肯定或否定式列举，抑或者是混合式的规定，都应当以扩大对行政相对人及利害关系人的合法权益保护之范围为原则，侵犯公民、法人或其他组织人身权、财产权及以外其他权利的部分抽象行政行为、内部行政行为、行政终局裁决行为、行政事实行为等都可酌情纳入司法审查的范围。

3.《关于审理政府信息公开行政案件若干问题的规定》的规定

上文有关反信息公开诉讼依据的整理，难免不为所有的司法机关所接受①。直到2011年，最高人民法院出台了《关于审理政府信息公开行政案件若干问题的规定》，其中第一条第三款明确规定：对于行政机关公开政府信息行为侵犯他人隐私性权益的，信息利害关系人可以依法提起反信息公开的行政诉讼。同时该条第二款规定：对于“政府信息公开行政行为对他人合法权益造成损害的，可以提起赔偿诉讼”。第十一条第一款规定，在不存在公开利益需要考虑的前提下，对于行政机关违法公开政府信息的行为，司法机关可以责令采取可能的补救措施，对于致使信息利害关系人权益受损害的，可依据信

① 吴宏文：《政府信息公开申请权及反信息公开权》，载《人民司法》2010年第8期。

息利害关系人的请求要求行政机关承担赔偿责任，对于行政机关尚未公开政府信息的，应当判决其不得公开。第二款也规定了暂时停止公开制度。由此可见，该规定实际上已经引入了事前的预防性的反信息公开行政诉讼，实为开创先河之举。至此，“反信息公开诉讼”的提起拥有了法律明文的支持。对于行政机关主动公开或者依他人申请公开政府信息的行为，合法权益遭受损害的信息利害关系人，可提起反信息公开诉讼，亦可一并或单独提起赔偿诉讼，寻求司法权力对于行政行为的干预，以获取完满的权利救济。

（二）我国反信息公开诉讼的发展现状

保障知情权的信息公开制度与保障国家秘密、商业秘密及个人隐私权的反信息公开制度相辅相成，政府信息公开不应当侵犯他人合法权益，保护好他人的商业秘密及个人隐私能够使信息公开工作获得更多的支持，两者共同促进信息公开制度发展。我国《条例》在建立信息公开制度的同时也兼顾了对信息利害关系第三方相应的保护，规定了行政机关在做出信息公开决定时，有书面通知并征求、听取信息利害关系人意见等义务，但并对于信息利害关系人在行政机关坚持信息公开时如何采取司法救济不甚明确。出于保护个人隐私及商业秘密的需要，也是为了拓展我国行政诉讼的类型，司法机关在完善信息公开司法审查制度的同时，对于反信息公开诉讼案件敞开了怀抱。

当前，相比较国外立法及司法实践的现状，我国反信息公开诉讼仍然落后，但就案件数量而言，以信息公开制度发展最为成熟的上海市为例，以信息公开为全文搜索的关键词（截至 2015 年 3 月 1 日），在北大法宝上共搜集到 346 件案例，其中涉及反信息公开的案件少之又少。笔者认为，这些数据应当归于：信息利害关系人权利保护的立法分散且不充分、缺乏针对性的反信息公开诉讼程序设计以及缺乏明确的诉前解决机制等原因，这些都有赖于从制度层面上进行提升。从完善权利救济以及拓展我国行政诉讼类型的角度出发，我国引入事前的预防性行政诉讼，嫁接到反信息公开诉讼制度之中，是行政诉讼制度及信息公开制度发展的趋势所在。

三、我国反信息公开诉讼的比较缺憾

前文已经论述了按部就班的事后救济存在缓不济急的弊端。为了实现权利救济的"有效且无漏洞"应设定利于信息利害关系第三方寻求事前救济的预防性反信息公开诉讼制度。我国与其他国家就反信息公开诉讼的比较而言,首先,发展信息公开制度的同时切实保护信息利害关系人权益的两种举措在目的上都是一致的,虽然起步较晚,但也相应地建立了有利于信息利害第三方的通知及征求意见程序,此外还通过立法明确了提起反信息公开诉讼的依据及暂时停止公开制度。但详尽而言,我国反信息公开诉讼制度中还存在些许缺憾,如当前行政机关在作出行政信息公开决定与实施信息公开行为之间,并没有明确规定留出恰当的"犹豫期",以便信息利害关系人于侵害未然之时提起预防性的反信息公开诉讼。此外,相比较国外先进的反信息公开诉讼制度,我国信息公开制度还存在以下缺憾。

(一)相关立法分散且不充分

通过域外反信息公开诉讼法律依据的梳理,不难发现,一些国家和地区或者通过行政程序法,或者通过信息公开立法确定信息利害关系人的保护制度,而我国有关信息利害关系人保护的法律规定分散,最终通过最高人民法院以司法解释的形式确定了反信息公开诉讼这种特殊的行政诉讼类型,法律位阶也显得不够,就对于司法实践的指引而言,有关怎样选择适用信息公开条例或是其他有关信息公开的法律规范是欠缺的。在我国,就某一问题前瞻性的规定或就某一法律的具体化规定,地方立法都扮演着十分重要的角色,且在通常的司法实践中起到了较法律更为重要的指引作用,这种实际存在于不同层级之间的立法差异,以及有关信息公开法律的一般法与特别法的差异,给司法机关处理信息公开与保护信息利害第三方隐私之关系会带来截然不同的后果。"在法律的适用过程中,无论是行政机关还是法院都或者没有对选择适用法律的依据作出说明,或者在作出决定的背后都采取特别法优于一般法的逻辑，造成了信息公开与否之间的博弈不均衡"①。

此外，有关维护个人信息安全的必要性，应当伴随着社会的信息化而推进，当前的信息公开法制较信息保护先行，无论在逻辑上还是在实践中，都不具有必然性。我国个人信息保护制度尚处于初发阶段，现有的就商业秘密或个人隐私进行法律保护的若干法律条文，散见于为数不多的成文法当中，诸如《反不正当竞争法》等法律都不属于专门性的规定，在保护范围、法律效力上都显得非常模糊，保护力度欠缺。《条例》的规定亦不全面，这都为反信息公开制度的发展构成桎梏，在追求信息公开以保障知情权的同时，急切需要建立并完善个人信息保护立法，这对于反信息公开制度的推进具有不容或缺的意义。

（二）缺乏针对性的程序制度设计

随着政府信息公开立法的逐步完善，信息公开制度蔚然成型，相比之下，反信息公开诉讼的规定则突显不足，法律依据形成之路尚且曲折难行，虽然司法解释最终明确了信息利害关系的诉求，但法律研究滞后及司法实践应对迟缓等问题，说明了对于信息利害关系人权利保护不足的现状，解决上述问题的突破点，有赖于针对性的程序制度之设计。在当前的法律环境下，人民法院受理类似案件后，如何操作欠缺制度规范，后续审判程序、举证责任、判决形式等难以有效合理地把握，反信息公开诉讼程序应该较普通行政诉讼程序更为严格，如面对反信息公开的申请，应当采取不公开单方审理程序等，而当前缺乏程式化规制的现状很难形成有效且无漏洞的法律保护体系，自不能期望反信息公开诉讼的星星之火能够在行政诉讼实践中得以燎原。

① 伏创宇：《两岸信息公开豁免案例之比较评析以个人隐私和商业秘密之探讨为中心》，载《行政法论丛》第13卷。

第四节　我国反信息公开诉讼制度之完善

除保障知情权之外,《条例》通过限制行政程序的方式,如对公开决定前的通知及意见征求形式加以规定,初步建立了保护信息利害第三方的制度,最高人民法院出台的《规定》也明确了信息利害关系人提起反对信息公开的行政诉讼时,人民法院应当受理,但信息利害关系人坚持司法救济时,现有的法律规定并无明确有关起诉、审理和裁判层面的规则形式。从保护个人信息或商业秘密,拓宽权利救济径路的角度出发,新生的预防性反信息公开诉讼围绕上述问题尚有诸多可完善之处。

一、反信息公开与个人信息保护的立法推进

(一) 反信息公开的立法推进

由于《条例》的法律位阶较低,应尽快制定并颁布《政府信息公开法》,发挥法律对于行政信息公开及信息公开司法审查工作的指引作用。在此基础上,有关反信息公开诉权之法律依据不应停留在最高法的司法解释当中,尽管其他国家多是有规定于信息公开法的先例,但笔者认为,有关信息公开的法律,应当是以实现知情权为主要目的,对于赋予信息利害关系人诉权来反对信息公开,应坚持以行政程序法为提起诉讼的依据。当前我国法律中关于反信息公开诉讼的规定相当模糊抽象,没有将其与一般行政诉讼作区分,完善《行政诉讼法》的规定使反信息公开诉讼得以在行政程序法上确定,行政诉讼法所能提供的制度依据,不仅服务于反信息公开诉讼,也为个人信息保护法的出台提供程序支持。

(二) 个人信息保护的立法推进

与商业秘密备受重视,且有《反不正当竞争法》《知识产权法》等

诸多法律护佑不同的是，个人信息遭受践踏的现状在国内屡见不鲜。2014 年 12 月，一共有 130 万条个人信息的研究生招生考试学生名单数据包在网上叫卖的事件，更是让民众直面了个人信息保护匮乏的现状①。据媒体报道，该数据包全部系该年度报名参加研究生考试的学生信息，覆盖全国性的范围具体涉及考研学生身份信息、学业档案、联系方式等敏感的内容，其轻易可以以物质利益置换的方式获得，不仅使得法定获取政府信息的途径遭遇尴尬境地，也使得政府公权力遭受质疑。何以使得如此详尽的隐私信息暴露于公众视野，实际上，笔者通过查询相关资料获悉，拥有如此庞大个人信息数据的正是教育部下属的全国高等学校学生信息咨询与就业指导中心，其主办的学信网大型数据库接入了高招考生、学籍学历、毕业生就业和全国高校学生资助等信息，囿于欠缺个人信息保护的专门立法，诸如此般的个人信息泄露事件不胜枚举。

个人信息保护的必要性，伴随着社会的信息化而推进。在德国，1977 年制定共通的《联邦数据保护法》，而一般性信息公开法至今尚未制定。英国数据保护法是 1984 年制定的，先行于 2000 年《信息公开法》的制定②。在韩国，尽管制定信息公开法的活动从 20 世纪 70 年代后期就开始相当活跃，但仍然决定暂时停止对信息公开法的制定，而优先准备个人信息保护法，有关信息公开的一般法一直到 1996 年末才得以制定③。在我国，一面是信息公开制度的日渐成熟，另一面个人信息保护制度的建立遥遥无期。政府在积极地制作、收集行政活动所必要的信息的同时，应该将其向国民公开。但在成为收集、利用、公开对象后，有关个人的信息的处理如果欠缺适当性，就会侵害他人合法权益。在这种意义上，对于个人信息保护的重要性，与信息公开在位阶上同等重要。当前的信息公开法制先行，无论在逻辑

① 《谁泄露了我的考研信息》，来源于《法治周末》电子版，http：//www.legalweekly.cn/index.php/Index/article/id/6531，2015 年 2 月 10 日最后访问。

② ［日］盐野宏：《行政法总论》，杨建顺译，北京大学出版社 2008 年版，第 231 页。

③ ［韩］金东熙：《行政法》，赵峰译，中国人民公安大学出版社 2008 年版，第 300 页。

上还是在实践中，都不具有必然性。个人信息保护的必要性，伴随着社会的信息化而推进，在追求信息公开以保障知情权的同时，加快个人信息保护立法进程，对于反信息公开制度的推进具有不可或缺的意义。

二、反信息公开诉讼之起诉规则的完善

反信息公开诉讼的起诉规则合理与否，直接关系到信息利害关系人权益能否得到完善的保护。信息利害关系人根据何种法律提起诉讼，是反信息公开诉讼的根本问题，上文已有论述，除此之外，还有以下层面有待完善。

（一）当事人

行政诉讼的提起，以存在适格的原被告为前提。借助现有的行政程序法之规定，已经能够解决反信息公开诉讼中被告身份的问题，即包括作出信息公开的决定的行政机关，以及法律、法规授权的具有管理公共事务职能的组织。具体而言，《规定》第四条明确了对国务院部门、地方各级人民政府及县级以上地方人民政府部门依申请公开政府信息行政行为不服提起诉讼的，以作出答复的机关为被告。对主动公开政府信息行政行为不服提起诉讼的，以公开该政府信息的机关为被告。对法律、法规授权的具有管理公共事务职能的组织公开政府信息的行为不服提起诉讼的，以该组织为被告。此外，对于政府信息公开与否的答复依法报经有权机关批准的，以及行政机关在公开政府信息前与有关行政机关进行沟通、确认的情形，应当以在对外发生法律效力的文书上署名的机关为被告。但涉及原告身份适格的问题，普遍的理解是原告应为受到政府信息公开不利影响的第三方。考察其他国家信息公开法不难发现，当被申请公开的政府信息涉及信息利害关系人的个人隐私或商业秘密时，行政机关在作出公开与否的决定前，应当书面通知该信息利害关系人并征求其意见，行政机关仍坚持公开的，第三方有权对上述公开决定持反对意见，异议的举措即包括以原告的身份向法院寻求司法救济。

预防性行政诉讼的原告资格比照《行政诉讼法》第二条第一款、第二十五条的规定设置为：预见到自己的合法权益即将受到行政行为侵害的相对人或利害关系人，有权提起预防性行政诉讼。《规定》第一条进一步明确了，公民、法人或者其他组织认为行政机关主动公开或者依他人申请公开政府信息侵犯其商业秘密、个人隐私的依法提起行政诉讼的，人民法院应当受理。可见，合法权益遭受政府信息公开工作中的具体行政行为侵犯的公民、法人或者其他组织即为反信息公开诉讼中的原告。根据《行政诉讼法》司法解释，"合法权益受到行政行为侵害的相对人"应当理解为"与具体行政行为有法律上的利害关系"，提起预防性行政诉讼的原告应当与被诉行为有法律上的利害关系。涉及我国反信息公开诉讼中原告的身份问题，本人应用了"信息利害关系人"一词。

在美国和日本等国家，"为防止信息公开行为侵害个人隐私或商业秘密，信息利害关系人往往都被赋予司法救济的权利"①。谈及反信息公开诉讼中原告的范围界定问题，笔者认为，现有的诸如"第三人"的称谓主要系针对信息公开诉讼而言，若在反信息公开诉讼中继续沿用该称谓，或与其原告的身份地位不相称。亦有诸如"信息原始提供者"的称谓，则显然忽略了当今社会有关政府信息制作过程的复杂性问题，包括信息的原始提供者，信息收集、整理、制作者等在内，只要不对公共利益造成影响，都应当享有反对公开涉及自身权益之信息的权利——信息自决权，从而对于自身隐私或商业秘密遭受行政机关非法公开威胁时，可提起反信息公开诉讼。故笔者针对性地提出了界定原告范围之称谓——"信息利害关系人"，其资格的认定应当以是否"与行政机关即将公开之信息存在法律上的利害关系"为标准，其实其已经囊括了预见到自己的合法权益即将受到行政行为侵害的相对人和利害关系人。关于何为存在法律上的利害关系，在

① 马元峰：《对我国政府公开救济制度的思考——比较、反思与构建》，载《云南行政学院学报》2010 年第 2 期。

信息公开纠纷中，其含义应当是指受法律所保护的个人隐私或商业秘密权益受到或可预见的行政行为效力的不利影响。

随着社会科技以及公共行政的发展，当今社会信息制作过程的分工日益明细化、复杂化，相当部分的第三方中介机构已经参与到了政府信息搜集、整理、制作过程当中，信息利害关系人就应该包括代替政府部门收集、制作信息的第三方组织，这种范围还在扩大当中，例如韩国，“之前有关原告资格的认定标准是请求人对有关信息公开的公共机关的处分是否存在‘法律上的利益侵害’，但新修改后的《信息公开法》则放宽了相对人提起行政复议和诉讼之原告资格的范围，在吸收学界意见和司法审判经验基础之上，将法律条文中有关‘法律上的利益’的规定予以剔除”①。信息利害关系人以其开放性的界定更适合信息时代的发展。综上，笔者认为适格的反信息公开诉讼原告，应为信息利害关系人即与公开的信息有利害关系的公民、法人或其他组织。

（二）起诉时机

为防止公开信息导致的信息利害关系人权益受损，反信息公开诉讼作为一种事前救济方式，被认为系预防性诉讼的典型类型。其预防性决定了反信息公开诉讼的提起必须在行政公开行为发生之前，否则于公开行为发生之后的司法救济将失去了作为预防性的深意。究竟公开信息之前之何时为宜，有基于现实行政环境复杂性的考虑，有需要厘清如下情形：

一方面，在作出公开决定前，行政机关或未有书面形式通知信息利害关系人及征求其意见的程序，此时信息利害关系人对于信息公开行为即将发生不得而知，因不知晓而无法提起预防性行政诉讼，因行政程序本身违法，事后救济较为便利，这种偏激的情形不属于反信息公开诉讼讨论的范围之内。此外，与不知情相对的是明知行政机关即将作出有害于己身的信息公开行为而未被告知的情形，在上文

① 林宗浩：《韩国的信息公开法制》，载《行政法学研究》2006年第4期。

中我们已经提到，在预防性行政诉讼中，强调的是对于预期利益的保护，因而要求损害行为作出的盖然性很高，在反信息公开诉讼中，对于处于弱势地位的信息利害关系人而言，想要在行政机关正在作出甚至尚未作出行政行为之前提供确凿证据，显然存在较高的难度。因此信息利害关系人在提起反信息公开诉讼时，如没有证据能够证明行政机关将不会作出信息公开行政行为，此时从诉讼构成要件上，就可以认定信息利害关系人即适格。行政行为即将公开的皆是信息利害关系人的个人隐私或商业秘密，诉讼行为的提起本身会使得个人隐私或商业秘密被知晓的范围扩大，所以滥诉之口并不会因此种设计而被此种高度盖然性考量而撕开。

另一方面，行政机关在作出公开决定前，已经征求了信息利害关系人之意见，并将信息公开的理由及内容以书面形式通知信息利害关系人。如果信息公开的实践会导致信息利害关系人利益受侵犯，信息利害关系人可以提起预先性反信息公开诉讼的时机应当是“自从收到书面通知之日起”。

相对于上文行政机关对于信息利害关系人的通知，其具有“决定”的效果，行政机关肯定信息公开申请方的答复，应当视为一个独立的行政行为，其仅具有“实施”效果①。这种将“决定”与“实施”进行区分，中间设置适当的间隔期为其他国家(地区)所常用，如日本有关信息公开程序中，公开决定与公开实施两者在时间上应该至少有两周的间隔，便于信息利害关系人能够在实际损害既成事实之前有机会寻求救济。该种设计为信息利害关系人提供反信息公开诉讼的起诉时机应当为完善反信息公开诉讼制度所应借鉴。值得注意的是，在实践中，这一间隔时间的长短亦有多方见解，《北京市工商行政管理局政府信息公开办法》第二十二条第一款第一项规定，第三方在收到征求意见告知书之日起 15 日内作出答复的，视为不同意公开。而该办法在 2015 年进行修改时却又对 15 日的规定作出了删除，于

① 李广宇：《反信息公开行政诉讼问题研究》，载《法律适用》2007 年第 8 期。

第 27 条更改为“第三方在收到征求意见告知书之日起至规定的合理期限内未作答复的,视为不同意公开”。何为“规定的合理期限”,此举或许意在发挥行政权的能动性,视具体情形作出利益权衡,但不免有拖延之嫌,实际上,其上位法《北京市政府信息公开办法》第二十七条规定了行政机关征求第三方意见所需时间不计算在行政机关给予信息公开申请人作出答复的 15 日之期限内。于信息公开申请人或信息利害关系人皆有不利可能。

(三) 可诉性

根据最高人民法院《关于执行〈中华人民共和国行政诉讼法〉若干问题的解释》的规定,原告须是与被诉的行政行为具有“法律上的利害关系”的人。原告资格与成熟性原则都是法院受理的条件之一,影响着某一案件是否被受理,但两者的着眼点不同,起诉资格着眼于案件与当事人之间的关系,即当事人有没有作为特定案件当事人的资格,而成熟性则着眼于行政行为是否发展到可以由法院裁判的程度。所以不可将两者完全地画等号。成熟性的判断标准除了“最后决定”和“实质影响”这两个标准外,还有“推迟审查对当事人是否造成困难”标准。对此,上文已有论述。对于信息机关对于信息利害关系人的通知的可诉性问题,李广宇法官认为,行政信息公开程序是一个需要经过多方参与讨论、单方征求意见、综合平衡利益位阶的过程,公开决定的作出是行政机关、信息公开申请方及信息利害关系人参与的结果,假设后者不加以阻止,对其合法权益造成影响只待时间到来,信息利害关系人于行政机关之间的纠纷是已然形成的,该种通知行为就应当被视为最后的决定,就通知提起反信息公开诉讼,其符合要以最后的行政决定作为司法审查之成熟标准,且不违背《最高人民法院关于执行〈行政诉讼法〉若干解释》第一条第二款第六项关于受案范围的规定①。

① 《最高人民法院关于执行〈行政诉讼法〉若干问题解释》第一条第二款第六项规定的“对公民、法人或者其他组织权利义务不产生实际影响的行为”,不属于人民法院行政诉讼的受案范围。

三、反信息公开诉讼之审理规则的完善

《规定》的出台，诸如人民法院在审理政府信息公开行政案件时，应当视情采取适当的审理方式，以避免泄露涉及国家秘密、商业秘密、个人隐私或者法律规定的其他应当保密的政府信息；以及政府信息尚未公开的，应当判决行政机关不得公开；还包括诉讼期间，原告申请停止公开涉及其商业秘密、个人隐私的政府信息，人民法院经审查认为公开该政府信息会造成难以弥补的损失，并且停止公开不损害公共利益的，可以依照《行政诉讼法》第四十四条的规定，裁定暂时停止公开的规定，对于政府信息公开案件审理中的若干问题提出了重要的指导作用。不仅如此，《规定》对于为反信息公开诉讼的发展提供了许多制度构建的创新契机。

（一）暂时停止公开

在信息利害关系人已经提起反信息公开诉讼，请求司法权力关于行政程序之后，如若行政决定仍得以执行而不受任何阻碍，则反信息公开诉讼将丧失其阻止公开行为发生的功效。为了达致有效且无漏洞的司法救济目标，"暂时性的权利保护"制度已然确定于反信息公开诉讼当中。

暂时性的权利保护模式，给予通常的事后救济之不足以事前的补充，在预防性的反信息公开诉讼中，暂时性权利保护制度则是事前救济的重要手段。如英国行政诉讼制度中的有关"禁止令"的规定："对于作出之前和在被执行过程中的行政决定，高等法院王座分院对行政机关所发出的禁令，以阻止行政机关侵权行为的发生。"[①]相比之下，《规定》第十一条也为信息利害关系人同样提供了一种暂时性权利保护的途径，"政府信息尚未公开的，应当判决行政机关不得公开"。即在诉讼期间，法院通过审查并同意原告停止信息公开的申请，满足对于信息利害关系人暂时性的权利保护，实现预防性行政诉

① 梁凤云：《行政诉讼判决之选择适用》，人民法院出版社 2007 年版，第 81 页。

讼的阻却功能。该项规定有利于防止侵权行为发生于反信息公开诉讼期间，实现对于信息利害关系人权益有效且无漏洞的保护，更能有效树立法律权威。

对于有关暂时停止执行的规定，笔者认为，其不仅依据《规定》第十一条第一款的规定，适用于反信息公开诉讼，而且同样适用于请求确认行政行为违法的普通行政诉讼。有信息“公开”的语句应作扩大解释，包括“继续公开行为”。不但对于政府信息尚未公开，但公开行为即将发生，不公开对信息利害关系人不具有期待可能性，此时信息利害关系人提起反信息公开诉讼，人民法院可依据规定裁定暂时停止公开。而且对于政府信息已经公开，但公开行为刚刚发生，对于信息利害关系人造成的不利影响范围尚不大时，信息利害关系人提起确认政府信息公开行为违法的普通行政诉讼，经信息利害关系人申请，可裁定停止具体信息公开行为。

（二）不公开单方审理

行政程序法以不公开审判为例外，《行政诉讼法》第四十五条即规定对于涉及商业秘密、个人隐私的案件适用不公开审理的情形。反信息公开诉讼即是为了阻止信息公开行为的发生，法院审理的政府信息是否公开的过程中同样会将争议信息知晓的范围扩大化，如若公开审判，则背离反信息公开诉讼提起的初衷，违背了反信息公开诉讼存在的本意。此外，传统的不公开审判多是对于当时之外的不公开，对于诉讼当事人，包括第三人仍可参与案件审理，如此这般，在反信息公开诉讼中，信息公开申请方以第三人的身份参与案件审理，自不待政府信息公开，即可在司法裁判的过程中迫不及待的获知信息，反信息公开诉讼也就失去了其本身要义。

对涉及他人隐私的信息采用特殊的审查程序是为各国较为通行的做法。前文已经提到日本通过设立了信息公开、个人信息保护审查会，对公开请求信息进行非公开且独立的审查，可以对公开与否的适当与否作出判断。除此之外，作为制度保障，任何人不得要求审查会公开被调查的行政文件，且审查会的调查程序是不公开的。囿于日本宪法“审判程序公开”的限制，而又必须对于个人隐私或商业秘密采取保护，日本法院将在不查看相关信息的无奈下对反信息公开诉讼案件作出公开审判。

我国《规定》第六条作出了视具体情况而采取适当之审理方式的规定①，如何确定适当的审理方式，笔者认为即是要实现公共利益、公众知情权与信息利害关系人利益之间平衡的审理方式。首先，在信息利害关系人即原告和已掌握相关信息的行政机关即被告在没有旁听者在场的情况下进行法庭调查与法庭辩论，方不会造成信息泄露的后果。此外，基于对信息公开申请方利益的考量，其可以以被告方证人的身份参与法庭调查活动，就其申请公开信息需求、用途以及在可能的情况下就涉及公共利益等方面作出说明，从而屏蔽了信息申请方在庭审过程中知晓相关政府信息的可能，这样既能够充分保证他人利益，也能保护信息利害关系人隐私及商业秘密。因此，在反信息公开诉讼中，审理方式不仅仅是不公开审理，还应限定于只有原、被告参加，不允许信息公开申请方在诉讼程序中有了解争议信息的机会的，不公开单方审理的程序。

（三）有单独审查机构参与下的司法审查

反信息公开诉讼的司法审查主要集中在程序问题和实体问题两个方面，前者是依据《条例》通过司法程序对行政程序进行检验的过程，主要集中在行政机关是否书面征求了信息利害关系人意见以及信息利害关系是否同意公开的信息公开行政程序方面。有关反信息公开诉讼的审理主要围绕公开是否涉及商业秘密或个人隐私，以及不公开可能对公共利益造成重大影响而展开，有关实体问题的审查是反信息公开诉讼审查的重点。

在反信息公开纠纷中，“法院不能要求行政机关的行政行为是唯

① 《规定》第六条规定：“人民法院审理政府信息公开行政案件，应当视情采取适当的审理方式，以避免泄露涉及国家秘密、商业秘密、个人隐私或者法律规定的其他应当保密的政府信息。”

一正确的，而只要判决该决定属于众多合理选择中的一个即可”①，行政机关作为信息保有者及行政活动的重要参与者，其天然拥有的利益衡量的机能，对于政府信息处理有着专业性的优势，而司法机关恰恰缺乏在利益衡量方面合理性审查的能力。传统司法审查程序难以克服司法机关在实体问题审查上的局限性，实现有效且及时的权利救济，不仅要明确诉前解决机制，而且要在诉讼中制度上有所创新。笔者认为，创设类似于日本“信息公开、个人信息保护审查会”的审查机构，由该审查机构参与司法审查程序进行非公开审查，可以为法院对行政信息公开与否的适当性即公开的合理性的裁判提供支持，从而克服司法机关在对行政案件进行实体审查方面存在的局限性。但该第三方审查机构不同于日本的审查设计，有着符合我国反信息公开诉讼审查的特殊设计，详细言之：经本人提出申请或由所在单位向负责审理反信息公开诉讼案件的法院推荐，由该法院院长提出人选，提请同级人民代表大会常务委员会任命若干单数名审查员组成的第三方审查机构，受人民法院领导，负责参与行政机关信息公开决定的合理性审查。在处理反信息公开案件中，办案法官给予调查取证的支持，并将政府信息公开的决定文件及相关材料转交给该审查机构，后者围绕着隐私权与公共利益的博弈进行衡量，审查员对审查过程中知晓的信息予以保密，审查结果对法院形成报告，报告书不具有拘束司法机关的法律效力，但将被作为司法裁判的依据之一。

审查机构参与下的审查程序在某种程度上与人民陪审员制度具有共通性。该独立审查机构可以创设，更可以通过改革现有的人民陪审员制度实现合理性审查的目标。而无论采取何种径路，都能够有效促进反信息公开制度的发展，前者能够体现个人信息保护制度的创新，为个人信息保护法制建设提供更多的制度空间，后者通过改革人民陪审员制度实现司法审查方式的改革，更能够打破人民陪审

① 伏创宇：《反公开诉讼中的保护机制探析》，载《时代法学》2009 年第 2 期。

员“陪而不审”的现状。

（四）举证责任分配

“适当的、明智的证明责任分配属于法律制度最为必要或最为值得追求的内容。”①其通常与不利的法律后果相连接而被视为诉讼成败的关键所在。通行的观点即认为，举证责任是“指由法律预先规定，在行政案件的真实情况难以确定的情况下，由一方当事人提供证据予以证明，如提供不出证明相应事实情况的证据则承担败诉风险及不利后果的制度”②。详而言之，行政程序法及其司法解释确立了由被告承担举证责任的举证规则，即“举证责任倒置”。除被告承担举证责任外，《行政诉讼法》第三十四条、《若干解释》第二十七条及《证据规定》第四条、第五条也在某些情况下就原告的举证责任作出了说明。最后，《证据规定》第七条还规定了诉讼第三人的举证责任。有别于“谁主张，谁举证”民事诉讼举证规则，鉴于原、被告双方在行政法律关系中的不平等地位，行政诉讼确立了“举证责任倒置”制度，由原告及第三人承担较轻的举证责任。主要的证明责任归于被告即行政机关。

举证责任分配主要依赖于上述法律的规定，但具体到反信息公开诉讼而言，则存在着一定的特殊性。一般的行政诉讼将举证的焦点放在证明具体行政行为的合法性问题上，但反信息公开诉讼的举证焦点应当是证明公开政府信息的行为是否会对信息利害第三人合法权益造成损害，以及不公开政府信息是否对公共利益造成重大影响。涉及具体行政行为合法性的问题，主要是行政机关公开政府信息的行政程序是否合法，但并不能成为反信息公开诉讼中举证责任的关键所在。

首先，被告负有的举证责任。行政机关主张公开政府信息时，需要证明不公开行为会对公共利益造成重大影响，及其与保护知情权

① ［德］罗森贝克：《证明责任论》，庄敬华译，法制出版社 2002 年版，261 页。

② 姜明安：《行政与行政诉讼法》，北京大学出版社、高等教育出版社 2007 年版，第 487 页。

的需要高于对信息利害关系人权益的损害。与此同时,行政机关还需要证明其已经履行了告知及听取意见的程序合法;

其次,原告负有同样重要的举证责任。在反信息公开诉讼中,由于行政机关在作出公开与否的决定时,其地位本应当具有中立性,又因为公开利益概念的模糊性,行政机关在作出公开决定以后,出于诉求的不同甚至是过多考虑败诉的风险,则不能期待其在行政诉讼中能够提出对于信息利害关系人有利的证据。将主要依赖于原告证明公开信息将会的信息利害关系人个人隐私或商业秘密造成损害的责任。如果证明力不足,信息利害关系人将面临信息被公开的风险。可见,在反信息公开诉讼中,只有将原告的举证地位与被告同阶层化,才能使法院综合衡量各方利益,作出合理裁判。

最后,在反信息公开诉讼中,申请信息公开的第三人依据现行法律规定将承担举证的责任,但其主张与行政机关的主张重合,处于不公开单方审理的保密需要,可以由被告于庭前代为提交其意见,将其以被告证人身份出现在法庭调查当中,且与现行法律不悖。

需要指出的是,信息公开的行政程序是显而易见的,在反信息公开诉讼中,对于行政行为合法性审查较为简便,公共利益、公众知情权与信息利害关系人利益之间的衡量实为裁判的关键,此时上文构建的第三方审查机构其提出的公开与否的意见,将作为法院自主收集的证据,将成为案件最终公开与否的关键。

五、反信息公开诉讼案件的裁判方式

《行政诉讼法》第五十四条规定了“撤销判决、履行判决、维持判决及变更判决”四种可适用于行政诉讼的裁判方式,尔后《若干解释》又新增加了“确认判决和驳回诉讼请求的判决”。表面丰富多彩的行政诉讼类型,面对日益复杂的行政诉讼实践,根本不能满足化解行政纠纷的需求,并且于各类裁判方式之间也或有彼此纠缠的问题。现有的判决类型是与当前事后性的救济方式相对应的,只能针对已经发生的行政行为作出裁决。而前文笔者已经分析了反信息公开诉讼属于针对预防性的不作为之诉，对于正在发生或将要发生的行政行为，在现有的不具有预防性的判决类型中已难以找寻适合的判决种类，事后的、间接的撤销判决、确认违法判决无异于亡羊补牢，不符合有效且无漏洞的司法救济理念。

《规定》第十一、十二条针对反信息公开诉讼依不同情形分别作出了相应规定：被告公开政府信息涉及原告商业秘密、个人隐私且不存在公共利益等法定事由的，人民法院应当判决确认公开政府信息的行为违法，并可以责令被告采取相应的补救措施，造成损害的，根据原告请求依法判决被告承担赔偿责任；政府信息尚未公开的，应当判决行政机关不得公开；诉讼期间，原告申请停止公开涉及其商业秘密、个人隐私的政府信息，人民法院经审查认为公开该政府信息会造成难以弥补的损失，并且停止公开不损害公共利益的，可以依照《行政诉讼法》第四十四条的规定，裁定暂时停止公开；以政府信息侵犯其商业秘密、个人隐私为由反对公开，理由不成立的，被告已经履行法定告知或者说明理由义务的，人民法院应当判决驳回原告的诉讼请求。

具体而言，在反信息公开诉讼中，法院对信息公开决定进行审查后，将会作出如下裁判：首先，当法院认为政府信息应当被公开，即判决驳回原告诉讼请求。与此同时，如果现行程序中存在暂时停止公开的措施，则应同时撤销该裁定。其次，法院认为不公开不会对公共利益造成重大影响，应当基于信息利害关系人利益的考量，支持原告不予公开的诉求，此时撤销行政机关的信息公开决定的判决则可为法院所适用。此外，撤销判决还适用于对于信息可以做区分处理的情形，依据《条例》第二十二条规定，政府信息含有不应公开的内容，法院可以撤销信息公开的决定，对于能够做区分处理的，同时判决重新做出有区分处理的具体行政行为。最后，对于经审理认为应当公开政府信息，且无法做区分处理，但对信息利害关系人必可避免会造成损害的，法院应当判决维持原信息公开决定，同时判决给予信息利害关系人一定的补偿。

在提出行政诉讼类型化建设的同时，也应当相应的着手行政诉讼判决类型规范会、体系化建设，笔者认为，在上述行政诉讼类型之外，鉴于反信息公开诉讼属于一般行政给付诉讼的性质，未来行政诉讼法还可提出行政给付判决。给付判决在民事诉讼领域已经有了较为成熟的研究和实践，通过反信息公开诉讼在行政诉讼判决类型中引入给付诉讼具有可能性。法院经审理认为政府信息不应被公开时，最为理想化的法院判决即是要求行政机关“作出给付”，此处的“给付”是不得公开涉及信息利害关系人的相关信息，系一种不作为给付。

参考文献

一、著作类

1. 王名扬.英国行政法[M].中国政法大学出版社,1987.
2. 王名扬.法国行政法[M].中国政法大学出版社,1988.
3. 陈清秀.税务诉讼之理论与实务[M].三民书局,1991.
4. 蔡志芳.行政救济与行政法学[M].三民书局,1993.
5. 常怡.民事诉讼法学[M].中国政法大学出版社,1994.
6. [日] 兼子一、竹下守夫.民事诉讼法[M].白绿铉,译.法律出版社,1995.
7. [日] 谷口安平.程序的正义与诉讼[M].王亚新,刘荣军,译.中国政法大学出版社,1996.
8 王锡三.民事诉讼法研究[M].重庆大学出版社,1996.
9. [日] 三月章.日本新民事诉讼法[M].五南图书出版公司,1997.
10. [德] 马克斯·韦伯.经济与社会[M].林荣远,译.商务印书馆,1997.
11. [英] 韦德.行政法[M].徐炳,等译.中国大百科全书出版社,1997.
12. 江伟.中国民事诉讼法专论[M].中国政法大学出版社,1998.
13. 彭凤至.德国行政诉讼制度及诉讼实务研究[M].内部资料,1998.
14. 陈清秀.行政诉讼法[M].翰芦图书出版有限公司,1999.
15. [日] 盐野宏.行政法[M].杨建顺,译.法律出版社,1999.

16. 应松年.行政诉讼法学(修订本)[M].中国政法大学出版社,1999.
17. 江伟.民事诉讼法学原理[M].中国人民大学出版社,1999.
18. 江伟.民事诉讼法[M].高等教育出版社,北京大学出版社,2000.
19. 陈计男."行政诉讼法"释论[M].三民书局,2000.
20. 陈新民.公法学札记[M].中国政法大学出版社,2001.
21. [法] 让·文森,塞尔日·金沙尔.法国民事诉讼法要义[M].罗结珍,译.中国法制出版社,2001.
22. 翁岳生.行政诉讼法逐条释义[M].五南图书出版股份有限公司,2002.
23. 叶俊荣.环境政策与法律[M].中国政法大学出版社,2003.
24. [德] 弗里德赫尔穆·胡芬.行政诉讼法:第五版[M].莫光华,译.法律出版社,2003.
25. 吕太郎.民事诉讼之基本理论(一)[M].中国政法大学出版社,2003.
26. 周汉华.外国政府信息公开制度比较[M].中国法制出版社,2003.
27. 陈润康.美国联邦宪法论[M].书海出版社,2003.
28. [日] 阿部照哉,等.宪法[M].周宗宪,译.中国政法大学出版社,2004.
29. 邵明.民事诉讼法理研究[M].中国人民大学出版社,2004.
30. 陈计男.民事诉讼法论(上)[M].三民书局,2004.
31. 陈荣宗、林庆苗.民事诉讼法[M].三民书局,2004.
32. [日] 小林久起.司法制度改革概说(3)·行政事件诉讼法[M].弘文堂,2004.
33. 张卫平.民事诉讼:关键词展开[M].中国人民大学出版社,2005.
34. 郝明金.行政行为的可诉性研究[M].中国人民公安大学出版社,2005.
35. 林腾鹞.行政诉讼法[M].三民书局,2005.
36. 吴庚.行政法的理论与实用[M].中国人民大学出版社,2005.
37. 杨雪冬.风险社会与秩序重构[M].社会科学文献出版社,2006.

38. [日] 南博方，高桥滋.条解行政事件诉讼法：第三版[M].弘文堂，2006.
39. 吴华.行政诉讼类型研究[M].中国人民公安大学出版社，2006.
40. 章志远.行政诉讼类型构造研究[M].法律出版社，2007.
41. [日] 高桥宏志.重点讲义民事诉讼法[M].张卫平，许可，译.法律出版社，2007.
42. 梁凤云.行政诉讼判决之选择适用[M].人民法院出版社，2007.
43. 杨建顺.行政规制与权利保障[M].中国人民大学出版社，2007.
44. 江利红.日本行政诉讼法[M].知识产权出版社，2007.
45. 陈敏.行政法总论[M].神州图书出版公司，2007.
46. [日] 新堂幸司.新民事诉讼法[M].林剑锋，译.法律出版社，2008.
47. [德] 伯阳.德国公法导论[M].北京大学出版社，2008.
48. 吴庚.行政争讼法论(第三版)[M].自刊，2008.
49. 江利红.日本行政诉讼法[M].知识产权出版社，2008.
50. 庄友刚.跨越风险社会——风险社会的历史唯物主义研究[M].人民出版社，2008.
51. 赵清林.行政诉讼类型研究[M].法律出版社，2008.
52. [韩] 金东熙.行政法[M].赵峰，译.中国人民公安大学出版社，2008.
53. [德] 乌尔里希·贝克.世界主义的观点：战争即和平[M].杨祖群，译.华东师范大学出版社，2008.
54. 翁岳生.行政法[M].中国法制出版社，2009.
55. [德] 尤尔根·哈贝马斯.合法化危机[M].刘北成，曹卫东，译.上海人民出版社，2009.
56. [日] 南博方.条解行政案件诉讼法[M].宏文堂，2009.
57. 周佑勇.行政法专论[M].中国人民大学出版社，2010.
58. 解志勇.行政法治主义及其任务[M].中国法制出版社，2011.
59. 姜明安.行政法与行政诉讼法[M].北京大学出版社，高等教育出版社，2011.

60. [日] 原田尚彦.诉的利益[M].石龙辉,译.中国政法大学出版社,2014.

二、期刊论文

1. 杨富元,杨桂芳,宋太郎.谈谈民事诉讼中的起诉权与胜诉权[J].法学评论,1985(3).
2. 朱健文.论行政诉讼中之预防性权利保护[J].月旦法学,1996(3).
3. 王学辉.行政诉讼目的新论[J].律师世界,1998(2).
4. 夏立容.信息时代的标志及基本特征[J].自然辩证法研究,1996(8).
5. 胡肖华.论预防性行政诉讼[J].中国法学,1999(6).
6. 邵明.论诉的利益[J].中国人民大学学报,2000(4).
7. 王福华.两大法系中诉之利益理论的程序价值[J].法律科学,2000(5).
8. 陈金波.论我国实行预防性行政诉讼的必要性及其策略[J].云南行政学院学报,2001(5).
9. 李艳中.试论信息时代行政领导如何掌握和利用信息[J].广东行政学院学报,2001(6).
10. 蒋文武.论信息时代行政决策的发展[J].求实,2002(9).
11. 肖峰昌.论行政诉讼目的的唯一性[J].山西政法管理干部学院学报,2003(4).
12. 石佑启.在我国行政诉讼中确立"成熟原则"的思考[J].行政法学研究,2004(1).
13. 刘亚丽.论信息时代行政决策模式的革命[J].中南林业科技大学学报,2004(3).
14. 杨雪冬.全球化、风险社会与复合治理[J].马克思主义与现实,2004(4).
15. 青维富.论现代行政新理念[J].行政论坛,2004(5).
16. 张卫平.起诉条件与实体判决要件[J].法学研究,2004(6).

17. 向忠诚.行政诉讼目的研究[J].河北法学,2004(12).
18. 李海平.论风险社会中现代行政法的危机和转型[J].深圳大学学报,2005(1).
19. 解志勇.权利有效保障原则及对我国行政诉讼制度的影响[J].上海政法学院学报,2005(5).
20. 林宗浩.韩国的信息公开法制[J].行政法学研究,2006(4).
21. 毕玉谦.民事诉讼起诉要件与诉讼系属之间关系的定位[J].法学论坛,2006(4).
22. 汤宗德.政府咨询公开法之比较评析[J].台湾大学法学论丛,2006(6).
23. 李广宇.反信息公开行政诉讼问题研究[J].法律适用,2007(8).
24. 何增科.试析我国社会管理面临的新挑战[J].北京交通大学学报,2009(4).
25. 伏创宇.反公开诉讼中的保护机制探析[J].时代法学,2009(2).
26. 章志远,朱秋蓉.预防性不作为诉讼研究[J].学习论坛,2009(8).
27. 鲍芳修.行政国家视阈下行政运行机制的重塑[J].山东行政学院山东省经济管理干部学院学报,2010(1).
28. 冯家亮.风险社会拷问中国法制应对[J].社会科学报,2010(1).
29. 马元峰.对我国政府公开救济制度的思考——比较、反思与构建[J].云南行政学院学报,2010(2).
30. 解志勇.预防性行政诉讼[J].法学研究,2010(4).
31. 谭宗泽.行政诉讼目的新论——以行政诉讼结构转换为维度[J].现代法学,2010(4).
32. 曾赟.风险社会背景下行政法范式的流变:预防行政概念的提出[J].法学研究,2010(7).
33. 吴宏文.政府信息公开申请权及反信息公开权[J].人民司法,2010(8).
34. 伏创宇.两岸信息公开豁免案例之比较评析——以个人隐私和商业秘密之探讨为中心[J].行政法论丛,2011(1).

35. 岳琨.论预防性行政诉讼的法律构建[J].广西社会主义学院学报，2011(4).
36. 杨春福.风险社会的法理解读[J].法制与社会发展，2011(6).
37. 马怀德.保护公民、法人和其他组织的权益应成为行政诉讼的根本目的[J].行政法学研究，2012(2).
38. 阎巍.行政诉讼禁止判决的理论基础与制度构建[J].法律适用，2012(3).
39. 吴淑香，杨柳.风险社会背景下之预防行政——以乌坎事件为例[J].安徽警官职业学院学报，2012(5).
40 侯书和."预防性政府"解析[J].社会科学战线，2013(4).
41. 徐信贵，康勇.论食品安全领域权利救济的预防性行政诉讼[J].重庆理工大学学报：社会科学版，2015(3).
42. 葛伟.论行政法视野中的风险预防性原则[J].聊城大学学报，2016(4).

三、硕博士学位论文

1. 胡卫列.行政诉讼目的论[D].中国政法大学，2003.
2. 李丽艳.论行政确认诉讼[D].中国政法大学，2004.
3. 尤帝元.预防性行政诉讼之研究[D].中正大学，2007.
4. 周欣.论行政国家[D].西南政法大学，2007.
5. 朱健文.论行政诉讼中之预防性权利保护[D].辅仁大学，1995.
6. 吴昭慧.日本禁止诉讼之研究[D].高雄大学，2012.
7. 温珍芳.预防性行政诉讼研究[D].南京航空航天大学，2012.
8. 任铭珍.论我国预防性行政诉讼的构建[D].上海大学，2013.
9. 陈文霞.风险社会背景下中国法治的发展与完善[D].河南大学，2013.
10. 徐朝建.预防性行政诉讼研究[D].海南大学，2014.
11. 刘芳宇.预防性行政诉讼制度初探[D].苏州大学，2015.
12. 赵芷珺.论法治视野下环境风险的行政规制[D].广东外语外贸大

学，2015.
13. 韦怡.预防性行政诉讼制度建设研究[D].广西师范大学，2015.
14. 赵杰伟.预防性行政诉讼制度在我国的构建[D].郑州大学，2016.
15. 肖龙.行政纠纷预防机制的可行性研究[D].吉林大学，2016.

四、会议、报纸论文

1. 陈伏发.预防性行政诉讼的构建与规范——以政府信息公开诉讼为视角[C].全国法院系统第二十二届学术讨论会论文集，2011.
2. 王胜俊.把握司法规律、坚持能动司法，努力推动人民法院工作科学发展[N].法制日报，2010－05－06.